国家社会科学基金西部项目（项目编号22XJL01
中央高校基本科研业务费专项资金项目（项目编号2022jbkyjd010）
兰州大学人文社会科学类高水平著作出版经费资助

从贫困治理到乡村振兴的中国理路研究

邓金钱 / 著

A Study on the Chinese Path
from Poverty Governance to Rural Revitalization

图书在版编目（CIP）数据

从贫困治理到乡村振兴的中国理路研究 / 邓金钱著. 兰州 : 兰州大学出版社, 2024. 5. -- ISBN 978-7-311-06662-8

Ⅰ. F126

中国国家版本馆 CIP 数据核字第 2024PJ4334 号

责任编辑 宋 婷
封面设计 陈 欣

书　　名 从贫困治理到乡村振兴的中国理路研究
作　　者 邓金钱 著
出版发行 兰州大学出版社 （地址:兰州市天水南路222号 730000）
电　　话 0931-8912613(总编办公室) 0931-8617156(营销中心)
网　　址 http://press.lzu.edu.cn
电子信箱 press@lzu.edu.cn
印　　刷 西安日报社印务中心
开　　本 710 mm×1020 mm 1/16
印　　张 19.75(插页2)
字　　数 348千
版　　次 2024年5月第1版
印　　次 2024年5月第1次印刷
书　　号 ISBN 978-7-311-06662-8
定　　价 62.00元

目　录

导　论 001

第一节　选题背景与研究意义 001

第二节　研究内容与研究方法 008

——/ 上编　脱贫攻坚与相对贫困治理 /——

第一章

中国共产党领导百年减贫的历史方位 017

第一节　新民主主义革命时期
——为减贫创造根本社会条件 018

第二节　社会主义革命和建设时期
——为减贫创造根本政治前提和制度基础 019

第三节　改革开放和社会主义现代化建设新时期
——为减贫夯实体制保证和物质基础 021

第四节　中国特色社会主义新时代
——全面消除绝对贫困迈向相对贫困治理新阶段 024

第二章

消除绝对贫困的历史性成就与理论贡献 026

第一节 人类减贫的中国实践——历史性成就 026

第二节 中国减贫的理论贡献 029

第三章

中国特色财政扶贫

——从温饱走向共富共享的创新探索 035

第一节 中国财政扶贫的理论生成 036

第二节 中国财政扶贫的实践进展与阶段性特征 039

第三节 新时代打赢脱贫攻坚战“精准方略”的财政支持体系 042

第四节 “十四五”时期贫困性质的变化及其财政扶贫的实践取向 045

第四章

数字乡村与农村多维相对贫困

——基于县域视角的分析 050

第一节 文献综述与问题提出 051

第二节 农村多维相对贫困的测度与分析 053

第三节 实证策略设计 058

第四节 实证过程与分析 061

第五节 数字乡村影响农村多维相对贫困的作用机制检验 070

第六节 本章小结 071

第五章
数字普惠金融与贫困脆弱性
——基于CFPS数据的分析 074

第一节 文献综述与问题提出 075
第二节 制度背景与理论分析 077
第三节 指标、数据与模型 080
第四节 实证结果与分析 085
第五节 作用机制检验 097
第六节 本章小结 103

第六章
市场化与巩固脱贫攻坚成果
——基于农户内生发展能力的视角 106

第一节 文献综述与问题提出 107
第二节 市场化影响巩固脱贫攻坚成果的理论分析 109
第三节 巩固脱贫攻坚成果
——农户贫困脆弱性及其测度分析 112
第四节 实证策略与数据说明 115
第五节 实证结果及分析 117
第六节 本章小结 128

第七章
农村新型集体经济赋能脱贫户生计转型
——优势、机制与进路 131

第一节 文献综述与问题提出 132
第二节 后脱贫时代脱贫户生计转型的特征事实 134

第三节　农村新型集体经济赋能脱贫户生计转型的新优势　136
第四节　农村新型集体经济赋能脱贫户生计转型的内在机制　138
第五节　农村新型集体经济赋能脱贫户生计转型的实践进路　143

——/ 下编　乡村振兴与城乡融合发展 /——

第八章
新时代乡村振兴
——学习习近平关于乡村振兴的重要论述　151

第一节　文献综述与问题提出　152
第二节　乡村振兴的理论与实践缘起　153
第三节　乡村振兴的理论内涵体系　158
第四节　乡村振兴的理论贡献与实践旨归　162

第九章
中国式现代化视域下小农户与现代农业有机衔接　168

第一节　问题提出　168
第二节　新时代小农户与现代农业有机衔接的理论缘起　170
第三节　新时代小农户与现代农业有机衔接的逻辑必然　174
第四节　新时代小农户与现代农业有机衔接的治理理路　177

第五节　新时代小农户与现代农业有机衔接的实践取向　180

第十章
返乡创业试点政策与乡村振兴——基于县域视角　184

第一节　文献综述与问题提出　185
第二节　政策背景与理论分析　188
第三节　实证策略与数据说明　192
第四节　实证结果分析　196
第五节　主要结论与政策建议　209

第十一章
数字普惠金融与城乡收入不平等——理论与实证　211

第一节　文献综述与问题提出　212
第二节　理论分析与事实描述　214
第三节　实证策略与数据说明　222
第四节　实证结果分析　226
第五节　小　结　236

第十二章
地方政府“筑巢引凤”与城乡收入不平等　239

第一节　文献综述与问题提出　240
第二节　制度背景与理论分析　242
第三节　实证策略　245
第四节　实证结果与分析　248
第五节　小　结　257

第十三章

城乡融合发展

——基于收入结构的考察 260

第一节 中国城乡收入结构变迁的理论基础

——马克思主义城乡关系理论再回顾 261

第二节 中国城乡收入结构变迁的特征事实 264

第三节 中国城乡收入结构变迁的逻辑主线 273

第四节 城乡融合发展

——新时代平衡城乡收入结构的路径选择 276

参考文献 281

后 记 308

导 论

/第一节/ 选题背景与研究意义

一、选题背景

（一）现实背景

消除贫困，自古以来就是人类社会孜孜以求的发展目标，也是一个没有在人类社会不断解放和发展生产力的进程中迎刃而解的问题（周文等，2019；万广华等，2020）。中华人民共和国成立后，面对百废待兴的国民经济，中国共产党提出“要使几亿人口的中国人生活得好，要把我们这个经济落后、文化落后的国家，建设成为富裕的、强盛的、具有高度文化的国家”①。党领导人民在全国开展轰轰烈烈的土地改革运动，完成社会主义革命，建立以公有制为基础的社会主义基本经济制度，实现了一穷二白、人口众多的东方大国大步迈进社会主义社会的伟大飞跃。改革开放以来，中国共产党领导全国人民矢志不渝地开展反贫困斗争，探索出一条符合中国国情的反贫困道路（汪三贵等，2020；李正图，2020）。

1949年中华人民共和国成立后，面对濒临崩溃的国民经济和广大人民的极端贫困，党和国家深刻意识到消除贫困、实现人民经济上的幸福是新中国亟须解决的重大问题。1950年中央人民政府围绕农民的贫困问题，颁布《中华人民共和国土地改革法》，在全国开展轰轰烈烈的土地改革，并在1952年开始通过

① 中共中央文献研究室：《建国以来重要文献选编》（第十册），中央文献出版社，1994，第106页。

农业合作化把小农组织起来，农业生产力得到解放和发展，农村居民吃不饱的极端贫困问题得到极大缓解。1956年“三大改造”的完成标志着社会主义制度在中国的确立，实现了中华民族有史以来最为广泛而深刻的社会变革，以毛泽东为核心的共产党人借鉴苏联的计划经济体制和工业化模式，提出从“国家工业化”和“农业社会化”的进程中探索出一条行之有效的减贫之路，领导农民“战天斗地”大兴农田水利建设，组织“农业学大寨”推广农业生产技术，在农村发展基础教育和医疗卫生事业，中国人民特别是农民的基本生活需求得到初步满足（中华人民共和国国务院新闻办公室，2021）。

改革开放以来，中国贫困治理经历了从体制改革赋能到构建综合开发大扶贫格局的演进轨迹。根据当时的贫困标准，1978年的贫困人口约为2.5亿，党的十一届三中全会后，党和国家的工作重心转移到经济建设上来，这一时期中国特色扶贫的逻辑是以农村经济体制改革为主线，通过农村土地制度改革、农业生产经营体制改革等发展社会生产力，推动农村经济全面增长。但是很多贫困地区由于自然环境、历史条件等的制约，并不能直接受益于农村经济体制改革，区域开发式扶贫得到应用和推广。1986年中国成立了扶贫开发的领导机构——国务院贫困地区经济开发领导小组，以县为区域瞄准单位，在全国确定了331个国家级贫困县，作为区域开发式扶贫的重点，随着大规模的扶贫开发和贫困格局的变化。1994年国务院颁布《国家八七扶贫攻坚计划》，根据新的贫困标准，在全国范围内重新界定592个国家级贫困县，明确用7年时间基本解决8000万农村贫困人口的温饱问题。2001年国家出台《中国农村扶贫开发纲要（2001—2010）》，明确低收入标准，在全国范围内界定将近15万个贫困村，全面实施整村推进与“两轮驱动”扶贫战略，实现贫困瞄准重心由县到村的转移。2002年，党的十六大提出“全面繁荣农村经济”，并制定了“多予少取放活”和“以工促农、以城带乡”的发展方针，形成集行业、区域和社会一体的大扶贫格局。2003年起，中央一号文件持续关注“三农”问题，2006年全面取消农业税，2007年在农村建立最低生活保障制度，对贫困人口的基本生活进行了兜底性制度安排，形成“两轮驱动”的扶贫新战略，绝对贫困问题得到有效缓解，为扶贫工作转向精准扶贫精准脱贫创造了条件。1978—2020年中国贫困人口规模及贫困人口发生率见图1-1。

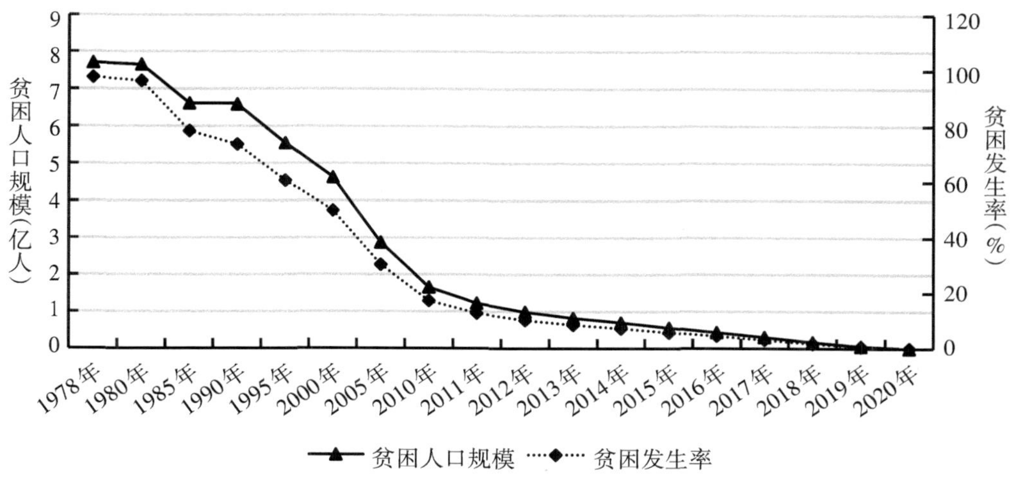

图1-1　1978—2020年中国贫困人口规模及贫困人口发生率

（数据来源：国家统计局网站）

党的十八大以来，中国组织实施了人类历史上规模空前、力度最大、惠及人口最多的脱贫攻坚战，终在2020年历史性地解决了困扰中华民族几千年的绝对贫困问题，推动“三农”工作重心全面转向乡村振兴。党的十九大报告首次提出“实施乡村振兴战略”，并将其与“打赢脱贫攻坚战”相结合；全面建成小康社会后，习近平总书记指出全党“三农”工作重心历史性转向进一步巩固拓展脱贫攻坚成果，接续推动脱贫地区发展和乡村全面振兴。2021年《中共中央国务院关于实现巩固拓展脱贫攻坚成果同乡村振兴有效衔接的意见》对建立健全巩固拓展脱贫攻坚成果长效机制、聚力做好脱贫地区巩固拓展脱贫攻坚成果同乡村振兴有效衔接重点工作等做出重要部署。从2018年起中央一号文件持续聚焦乡村振兴战略，2021年《中华人民共和国乡村振兴促进法》出台，2022年党的二十大提出“扎实推动乡村产业、人才、文化、生态、组织振兴”，初步构建起乡村振兴制度框架和政策体系。《乡村振兴战略规划实施报告（2018—2022）》显示实施乡村振兴战略的首个“五年规划目标”任务顺利完成，农业农村发展迈上新的台阶。新时代新征程高质量推进乡村振兴、加快建设农业强国，是实现中国式农业农村现代化和全体人民共同富裕的必由之路。2013—2020年中国贫困地区农村居民人均可支配收入见图1-2。

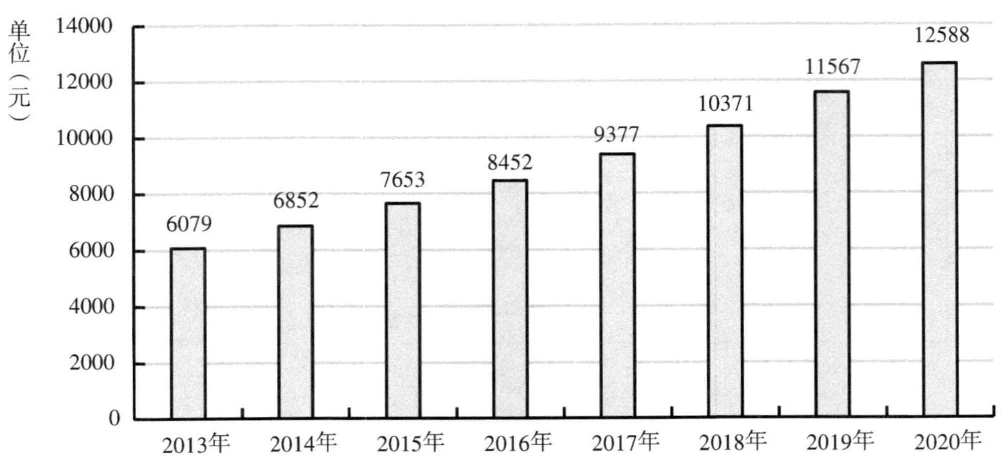

图1–2　2013—2020年中国贫困地区农村居民人均可支配收入

（数据来源：国家统计局网站）

（二）理论背景

反贫困作为古今中外治国理政的一件大事，英国早期古典政治经济学家亚当·斯密、马尔萨斯、大卫·李嘉图、西斯蒙第等都对贫困问题有所触及，并发表了一系列有深刻思想洞见的观点。当代西方经济学的贫困理论以资源有效配置为逻辑主线，以贫困根源和摆脱贫困为研究主题，形成枝蔓丛生的理论体系。近年来，安格斯·迪顿与阿比吉特·班纳吉等在减贫领域研究的贡献分别获得2015年和2019年诺贝尔经济学奖，然而全球减贫实践的努力收获寥寥。与西方经济学的贫困理论不同，马克思主义政治经济学以“消除贫困、实现人的自由而全面发展”为根本立场和价值取向，对无产阶级贫困化的根源进行了系统的制度分析，并阐释了无产阶级消除贫困的根本出路（李海星，2018；黄承伟，2020）。

马克思主义贫困理论起源于对资本主义制度下异化劳动转入雇佣劳动的历史逻辑分析，基于资本主义社会资本和雇佣劳动对立的事实，结合资本积累、劳动异化系统科学地阐释了无产阶级贫困化的历史根源及消除贫困的根本路径（刘建华、丁重扬，2012），其本质追求是消除贫困、实现人的自由而全面的发展。在资本主义社会，无产者阶级为了生存，必然在精神和肉体上异化为机器，这并未因资本主义社会变得富有而改变，“劳动所生产的对象，即劳动的产品，作为一种异己的存在物，作为不依赖于生产者的力量，同劳动相对立”[①]。因此，贫困从资本主义劳动本身的本质产生出来，“劳动为富人生产了奇迹般的东西，但是为工人生产了赤贫。劳动生产了宫殿，但是给工人生产了棚舍”[②]。因此，资本主义社会无产阶级贫困化的根源在于资本主义生产方式，而这个生产方式的绝对规律就是“生产剩余价值或者赚钱”（田超伟，2018），这种私有资本对剩余价值的无偿占有就是“雇佣劳动制度”的必然结果，资本主义生产方式的历史进步“首先也是以直接生产者的完全贫困化为代价而取得的”[③]。资本主义生产规律“制约着同资本积累相适应的贫困积累。因此，在一极是财富的积累，同时在另一极，即在把自己的产品作为资本来生产的阶级方面，是贫困、劳动折磨、受奴役、无知、粗野和道德堕落的积累”[④]。

消灭雇佣劳动制度和生产资料私有制是无产阶级消除贫困、实现人的自由而全面发展的根本出路，而无产阶级剥夺剥夺者，共同占有生产资料，必须“是以生产力的巨大增长和高度发展为前提的”，这时，社会生产将消灭旧的分工造成的限制，创造的物质财富将由所有人共享，使每个人的才能得到自由全面的发展。“工业工人只有当他们把资产者的资本，即生产所必需的原料、机器和工具以及生活资料转变为社会财产，即转变为自己的、由他们共同享用的财产时，他们才能解放自己。同样，农业工人，也只有首先把他们的主要劳动对象即土地本身从大农和更大的封建主的私人占有中夺取过来，转变为社会财产并由农业工人的合作社共同耕种，才能摆脱可怕的贫困。”[⑤]在共产主义初级阶段的社会主义社会，无产阶级占有生产资料并成为社会的主人，从而消除了资

① 中共中央 马克思 恩格斯 列宁 斯大林 著作编译局：《马克思恩格斯全集》（第3卷），人民出版社，2002，第267页。

② 中共中央 马克思 恩格斯 列宁 斯大林 著作编译局：《马克思恩格斯全集》（第3卷），人民出版社，2002，第269页。

③ 中共中央 马克思 恩格斯 列宁 斯大林 著作编译局：《马克思恩格斯全集》（第2卷），人民出版社，2012，第606页。

④ 中共中央 马克思 恩格斯 列宁 斯大林 著作编译局：《马克思恩格斯全集》（第2卷），人民出版社，2012，第289-290页。

⑤ 中共中央 马克思 恩格斯 列宁 斯大林 著作编译局：《马克思恩格斯全集》（第2卷），人民出版社，2009，第211页。

本主义制度下无产阶级贫困化的制度根源（邓金钱、李雪娇，2019）。

中华人民共和国成立后，党和国家在马克思主义的指导下建立了以公有制为基础的社会主义制度，致力于发展社会生产、消除贫困。1949—1978年的扶贫以计划经济体制下的广义扶贫为基本战略，重点在于缓解全社会的贫困程度，并未专门针对农村贫困地区（吴振磊、张可欣，2018）。改革开放以来，在党和政府的领导下，中国特色扶贫开发经历了从以贫困地区为扶贫对象的区域开发式扶贫向以贫困户和贫困人口为扶贫对象的精准扶贫演进的历史轨迹，中国减贫取得足以载入世界史册的历史性成就。中国特色社会主义进入新时代以来，进一步将贫困户和贫困人口作为扶贫的首要瞄准对象，通过“精准方略”，中国特色扶贫开发取得决定性进展，终在2020年历史性解决了绝对贫困问题，推动中国“三农”工作历史性地转向乡村振兴阶段。

党的十八大以来，习近平站在马克思主义立场，从全面建成小康社会的战略高度对中国扶贫开发和脱贫攻坚发表了一系列经典论述，深刻总结了中华人民共和国成立以来尤其是改革开放以来中国特色社会主义扶贫开发的基本经验和新时代脱贫攻坚的现实需求，做出了一系列经典论述，形成新时代中国特色社会主义扶贫理论，成为新时代中国打赢脱贫攻坚战的根本指引。习近平关于扶贫的重要论述蕴含的扶贫开发理论体系被概括为“六观”，即“坚持党领导扶贫工作的组织保障观、坚持精准方略的扶贫方法遵循观、坚持加大投入的扶贫物质基础观、坚持社会动员的扶贫参与格局观、坚持群众主体的扶贫内生动力观、坚持携手消除贫困的扶贫开放共享观”（邓金钱，2021）。这一理论拓展了马克思主义政治经济学的根本立场，形成了中国特色社会主义贫困治理理论，丰富了新时代中国特色社会主义政治经济学的研究视域和理论体系。

党的十九大报告提出新时代“乡村振兴战略”，推动新时代乡村工作在理论、实践、制度等方面不断创新，成为新时代做好“三农”工作的“总抓手”（韩俊，2018），标志着“三农”直接成为现代化的对象和重点（洪银兴，2017）。

党的二十大报告对全面推进乡村振兴做出新的决策部署，提出“扎实推动乡村产业、人才、文化、生态、组织振兴”。可见，从贫困治理走向乡村振兴，不仅体现了中国共产党领导中国人民探索城乡融合发展的中国理路，而且符合经济运行规律的客观要求。

二、研究意义

（一）现实意义

城乡关系是人类社会发展最基本的关系形态，国家的现代化进程也是城乡关系不断调整和重塑的过程（金三林等，2019）。本书立足2020年全面消除困扰中华民族几千年的绝对贫困问题这一人类发展史上“最成功的脱贫故事”，梳理中国减贫的历史方位和阶段性特征，不仅总结脱贫攻坚的历史成就和实践经验，而且对做好巩固拓展脱贫攻坚成果同乡村振兴有效衔接各项工作、扎实推动乡村全面振兴具有重要的参考价值，对世界其他国家和地区正确认识和处理城乡关系、推动城乡融合发展也提供了“中国经验”。

一是全面梳理中国共产党百年减贫的历史方位，即新民主主义革命时期为减贫创造根本社会条件，社会主义革命和建设时期为减贫创造根本政治前提和制度基础，改革开放和社会主义现代化建设新时期为减贫夯实体制保证和物质基础，中国特色社会主义新时代带领全国人民完成了消除绝对贫困的历史任务，推动减贫进入相对贫困治理新阶段。归纳中国消除绝对贫困的历史性成就，总结中国减贫的历史经验，为世界其他国家有效开展减贫实践贡献中国经验。

二是立足全面建成小康社会的时代背景，从数字乡村、数字普惠金融以及市场化视角研究脱贫攻坚成果巩固拓展和相对贫困治理问题，进一步从农村新型集体经济视角分析脱贫户生计转型问题，并提出具体的政策建议。这对于巩固拓展脱贫攻坚成果、优化相对贫困治理、推动脱贫户生计转型、走中国特色共同富裕道路具有重要的参考价值。

三是立足全面推进乡村振兴的时代要求，结合学习习近平关于乡村振兴重要论述心得，系统归纳新时代乡村振兴的生成逻辑、科学内涵以及实践价值，并基于中国式现代化的宏观视域分析小农户与现代农业有机衔接问题，进一步从返乡创业视角检验其对乡村振兴的影响效应与作用机制。最后从城乡收入不平等的视角分析城乡融合发展的历史演进与时代抉择。可见，本书的研究对于全面推进乡村振兴、推动城乡融合发展具有重要的现实意义。

（二）理论意义

贫困问题始终是困扰人类社会发展进步的重大难题，西方经济学关于贫困的研究以资源有效配置为基本准则，比较有代表性的是纳克斯的“贫困恶性循环论”、缪尔达尔的“循环积累因果关系论”，这些理论把发展中国家经济贫困的根源归结为资本匮乏。马克思主义政治经济学的贫困理论坚持“实现人的自由而全面发展”为根本立场和价值取向，科学阐释了无产阶级消除贫困的根本出路。中国从贫困治理到乡村振兴的发展实践，走出了一条具有鲜明中国特色的城乡融合发展之路，具有重要的理论贡献。

一是立足中国减贫的伟大实践，以马克思主义政治经济学的贫困理论为基础，借鉴其他学派贫困理论的有益成分，聚焦中国共产党成立以来减贫经验的理论升华，结合习近平关于扶贫的重要论述，概括了中国特色社会主义减贫理论的科学内涵与理论贡献，即坚持实现共同富裕的初心使命论、坚持以人民为中心的发展立场论、坚持以发展促减贫的物质基础论、坚持精准扶贫方略的方法遵循论、坚持集中力量办大事的政治优势论、坚持贫困群众为主体的内生动力论、坚持求真务实真扶贫的历史检验论等“七论”，为马克思主义政治经济学反贫困理论的中国化和时代化做出边际拓展，丰富新时代中国特色社会主义政治经济学的研究视域。

二是基于新时代乡村振兴和城乡融合发展实践，结合习近平关于乡村振兴的重要论述，系统阐释了乡村振兴的科学内涵，包括乡村振兴之基、乡村振兴之本、乡村振兴之魂、乡村振兴之擎、乡村振兴之核等五个方面，推动了马克思主义城乡关系理论的创新和发展，丰富了中国特色社会主义城乡关系理论体系，不仅指引新时代乡村振兴实践、推进城乡融合发展，也为世界广大发展中国家正确处理城乡关系、解决乡村问题贡献了中国智慧和中国理论。

/ 第二节 /
研究内容与研究方法

一、研究内容

从贫困治理到乡村振兴，这是中国实现城乡融合发展的创新探索，本书立足以致力于消除绝对贫困为主线的中国减贫实践、以巩固拓展脱贫攻坚成果为主线的相对贫困治理、以全面推进乡村振兴为核心的城乡融合发展这三个阶段，系统探究城乡融合发展的中国理路。除导论外，全书共包括上下两编共13章内容。

（一）中国共产党领导百年减贫的历史方位

本章立足百年来中国经济社会发展的历史经验，即“做好中国的事情，关键在党”。从2020年全面消除困扰中华民族几千年的绝对贫困问题这一人类发展史上“最成功的脱贫故事”出发，梳理了中国共产党领导百年减贫的历史方位，即新民主主义革命时期为减贫创造根本社会条件，社会主义革命和建设时期为减贫创造根本政治前提和制度基础，改革开放和社会主义现代化建设新时期为减贫夯实体制保证和物质基础，中国特色社会主义新时代带领全国人民完成了消除绝对贫困的历史任务，推动减贫进入相对贫困治理和全面推进乡村振兴的新阶段。

（二）消除绝对贫困的历史性成就与理论贡献

本章系统梳理了中国特色社会主义减贫实践取得的历史性成就，即在中华大地上历史性消除绝对贫困，脱贫群体生活水平明显改善，减贫人口超过世界减贫规模的七成，中国成为率先实现联合国“千年发展目标”中减贫目标的发展中国家，这对世界扶贫开发提供了中国经验、中国方案和中国智慧。从理论贡献来看，党的十八大以来，习近平总书记站在马克思主义立场，深刻总结了中国特色社会主义减贫的基本经验和新时代脱贫攻坚的现实需求，做出了一系列经典论述，形成了中国特色的反贫困理论，拓展了马克思主义反贫困理论新境界。

（三）中国特色财政扶贫——从温饱走向共富共享的创新探索

本章立足财政扶贫在中国特色社会主义贫困治理体系中的主导和主体地位，从财政理论逻辑范式“由物到人”的转型出发，探究了中国财政扶贫的理论生成问题，从“人本财政”的理论逻辑出发，分“财政扶贫的启动、财政开发式扶贫、财政集中力量扶贫攻坚、财政精准扶贫精准脱贫”四个阶段，梳理了中国财政扶贫的实践进展及其阶段性特征，并围绕“精准方略”的全过程，分析了“扶持谁”“谁来扶”“怎么扶”“如何退”的财政支持体系。2020年全面打赢脱贫攻坚战，标志着农村绝对贫困问题已从根本上得到解决，因此，“十四五”时期财政扶贫要聚焦发展不平衡、不充分的相对贫困问题，更加突出财政支持的保底性和靶向性，持续巩固脱贫成果，构建解决相对贫困的高质量减贫制度体系。

（四）数字乡村与农村多维相对贫困——基于县域视角的分析

本章基于数字乡村建设实践，将北京大学新农村发展研究院发布的数字乡村指数和中国家庭追踪调查（China Family Panel Studies，CFPS）数据进行匹配，实证考察数字乡村对农村多维相对贫困的影响效应及其作用机制。研究结果表明，数字乡村能显著减缓农村多维相对贫困，且这种缓解效应随着剥夺临界值的提高而递增；从不同贫困维度来看，数字乡村对收入、生活、教育、健康、资产和获得感六个不同贫困维度的影响效应存在显著的异质性特征；从区域差异来看，数字乡村对农村多维相对贫困的缓解效应存在明显的区域差异，东部地区的缓解效应在贫困剥夺得分较低维度发挥得更充分，而中西部在更高贫困维度和深度的减贫效应更明显；机制识别检验发现，数字乡村通过嵌入乡村经济、生活、治理和基础设施数字化渠道发挥了多维减贫效应。

（五）数字普惠金融与贫困脆弱性——基于CFPS数据的分析

本章从数字普惠金融这一新业态出发，将其与中国家庭追踪调查（CFPS）数据进行匹配，系统探究了数字普惠金融对居民家庭贫困脆弱性的影响效应与作用机制。研究发现，数字普惠金融因其独特的低成本和普惠性优势，能够给贫困弱势群体提供有效的金融服务，能够显著缓解家庭低水平贫困脆弱性和高水平贫困脆弱性，而且对缓解高水平贫困脆弱性的效果更好；另外，数字普惠金融对贫困脆弱性的影响存在显著的异质性特征，能够显著减缓城市家庭和东中部地区家庭的贫困脆弱性，但对农村家庭与西部地区家庭的贫困脆弱性有显著增加效应。通过作用机制检验发现，数字普惠金融可通过缓解信贷约束、推动创新创业、拓宽投资增收渠道、提升家庭收入水平和降低贫困脆弱性产生积极影响。

（六）市场化与巩固脱贫攻坚成果——基于农户内生发展能力的视角

本章从巩固拓展脱贫攻坚成果的实践出发，以农户贫困脆弱性作为巩固脱贫攻坚成果的指标，构建数理分析框架识别市场化赋能农户形成内生发展能力，进而实现巩固脱贫攻坚成果的理论机制，并采用中国市场化指数与中国家庭追踪调查（CFPS）的匹配数据进行实证考察。研究结果表明，市场化发展能够缓解农户贫困脆弱性，巩固脱贫攻坚成果。进一步机制检验表明，市场化能够赋能农户形成内生发展能力，提升家庭工资性收入和经营性收入水平，进而巩固脱贫攻坚成果，且工资性收入的中介效应大于经营性收入。因此，充分发挥市场化机制在巩固脱贫攻坚成果中的作用，有效赋能脆弱性家庭形成内生发展能力，是全面推进乡村振兴、实现共同富裕的重要手段。

（七）农村新型集体经济赋能脱贫户生计转型——优势、机制与进路

本章从新型农村集体经济的优势出发，分析了其在赋能脱贫户生计转型中的机制和进路。即农村新型集体经济作为党的集中统一领导下建立的，通过“财产联合”或“劳动联合”实现“再合作”的经济形态，能够把包含脱贫户在内的广大农户组织起来对接“大国家”和“大市场”，通过“赋予权力、提升能力、包容性参与”嵌入科学适宜的内生动力培育机制，赋能脱贫户生计向“多元型”生计和“发展型”生计转型。为此，在巩固拓展脱贫攻坚成果同乡村振兴有效衔接的后扶贫时代，只有创新农村新型集体经济的组织领导、宣传示范、要素投入、生产经营、动力培育、联合管理、制度供给等“七大”体系，才能发展壮大农村新型集体经济，更好地赋能脱贫户生计转型，把脱贫户完整纳入共同富裕的发展道路。

（八）新时代乡村振兴——缘起、内涵与践行

从第八章开始进入本书的下编，研究乡村振兴城乡融合发展的理论与实际问题。本章立足新时代乡村振兴战略，结合习近平关于乡村振兴的重要论述，分析新时代乡村振兴的生成逻辑，即马克思主义政治经济学城乡关系理论与中国优秀传统农耕文化的完美结合，从中国社会主要矛盾变化的事实出发，顺应亿万农民新企盼做出的重大战略抉择。新时代乡村振兴理论内涵丰富，包括乡村振兴之基、乡村振兴之本、乡村振兴之魂、乡村振兴之擎、乡村振兴之核等五个方面的内容，蕴含着重要的理论贡献、实践和政策价值。新时代破解城乡发展不平衡、农村发展不充分的矛盾，必须以乡村振兴为总抓手，推动城乡融合发展。

（九）中国式现代化视域下小农户与现代农业的有机衔接

本章主要立足全面实现中国式现代化必须直面中国农业经营主体是由分散独立经营的小农户组成的特征事实。从“大国小农”的国情特征出发，以马克思主义“小农经济论”为指导，借鉴其他学派“小农经济论”理论的有益成分，分析中国式现代化视域下实现小农户与现代农业有机衔接具有现实的逻辑必然，具体理解为巩固和完善农村基本经营制度的“历史之维”，全面推进乡村振兴战

略的“实践之需”，实现中国式农业现代化的“目标之要”和以人民为中心发展理念的“价值之归”。新时代新征程中，在中国式现代化视域下实现小农户与现代农业的有机衔接，应该坚持强化组织保障、夯实制度基础、培植内生动力、完善支撑体系和实现利益共享的具体进路，确保小农户在实现共同富裕的道路上“不掉队”。

（十）返乡创业试点政策与乡村振兴——基于县域视角

本章主要立足中国乡土从“打工经济”向“创业经济”转型的特征事实，将返乡创业试点政策视作一项准自然实验，基于2011—2020年中国2045个县域面板数据，利用交叠双重差分模型研究了返乡创业试点政策对乡村振兴的影响效应与作用机制。研究发现，返乡创业试点政策能够显著促进乡村振兴，而且这种促进效应在分样本的异质性检验中均成立，但在西部县域和原国家级贫困县域发挥得更充分。进一步分析发现，返乡创业试点政策促进乡村振兴主要通过升级产业结构效应、市场经济机会拓展效应和农村集体经济发展效应等渠道实现。据此，建议继续推进和完善返乡创业试点政策的支持体系，引导农民工、大学生、退伍军人等群体返乡创业，更好地服务于全面推进乡村振兴的时代命题。

（十一）数字普惠金融与城乡收入不平等——理论与实证

数字普惠金融作为现代金融发展的新业态，大幅改善了金融服务的可得性和便利性，能够在推动经济增长的同时优化收入分配。本章采用北京大学数字金融研究中心发布的数字普惠金融指数，设计完整的检验策略，对数字普惠金融是否能够缓解城乡收入不平等进行实证考察。研究发现：第一，数字普惠金融的发展能够缓解城乡收入不平等，这一结论经过内生性和多重稳健性检验后依然成立，但不同维度的数字普惠金融对城乡收入不平等的影响存在差异。第二，数字普惠金融发展能够缓解“城乡收入不平等”这一结论在分区域、分经济发展水平的检验中均成立，但缓解效应在中西部地区、欠发达地区发挥得更充分。第三，数字普惠金融的发展能够显著提升城乡居民的收入水平，但受益于数字普惠金融便利性和低成本的优势，农村居民能够充分享受数字普惠金融发展带来的“红利”，获得比城镇居民更高的增收效应。

（十二）地方政府“筑巢引凤”与城乡收入不平等——理论与实证

本章从中国式分权的制度安排出发，分析了地方政府“筑巢引凤”的激励来源及其影响城乡收入不平等的作用机制，进一步采用中国省际面板数据考察了地方政府“筑巢引凤”及其二者的协同耦合对城乡收入不平等的影响。研究发现，地方政府“筑巢”行为显著降低了中国的城乡收入不平等水平，地方政府竞争引来的“金凤凰”对缓解中国的城乡收入不平等也起到积极作用，但地方政府“筑巢引凤”对城乡收入不平等的影响存在“挤出效应”，二者协同耦合不利于降低城乡收入不平等的水平，没有形成推动城乡融合发展的政策合力，这一结论经过稳健性分析和内生性检验后依然成立。另外，地方政府“筑巢引凤”对城乡收入不平等的影响因城乡收入不平等的分布状况和区域要素禀赋结构而存在显著差异。

（十三）新时代城乡融合发展——历史演进与时代抉择

本章立足中华人民共和国成立以来城乡收入结构变迁的特征事实，即呈现出“低水平均衡—高水平失衡—高水平缓和”的演进轨迹。采用政治经济学“思辨法”归纳出中华人民共和国成立以来城乡收入结构变迁的逻辑主线，即坚持马克思主义城乡关系理论，立足中国发展实践探索中国特色城乡融合共享发展新模式的根本主线；以根本主线为逻辑，具体主线表现为坚持“党的领导、政府主导”、坚持“以人为本”的价值取向、坚持“动态调整”的时代意蕴。新时代平衡城乡收入结构，破解城乡发展不平衡、不协调、不充分的矛盾，必须推进城乡发展一体化，以全面推进乡村振兴为“抓手”，走中国特色城乡融合发展之路。

二、研究方法

本书立足中国从贫困治理到乡村振兴的发展实践，探究城乡融合发展的中国理路。首先，系统梳理了中国减贫的历史方位、阶段特征、历史成就以及理论贡献，并探究了数字经济时代的相对贫困治理和脱贫攻坚成果的巩固拓展问题。其次，基于新时代乡村振兴战略，系统阐释了乡村振兴的科学内涵和理论贡献，并实证考察了返乡创业对乡村振兴的影响效应和作用机制。再次，从全面推进乡村振兴的视角，分析了城乡融合发展的历史演进与时代抉择。运用的主要研究方法包括：

（一）文献分析法

对既有文献的梳理和总结能够为本研究厘清思路和提供拓展方向，本书通过回顾相关经典经济学理论和主流文献，梳理国内外该领域的最新研究成果，明晰从贫困治理到乡村振兴的理论基础和研究脉络，为系统分析城乡融合发展的中国理路奠定了文献基础。

（二）逻辑归纳法

主要运用在中国共产党领导百年减贫的历史方位、历史成就以及理论贡献的分析部分，还有新时代乡村振兴的理论缘起、内涵体系以及价值贡献的分析部分，通过逻辑归纳法分析从贫困治理向乡村振兴历史转向的演化轨迹和变化的阶段性特征。

（三）制度分析法

通过识别中国伟大减贫实践和全面推进乡村振兴的制度性要素，沿着中国推进城乡融合发展的制度变迁路径，对不同历史发展的制度体系进行纵向的对比分析，并对新时代全面推进乡村振兴、促进城乡融合发展的制度供给体系和政策保障体系进行深入分析。

（四）计量分析法

通过统计中国省级面板数据、中国家庭追踪调查（CFPS）数据、中国县域面板数据，建立计量分析模型，通过面板数据静态回归、面板数据动态回归、面板分位数回归以及双重差分（Difference in differences，DID）等计量研究方法，实证考察中国相对贫困治理、脱贫成果巩固以及乡村振兴的影响因素、影响程度及其区域异质性，并进一步提出相应的政策启示。

（五）政治经济学“思辨法”

立足从贫困治理向乡村振兴的历史转向，运用政治经济学“思辨法”，结合习近平总书记关于贫困治理、乡村振兴以及城乡融合发展的重要论述，厘清新时代中国贫困治理、乡村振兴以及城乡融合发展的理论贡献和时代抉择，并提出建立健全城乡融合发展体制机制的制度安排和保障体系。

上 编

脱贫攻坚与相对贫困治理

/ 第一章 /

中国共产党领导百年减贫的历史方位*

百年来中国经济社会发展的历史成就充分证明，“做好中国的事情，关键在党”，只有中国共产党才能领导中国人民“办好中国的事情”[①]。在党成立一百周年的重要历史时刻，全面总结党的百年奋斗重大成就和历史经验，具有重大的现实意义和历史意义。

本研究立足2020年历史性解决绝对贫困问题、推动减贫进入相对贫困治理新阶段这一人类发展史上“最成功的脱贫故事”（张占斌，2020），以新民主主义革命时期、社会主义革命和建设时期、改革开放和社会主义现代化建设新时期以及中国特色社会主义新时代四个历史时期为基础，以减贫根本社会条件—制度基础—物质基础—全面消除绝对贫困为逻辑主线，系统梳理中国共产党百年减贫的历史方位，进一步结合习近平总书记关于扶贫的重要论述和《中共中央关于党的百年奋斗重大成就和历史经验的决议》，总结归纳中国共产党百年减贫的理论贡献。这不仅是对完善中国特色社会主义减贫理论的有益探索，也是新时代做好巩固拓展脱贫攻坚成果，用乡村振兴有效衔接、促进全体人民共同富裕的现实要求。

---

* 本章核心部分载于《上海经济研究》，2022年第7期，第50–59页。

① 习近平：《在庆祝中国共产党成立100周年大会上的讲话》，《人民日报》2021年7月2日第2版。

/第一节/

新民主主义革命时期——为减贫创造根本社会条件

中华民族作为世界上古老而伟大的民族，为人类文明进步做出了不可磨灭的贡献。然而自1840年以来由于西方列强入侵和封建统治的腐败，广大劳动人民受帝国主义、封建主义、官僚资本主义的联合剥削，加之连年战争的破坏与冲击，生活处于极端贫困状态。为了拯救民族危亡，中国人民进行了可歌可泣的斗争，推翻了统治中国几千年的君主专制制度，但未能改变中国人民的悲惨命运。十月革命一声炮响，给中国送来了马克思列宁主义，马克思指出："无产阶级的运动是绝大多数人的，为绝大多数人谋利益的独立的运动。"[①]无产阶级组织成为政党，总是在同资产阶级的斗争中产生，与其他无产阶级政党不同的是，共产党人始终没有任何同整个无产阶级的利益不同的利益，共产党人旨在使无产阶级成为阶级，废除资产阶级的所有制，强调未来社会"每个人的自由发展是一切人的自由发展的条件"[②]，社会生产创造的物质财富也将由所有人共享。1921年中国共产党成立，其一经成立就义无反顾地肩负起带领人民谋求民族独立、人民解放和实现国家富强、人民幸福的历史重任，并逐渐意识到"农民问题乃国民革命的中心问题"[③]，然而在半殖民地半封建的剥削制度下，"小农经济是不稳固的，时刻向两极分化"[④]"全国大多数农民，为了摆脱贫困，改善生活，为了抵御灾荒，只有联合起来，向社会主义大道前进，才能达到目的"[⑤]。

因此，中国共产党带领农民打土豪、分田地，废除了封建土地所有制和一切崩溃混乱的旧社会关系，赢得了最广大人民的广泛支持和拥护，在全国人民

---

① 马克思、恩格斯：《共产党宣言》，人民出版社，2014，第39页。

② 马克思、恩格斯：《共产党宣言》，人民出版社，2014，第51页。

③ 毛泽东：《毛泽东文集》（第1卷），人民出版社，1993，第37页。

④ 中共中央文献研究室：《建国以来重要文献选编》（第四册），中央文献出版社，1993，第614页。

⑤ 毛泽东：《毛泽东文集》（第5卷），人民出版社，1977，第179页。

面前，深刻“表示了自己是人民的朋友，每一天都是为了保护人民的利益，为了人民的自由解放，站在革命战争的最前线”[①]，最终带领人民经过浴血奋战取得新民主主义革命的胜利，推翻了千百年来中国人民深受剥削压迫的制度，在1949年10月1日宣告成立中华人民共和国，彻底结束了极少数剥削者统治广大劳动人民的历史，为党带领中国人民摆脱贫困、实现共同富裕创造了根本的社会条件。

/ 第二节 /
社会主义革命和建设时期
——为减贫创造根本政治前提和制度基础

中华人民共和国成立后，面对百废待兴的国民经济，中国共产党提出“要使几亿人口的中国人生活得好，要把我们这个经济落后、文化落后的国家，建设成为富裕的、强盛的、具有高度文化的国家”[②]。党领导人民在全国开展轰轰烈烈的土地改革运动，完成社会主义革命，建立以公有制为基础的社会主义基本经济制度，实现了一穷二白、人口众多的东方大国大步迈进社会主义社会的伟大飞跃，党带领中国人民摆脱贫困、实现共同富裕创造了根本政治前提和制度基础。

一、社会主义革命时期——聚焦土地改革与合作化

1949年中华人民共和国成立后，面对濒临崩溃的国民经济和广大人民的极端贫困，中国共产党深刻意识到消除贫困、实现人民经济上的富裕是新中国亟须解决的重大问题。1950年中央人民政府围绕农民的贫困问题，颁布《中华人民共和国土地改革法》，在全国开展轰轰烈烈的土地改革，全国3亿无地或少地农民共分得7亿亩土地，在中国延续两千多年的封建地主土地所有制被彻底推

① 毛泽东：《毛泽东选集》（第1卷），人民出版社，1991，第184页。

② 中共中央文献研究室：《建国以来重要文献选编》（第十册），中央文献出版社，1994，第106页。

翻，并在1952年开始通过农业合作化把小农组织起来，逐渐改造成社会主义集体经济，广大农民的生产积极性被调动起来，农业生产力得到解放和发展。根据《新中国六十年统计资料汇编》的数据显示，全国粮食产量从1949年的11318万吨增长到1956年的19275万吨，累计增长70.3%，人均粮食产量从418斤增长到614斤，增幅达到46.89%，农村居民吃不饱的极端贫困问题得到极大缓解。

另外，中国共产党立足当时人口多、底子薄的实际，开展了以缓解极端贫困为主的输血救济式减贫实践，1950—1954年全国各级政府发放的救灾救济费累计达到10亿元，绝大多数因灾因急贫困人口的基本生活得到保障（崔乃夫，1994）。这一时期聚焦土地改革的减贫实践不仅巩固了党的执政根基，也奠定了进一步减贫的生产资料基础。

二、社会主义建设时期——聚焦制度变革与工业化

1956年“三大改造”的完成标志着社会主义制度在中国的确立，实现了中华民族有史以来最为广泛而深刻的社会变革，为带领中国人民摆脱贫困、实现共同富裕构建了坚实的制度基础。“一五”计划的提前超额完成为国民经济的恢复和社会主义工业化奠定了基础，以毛泽东为核心的共产党人借鉴苏联的计划经济体制和工业化模式，提出从“国家工业化”和“农业社会化”的进程中探索出一条行之有效的减贫之路，逐步建立起以人民公社为基础的农村公有制，彻底消除了农村不平等的社会结构，即“在农村中消灭富农经济制度和个体经济制度，使全体农村人民共同富裕起来”[①]，领导农民“战天斗地”大兴农田水利建设，组织“农业学大寨”推广农业生产技术，在农村发展基础教育和医疗卫生事业，并在农业合作社的制度框架中探索对于缺乏劳动能力、生活没有依靠的鳏寡孤独的“五保户”提供救助的社会保障体系。

从减贫的成效来看，全国粮食产量从1957年的19505万吨增加到1978年的30477万吨，人均粮食产量达到637斤，农民人均热量摄取超过2100千卡，中国人民的食物性贫困得到缓解（李小云等，2019）。学龄儿童入学率从1949年的20%上升到1978年的95.5%，文盲率从1949年的80%下降到1978年的22%，人

① 毛泽东：《毛泽东文集》（第6卷），人民出版社，1999，第437页。

均预期寿命从1960年的43.7岁上升到1978年的65.9岁，可见这一时期减贫成效重在教育和健康领域，而且在农村探索建立了以集体经济为基础，以保吃、保穿、保烧（燃料）、保教（儿童和少年）、保葬为核心，以特困群体救济为主体的社会保障体系（王小林，2019），中国人民特别是农民的基本生活需求得到初步满足（中华人民共和国国务院新闻办公室，2021）。

因此，在社会主义建设时期，中国共产党通过制度变革和工业化、社会化方式为改革开放后大规模减贫打下良好基础，正如习近平强调的那样："党领导农民开展互助合作，发展集体经济，大兴农田水利，大办农村教育和合作医疗，对改变农村贫穷落后面貌作了不懈探索，虽历经波折，但取得了了不起的成就。"①

/ 第三节 /
改革开放和社会主义现代化建设新时期
——为减贫夯实体制保证和物质基础

1978年的改革开放是党的历史上具有深远意义的伟大转折，中国实现了从生产力相对落后到经济总量跃居世界第二的历史性突破，创造了持续高速增长的世界奇迹（王强，2014），为中国共产党组织大规模的减贫提供了充满新的活力的体制保证和快速发展的物质条件，每个时期有效的物质投入能够确保减贫目标的按期保质完成，实现了人民生活从温饱不足到总体小康、奔向全面小康的历史性跨越。这一时期中国共产党领导的减贫实践经历了发展式减贫阶段、开发式减贫阶段以及综合性减贫阶段（许汉泽，2019）。

一、发展式减贫阶段——聚焦体制改革

经过新民主主义革命时期、社会主义革命和建设时期的减贫努力，全国农村的总体贫困问题得到有效缓解，但贫困人口基数大、贫困发生率高的现实没

① 中共中央党史和文献研究院：《习近平关于"三农"工作论述摘编》，中央文献出版社，2019，第12-13页。

有根本改变，按照现行贫困标准（2010年不变价）计算，1978年农村贫困人口有7.7亿，贫困发生率高达97.5%（汪三贵，2018）。党的十一届三中全会后，党和国家的工作重心转向经济建设，聚焦农村经济体制改革所带来的益贫式经济增长成为这一时期减贫的主要动力，也为农村大规模减贫奠定了基础。

具体来看：一是家庭联产承包责任制改革理顺了农村最基本的生产关系，农业全要素生产率显著提升，农业生产长期徘徊不前的局面得到迅速扭转，粮食总产量从1978年的30476.5万吨增长到1985年的37910.8万吨，增幅达到24.39%，人均粮食、棉花、油料、肉类的占有量都有增加①。二是农产品交易制度的市场化改革，不断提高粮食收购价格，开放农村集贸市场发展农产品集市贸易，导致工农业之间的剪刀差在1978—1985年间缩小了近30%（刘坚等，2009）。三是农村地区乡镇企业的崛起和“以工代赈”工程的实施，为农村居民提供了大量就业机会，农村居民收入在1978—1985年间实现“翻三番”的超常规增长。

另外，在聚焦体制改革的同时，设立“支援经济不发达地区发展资金”（1980），启动“三西农业建设计划”（1982），开启中国有组织、有计划、大规模减贫的序幕。可见，这一时期发展式减贫主要以体制改革释放经济活力，益贫式的经济增长大幅改善了贫困地区的基础设施条件，贫困人口数量和贫困发生率显著下降。

二、开发式减贫阶段——聚焦区域发展

1986年在党中央的领导下，国务院设立贫困地区经济开发领导小组，探索建立制度化的开发式减贫机制，同时国家“七五”计划单列一章部署“老、少、边、穷地区的经济发展”问题，并开始根据县级群众人均收入水平认定国家级贫困县，到1989年在全国确定331个扶贫开发重点县，标志着扶贫开发进入制度化、规范化的开发式减贫阶段。开发式减贫强调立足贫困地区自身资源禀赋状况，通过发展贫困地区经济带动减贫。其间，1987年国务院颁发《关于加强贫困地区经济开发工作的通知》，将经济开发作为最终解决中国贫困问题的历史性事业，减贫方式完成了从单纯救济的“输血”式向经济开发的“造血”式转

① 国家统计局：《中国统计年鉴（2020）》，中国统计出版社，2020，第387-398页。

变。1993年党中央根据减贫的需要，将国务院贫困地区经济开发领导小组更名为“国务院扶贫开发领导小组”，完善了中央统筹、省（自治区、直辖市）负总责、地县抓落实的减贫工作机制。1994年出台明确了目标任务和扶贫政策的《国家八七扶贫攻坚计划》，建立了资金、任务、权利、责任“四个到省”的减贫机制，在中央层面实施机关定点扶贫政策，并对东西扶贫协作机制做出有益探索。

另外，开发式扶贫更加注重人力资本开发，1995年启动实施“国家贫困地区义务教育工程”，推动了贫困地区教育事业的发展，为阻断贫困的代际传递提供了可能。这一时期得益于中央专项扶贫资金的稳定投入，《国家八七扶贫攻坚计划》中设定的减贫目标按期完成，根据现行贫困标准（2010年不变价）计算的贫困人口下降到4.6亿人，贫困发生率下降到49.8%，贫困人口的温饱问题基本得到有效解决。

三、综合性减贫阶段——聚焦大扶贫格局

进入21世纪，中国共产党立足开发式减贫的成效，积极推进社会主义新农村建设，并提出2020年全面建成小康社会的远大目标。2001年印发的《中国农村扶贫开发纲要（2001—2010年）》，强调继续坚持开发式减贫战略，对扶贫工作重点与瞄准对象做出重大调整，在集中连片特困地区、国家扶贫开发重点县的基础上把瞄准对象进一步下沉，全面实施整村推进式的参与式减贫（邓金钱、李雪娇，2019），将贫困群体的脱贫动力融入发展扶贫产业、完善乡村基层治理等减贫机制中。

同时，这一时期制定实施了一系列减贫新政策，比如2002年提出的建立新型农村合作医疗制度，重点缓解了农村居民的因病致贫和因病返贫问题；2004年起，中央一号文件持续关注“三农”，贫困地区的基本生产生活条件得到有效改善；2006年废除《中华人民共和国农业税条例》，标志着农业税退出历史舞台，同年修订的《中华人民共和国义务教育法》明确9年义务教育不收学杂费，极大地缓解了农民负担；2007年提出在全国范围内建立农村最低生活保障制度，2009年开展农村养老保险试点，2011年《中国农村扶贫开发纲要（2011—2020年）》进一步明确了2020年减贫的总体目标，即稳定解决贫困群体“两不愁三保障”的突出问题。

另外，在党的领导下进一步强化协作扶贫、定点扶贫，并探索动员全社会参与减贫的多种有效方式（白增博，2019）。可见，这一时期的减贫不仅体现在多部门参与以及多政策的叠加上，而且基本形成多部门、多政策综合治贫的“大扶贫格局”。根据现行贫困标准（2010年不变价），2011年贫困人口下降到1.22亿人，贫困发生率下降到12.7%，大多数贫困群体的温饱问题得到有效解决。

/ 第四节 /
中国特色社会主义新时代
——全面消除绝对贫困迈向相对贫困治理新阶段

党的十八大以来，中国特色社会主义进入新时代这个新的历史方位。党把贫困人口全部脱贫作为全面建成小康社会、实现第一个百年奋斗目标的底线任务。以习近平同志为核心的党中央把脱贫攻坚工作摆在治国理政的突出位置，创造性地提出“精准扶贫精准脱贫”的精准方略，不断完善减贫制度和政策设计，凝聚全社会减贫合力，终于在建党百年之际完成了消除绝对贫困的艰巨任务，推动了中国减贫进入相对贫困治理新阶段。

一、决胜脱贫攻坚阶段——聚焦消除绝对贫困

经过改革开放和社会主义现代化建设新时期大规模、有计划的减贫努力，贫困地区和贫困人口分布发生了根本性的变化，脱贫攻坚面对的都是贫中之贫、坚中之坚，传统的发展式减贫、开发式减贫、综合性减贫已难以适应新时代减贫工作精细化、专业化的要求。

2012年党的十八大报告进一步明确2020年实现全面建成小康社会的发展目标，然而“全面建成小康社会，最艰巨最繁重的任务在农村，特别是在贫困地区”[①]。2012年习近平在河北阜平调研时提出扶贫开发要坚持“因地制宜、科学规划、分类指导、因势利导”的思路；2013年他在湖南考察时进一步创造性

① 习近平：《做焦裕禄式的县委书记》，中央文献出版社，2015，第16页。

地提出“精准扶贫”的减贫新模式、“六个精准”“五个一批”的实施，实现了减贫资源用到最需要帮助的建档立卡贫困群体手中。2015年中共中央、国务院颁发《关于打赢脱贫攻坚战的决定》，对2020年稳定实现农村贫困人口脱贫的目标任务做出决策部署，强调充分发挥政治优势和制度优势，坚持“精准扶贫精准脱贫”的精准方略，举全党全社会之力攻克深度贫困堡垒，决胜脱贫攻坚。

这一时期习近平总书记把脱贫攻坚作为治国理政的重要内容，50多次调研扶贫工作，深入贫困村、贫困户访贫问苦，走遍全国14个集中连片贫困地区，多次回信勉励基层干部群众投身减贫事业。这一时期减贫实践具有鲜明的时代特征，聚焦全面消除绝对贫困这个全面建成小康社会的根本性指标，以习近平同志为核心的党中央立足脱贫攻坚实际、保障脱贫攻坚投入、创新脱贫攻坚方法、凝聚脱贫攻坚合力、完善脱贫攻坚机制，即便面对突如其来的新冠肺炎疫情的冲击，中国仍按期取得脱贫攻坚战的全面胜利，创造了人类减贫实践的伟大奇迹。

二、全面建成小康阶段——聚焦相对贫困治理

2020年在建党百年之际，中国共产党完成了消除绝对贫困这一“庄严承诺”，但这并不意味着贫困治理的终结，而是要聚焦脱贫攻坚成果的巩固拓展，围绕全面建成小康社会后发展不平衡不充分的相对贫困问题构建解决相对贫困的长效机制。党的十九大在部署决胜脱贫攻坚战的同时提出了实施乡村振兴战略，党的十九届四中全会进一步提出“建立解决相对贫困的长效机制”，2021年2月国务院扶贫开发领导小组退出历史舞台，国家乡村振兴局应运而生，同时习近平总书记在全国脱贫攻坚总结表彰大会上强调“要切实做好巩固拓展脱贫攻坚成果同乡村振兴有效衔接的各项工作，让脱贫基础更加稳固、成效更可持续”①，标志着中国减贫进入相对贫困治理新阶段。

因此，全面建成小康社会后的相对贫困治理要立足人民日益增长的美好生活需要，全面把握全面建设社会主义现代化国家这个新发展阶段，遵循新时代“两步走”的战略部署，适时调整相对贫困治理战略，有序推进政策优化调整，探索构建解决相对贫困的高质量减贫长效机制。

① 习近平：《在全国脱贫攻坚总结表彰大会上的讲话》，《人民日报》2021年2月26日第2版。

/ 第二章 /

消除绝对贫困的历史性成就与理论贡献*

2020年在建党百年之际区域整体性贫困问题和绝对贫困问题得到历史性解决，推动减贫进入相对贫困治理新阶段，这是中国共产党和全国各族人民经百年奋斗书写的“最成功的脱贫故事”，形成了中国特色的反贫困理论，拓展了马克思主义反贫困理论新境界。

/ 第一节 /

人类减贫的中国实践——历史性成就

在中国共产党的领导下，中国特色社会主义扶贫开发取得足以载入世界史册的历史性成就，在中华大地上历史性解决绝对贫困问题，脱贫群体生活水平明显改善，减贫人口超过世界减贫规模的七成，中国成为率先实现联合国“千年发展目标”中减贫目标的发展中国家，这对世界扶贫开发提供了中国经验、中国方案和中国智慧。

一、彻底消除绝对贫困，“三农”工作历史性转向乡村振兴

中华人民共和国成立以来特别是改革开放以来，中国特色扶贫开发成效显著，农村绝对贫困人口在中华大地上被彻底消除，贫困发生率降为0%，推动党

* 本章核心部分载于《经济学家》，2019年第2期，第47-54页；《上海经济研究》，2022年第7期，第50-59页。

和国家“三农”工作重心历史性转向乡村振兴。进入新世纪特别是党的十八大以来，党和国家坚持“精准扶贫精准脱贫”的精准方略，凝聚各方力量参与脱贫攻坚，中国特色社会主义扶贫开发取得决定性进展，脱贫攻坚战取得全面胜利。根据当年农村贫困线，1978年末农村贫困发生率约为97.5%，贫困人口规模7.7亿人，经过40余年的大规模扶贫开发，2020年末农村贫困发生率下降到0%，贫困人口彻底消灭，贫困发生率下降97.5个百分点，贫困人口减少7.7亿人，平均每年贫困发生率下降2.3个百分点，年均减贫1833万人（中华人民共和国国务院新闻办公室，2021）。

二、贫困地区农村居民收入持续增长，生活水平显著改善

改革开放以来尤其是党的十八大以来聚焦于贫困地区脱贫攻坚，通过全社会的广泛参与和稳定的资金投入保障，构建起精准扶贫的长效机制，贫困地区农村居民收入水平持续提高，生活消费水平显著改善，与全国农村居民平均水平的差距在不断缩小。从收入水平来看，贫困地区农村居民收入持续增长，人均可支配收入从2012年的5209元增长到2020年的12588元，名义水平增长了7379元，平均每年增长11.7%，剔除价格因素，8年间年实际增长率为10.4%，而同期全国农村居民人均收入增长率为6.9%，贫困地区农村居民收入增速高于全国平均水平。

从消费状况来看，消费支出增长较快，生活水平显著提高，主要表现为以下三点：第一，贫困地区农村居民消费支出保持快速增长，由2012年的5123元增长到2020年的10758元，年均名义增长13.7%。第二，贫困地区农村居民生活居住条件不断改善，2020年贫困地区农户居住在钢筋混凝土房或砖混材料房的比重达到58.1%，贫困地区农村饮水无困难户的比重达到89.2%（中华人民共和国国务院新闻办公室，2021）。第三，贫困地区农村居民家庭耐用消费品升级换代较快，和全国农村平均水平的差距逐渐缩小。

三、贫困地区基础设施不断完善，基本公共服务能力显著增强

改革开放以来的中国特色大规模扶贫开发，使贫困地区水、电、路、网等基础设施投资不断加大，教育文化卫生设施逐渐齐全，贫困地区农村面貌发生了根本性的变化。具体表现在：第一，贫困地区基础设施条件不断完善，2020

年末贫困地区村内主干道路面经过硬化处理的自然村比例达到99.6%，贫困地区自然村通电基本实现全覆盖，通电话、通宽带、通有线电视信号的自然村比例分别为99.9%、99.6%、99.9%。第二，贫困地区教育文化状况显著改善，2020年末贫困地区农户所在自然村上幼儿园、上小学便利的比例均为100%，而且98.9%的行政村有文化活动室，丰富了贫困地区人民的文化生活。第三，贫困地区医疗卫生水平显著提高，截至2020年末，贫困地区农户所在自然村有卫生站的比例达到99.8%，拥有执业资格证的医生或卫生员的行政村比例为92.0%，61.4%的农户所在自然村垃圾能集中处理。改革开放40余年的扶贫开发尤其是党的十八大以来的脱贫攻坚，使贫困地区的基础设施环境和基本公共服务能力显著改善。

四、减贫人口超过世界减贫规模的七成，为世界减贫事业贡献了中国力量

改革开放以来，中国特色扶贫开发不仅直接导致中国7.7亿贫困人口摆脱贫困，也为全球减贫事业做出了重大贡献。具体表现在：第一，中国减贫人口超过全球减贫规模的70%，根据世界银行规定的国际贫困标准和发布的数据，中国贫困人口从1981年的8.78亿降到2012年的0.87亿，实现7.91亿贫困人口摆脱贫困。而同期全球范围内的贫困人口由1981年的19.97亿下降到8.97亿，即全球脱贫人口11亿，中国减贫人口占全球减贫总规模的比重超过70%。从贫困发生率指标来看，全球的贫困发生率从1981年的44.3%降低到2012年的12.7%，而同期中国的贫困发生率从1981年的88.3%下降到2012年的6.5%，表明中国减贫速度明显高于世界，贫困发生率也显著低于世界平均水平。第二，中国特色扶贫开发为世界减贫事业贡献了中国经验、中国方案和中国智慧。改革开放以来，中国特色扶贫开发是政府主导的有计划、有组织的扶贫开发；党的十八大以来，更是基于贫困的分布特征，提出中国特色扶贫的“精准方略”，确保扶贫资源精准用于扶贫对象，“精准减贫”方略也被联合国秘书长古特雷斯认为是“帮助最贫困人口实现2030年可持续发展议程宏伟目标的唯一途径”（中华人民共和国国务院新闻办公室，2021）。

/ 第二节 /
中国减贫的理论贡献

党的十八大以来，习近平总书记站在马克思主义立场，深刻总结了中国特色社会主义减贫的基本经验和新时代脱贫攻坚的现实需求，做出了一系列经典论述，形成了中国特色的反贫困理论，拓展了马克思主义反贫困理论新境界。

一、初心使命论——坚持实现共同富裕

“治国之道，富民为始。”按照马克思、恩格斯的设想，共产主义社会将真正实现每个人自由而全面的发展，彻底消除阶级之间、城乡之间、脑力劳动和体力劳动之间的对立和差别。中国共产党自成立以来就坚守“消除贫困，改善民生，实现共同富裕”的初心和使命，实现共同富裕也成为百年来中国共产党经济思想的核心主线（白永秀、王颂吉，2021）。

“共同富裕”首次出现在党的文献中是在1953年中共中央做出的《关于发展农业生产合作社的决议》中，强调改造传统小农生产方式，建立集体所有、统一经营的人民公社体制，旨在“使农民能够逐步完全摆脱贫困的状况而取得共同富裕和普遍繁荣的生活”①，为当时的经济社会建设和减贫实践提供了理论指导，1956年社会主义制度的确立又为消除贫困、实现共同富裕奠定了制度基础。改革开放以来，邓小平多次强调消除贫困是社会主义制度优越性的体现和保障，也是实现共同富裕的必由之路，经济的持续高速增长创造的物质财富为大规模的减贫奠定了物质基础和根本动力。

党的十九大报告明确界定新时代是“逐步实现全体人民共同富裕的时代”，习近平强调要“努力解决群众的生产生活困难，坚定不移走共同富裕的道路”

① 中共中央文献研究室：《建国以来重要文献选编》（第四册），中央文献出版社，1993，第569-570页。

（中央文献研究室，2014）[①]，将消除贫困作为全面建成小康社会最突出的“短板”，并构建了系统完备的减贫制度体系，脱贫攻坚战的全面胜利标志着中国在实现共同富裕的道路上取得重大进展。

二、发展立场论——坚持以人民为中心

“治国有常，利民为本。”马克思认为当无产阶级夺取政权，把生产资料从剥削阶级的手中夺取过来，由全社会共同占有和支配时，社会生产创造的物质财富将由所有人共享，这“不仅可能保证一切社会成员有富足的和一天比一天充裕的物质生活，而且还可能保证他们的体力和智力获得充分的自由的发展和运用”[②]。

1921年7月中国共产党一经成立就确立了为天下劳苦人民谋幸福的奋斗目标，毛泽东强调“共产党人的一切言论行动，必须以合乎最广大人民群众的最大利益，为最广大人民群众所拥护为最高标准”[③]。中华人民共和国成立后，根据党和国家的具体形势，始终坚持“一切从人民利益出发”和“全心全意为人民服务”的宗旨，把减贫实践与走社会主义道路有机融合。改革开放以后，邓小平创造性地提出“社会主义初级阶段论”和“社会主义本质论”，按照历史唯物主义观点把发展社会生产力和改善人民物质生活作为制度优越性的具体表现，认为满足人民日益增长的物质文化需要是社会主义生产的根本目的（王立胜，2019）。

党的十八大以来，习近平总书记始终把人民放在心中最高位置，风雨兼程、访贫问苦，模范践行了“人民对美好生活的向往，就是我们的奋斗目标”[④]的价值理念，强调“人民立场是中国共产党的根本政治立场，是马克思主义政党区别于其他政党的显著标志”（习近平，2016）。在脱贫攻坚斗争中，“1800多名同

---

① 中共中央文献研究室：《十八大以来重要文献选编》（上），中央文献出版社，2014，第70页。

② 中共中央马克思恩格斯列宁斯大林著作编译局：《马克思恩格斯文集》（第3卷），人民出版社，2009，第563-564页。

③ 毛泽东：《毛泽东选集》（第3卷），人民出版社，1991，第1096页。

④ 中共中央文献研究室：《习近平关于全面深化改革论述摘编》，中央文献出版社，2014，第91页。

志将生命定格在了脱贫攻坚征程上，生动诠释了共产党人的初心使命”[①]，集中彰显了“以人民为中心”的政治立场，也足以向世界证明中国共产党领导的政治优势。

三、物质基础论——坚持以发展促减贫

贫困问题说到底是发展问题，经济增长是减贫最根本和最重要的力量源泉（Chambers等，2008）。中国共产党自成立以来就把发展生产作为消除贫困的核心动能，革命时期在解放区积极发展生产、减租减息，并在陕甘宁边区开展“发展经济、保障供给”的军民大生产运动，积极开展灾区救济工作（张立平，2019）。中华人民共和国成立后，中国共产党始终把发展作为党执政兴国的第一要务，把消除贫困、实现共同富裕作为社会主义的本质要求，不断解放和发展生产力，经济总量规模持续扩大，国家财力显著增强，为打赢脱贫攻坚战奠定了坚实的物质基础和财力保障。

具体来看，改革开放以来坚持以经济建设为中心，不断深化经济体制改革，经济运行创造了持续高速增长的“中国奇迹”。根据国家统计局的数据，我国GDP总量从1978年的3678.7亿元增长到2020年的1015986亿元，绝对值增长了276倍，而同期贫困发生率显著下降，二者之间存在直接的逻辑关联，已有研究也证实经济增长可贡献短期贫困变化的70%和长期贫困变化的95%（张伟宾，2009）。另外，益贫式的经济增长和开发式的扶贫战略相结合，一方面引导贫困群体抓住经济高速增长创造的大量就业岗位，提升收入水平；另一方面不断改善贫困地区发展条件，推动减贫方式由“输血式”扶贫向“造血式”帮扶转变，培植贫困地区可持续发展的内生动力。事实充分证明，“以发展促减贫”是中国共产党百年减贫的基本经验，也是特色减贫道路的鲜明特征。

四、方法遵循论——坚持精准扶贫方略

心中有数才能工作有方，只有开对“药方子”，才能拔掉“穷根子”。百年来，中国共产党始终坚持马克思主义减贫理论与中国减贫实际相结合，立足不同阶段的国情特征和贫困状况，科学制定减贫目标任务，不断创新减贫理念方

① 习近平：《在全国脱贫攻坚总结表彰大会上的讲话》，《人民日报》2021年2月26日第2版。

法，并创造性地提出“精准扶贫精准脱贫”的精准方略，为决胜脱贫攻坚战提供了根本遵循（邓金钱，2021）。

党的十八大以来，面对贫困“大集中、小分散”的分布格局，加之贫有百样、困有千种，传统“大水漫灌”式扶贫难以满足新时代决胜脱贫攻坚的需要，决胜脱贫攻坚必须采取更精准的措施，习近平总书记也强调“扶贫开发推进到今天这样的程度，贵在精准，重在精准，成败之举在于精准”[①]。“精准方略”旨在摸清搞准扶贫对象和致贫原因，通过“六个精准”和“五个一批”工程，实现扶贫资源与贫困群体的精准对接，提升了脱贫攻坚的整体效能，农村贫困人口全部实现“两不愁三保障”的减贫目标。

首先，扶贫必先识贫，建档立卡政策首次实现贫困信息精准到户到人，为摸清搞准扶贫对象和致贫原因提供了有力的数据支撑。其次，扶贫关键在责任落实到人，在党组织总揽全局、协调各方的领导下构建了由中央统筹、省负总责、市县抓落实的减贫机制和工作体系。再次，贫困的类型和原因千差万别，通过发展生产、易地搬迁、生态补偿、发展教育、社会保障等“五个一批”工程构建完善的帮扶体系，做到了“真扶贫”。最后，明确精准扶贫的目标，在实现有序退出、“摘帽”不摘政策的基础上构建起反映客观实际的动态精准脱贫机制。中国减贫成就证明，坚持“精准方略”是全面消除绝对贫困的制胜法宝，也是中国共产党百年减贫的方法论创新。

五、政治优势论——坚持集中力量办大事

习近平总书记指出：“坚持党的领导，发挥社会主义制度可以集中力量办大事的优势，这是我们的最大政治优势。”[②]这种政治优势赋予中国特色社会主义制度和国家治理体系稳定性和接续性的特征，能够保障党的每一项重大战略任务在不同历史时期得到完整的贯彻落实。百年来，中国共产党始终把打赢脱贫攻坚战、消除绝对贫困作为全面建成小康社会的底线性任务和标志性指标，广泛动员和凝聚全党全社会各方面的力量，构建起“党的领导、政府主导、全社

① 中共中央党史和文献研究院：《习近平扶贫论述摘编》，中央文献出版社，2018，第58页。

② 中共中央党史和文献研究院：《习近平扶贫论述摘编》，中央文献出版社，2018，第35页。

会共同参与”的扶贫格局和制度体系，“党政军民学劲往一处使，东西南北中拧成一股绳”[①]。

首先，党政军机关、企事业单位开展定点扶贫，所有的国家扶贫开发重点县、贫困村、贫困户都有帮扶单位和责任主体，有效解决了中国特色减贫事业“谁来扶”的问题。其次，强化东西部扶贫协作和对口支援，不断拓展和创新扶贫方式，在帮钱帮物的基础上开展结对帮扶和产业合作，引导人才、资金、技术向贫困地区流动，把发展生产作为减贫的主攻方向。再次，积极鼓励引导各行各业发挥专业优势，广泛动员民营企业、社会组织积极参与减贫事业，形成决胜脱贫攻坚的共同意志和共同行动。中国减贫的历史性成就集中彰显了我国集中力量办大事的政治优势和制度优势，也是中国共产党百年减贫的重要经验和理论贡献。

六、内生动力论——坚持贫困群众为主体

“志之难也，不在胜人，在自胜。”中国共产党百年减贫始终坚持以促进人的全面发展的扶贫理念，充分尊重、积极发挥贫困群众主体作用，把扶贫与扶志扶智相结合，使脱贫具有可持续的内生动力。在革命和建设的过程中，毛泽东始终坚持认为政权是属于人民的，“人民，只有人民，才是创造世界历史的动力”[②]，通过土地制度改革和社会主义改造极大地激发了农民的生产积极性、主动性和创造性，引导贫困群众通过发展生产摆脱贫困的状态。改革开放后，坚持救济式和开发式相结合的减贫战略，明确“贫困群众是扶贫攻坚的对象，更是脱贫致富的主体”[③]。

首先，治贫先治愚，中国共产党百年减贫始终抓好教育这个根本大计，从“农民夜校扫盲班”到“让贫困家庭孩子都能接受公平的有质量的教育”，教育扶贫有效阻断了贫困代际传递的纽带。其次，扶贫先扶志，中国共产党百年减贫始终尊重人民群众主体地位和首创精神，把救急纾困和内生脱贫结合起来，

① 习近平：《在全国脱贫攻坚总结表彰大会上的讲话》，《人民日报》2021年2月26日第2版。

② 毛泽东：《毛泽东选集》（第3卷），人民出版社，1991，第1031页。

③ 中共中央党史和文献研究院：《十八大以来重要文献选编》（下），中央文献出版社，2018，第37页。

引导贫困群众树立“宁愿苦干、不愿苦熬”的观念，避免出现“靠着墙根晒太阳，等着别人送小康”的现象。再次，扶贫必扶智，中国共产党建立的扶贫机制注重提升贫困群众身体素质和就业能力，拓展贫困群众发展生产和务工经商的专业技能，并通过以工代赈、生产奖补等方式激发贫困群众通过自己的辛勤劳动改变贫困面貌，实现脱贫致富。中国减贫成就充分证明，战胜贫困必须尊重贫困群众的主体地位和首创精神，把扶贫与扶志扶智相结合，培植贫困群众自力更生、脱贫致富的内生动力，这既是中国共产党百年减贫的基本经验，也是中国特色减贫理论的重要创新。

七、历史检验论——坚持求真务实的真扶贫

“出水才见两腿泥”，百年来，中国共产党始终把全面从严治党要求贯穿到减贫的全过程，根据不同发展阶段和贫困人口规模与分布状况，科学设定贫困标准和减贫目标，坚持做到真扶贫、扶真贫、脱真贫，让减贫成效经得起实践和历史的检验。

首先，扶贫工作必须务实，在党的领导下，从中央到地方逐级签订“减贫责任书”，建立省、市、县、乡、村五级书记一起抓扶贫的工作机制，强化政治担当和责任担当，不做表面文章，不搞形式主义，把“一切工作都要落实到为贫困群众解决实际问题上”[①]，做到真扶贫。其次，脱贫过程必须扎实，中国共产党百年减贫把顶层设计和强化落实结合起来，建立起多元的资金投入体系和完善的制度保障体系，把贫困人口实现“两不愁三保障”和解决区域性整体贫困作为2020年全面消除绝对贫困的基本目标，防止层层加码和随意提前，确保脱贫质量。再次，脱贫结果必须真实，中国共产党百年减贫建立了严格的贫困退出标准和退出机制，对扶贫对象实行动态管理，防止“该退不退”和“被脱贫”现象，在脱贫成效考核中引入第三方评估机制和省际交叉考核机制，做到“脱真贫”，真正让脱贫成效经得起历史和人民检验。中国历史性消除“绝对贫困”的事实充分证明，只有坚持求真务实的态度，建立完善的考核监督体系，才能够取得经得起历史检验的减贫成效，在实现共同富裕的道路上取得实实在在的进展。

---

① 习近平：《在深度贫困地区脱贫攻坚座谈会上的讲话》，《人民日报》2017年9月1日第2版。

/ 第三章 /

中国特色财政扶贫
——从温饱走向共富共享的创新探索*

消除贫困，自古以来就是人类社会孜孜以求的发展目标。中华人民共和国成立以来，在党和政府的领导下持续向贫困宣战，我国农村贫困发生率（以当年价现行农村贫困标准衡量）由1978年的97.5%下降到2020年的0%，农村从普遍贫困走向整体消除绝对贫困，减贫成绩斐然，世界银行也称赞中国扶贫开发取得“史无前例的成就”，并成为率先实现联合国《可持续发展目标》的国家，为世界减贫实践提供了中国样板（国家统计局住户调查办公室，2018）。

财政扶贫作为支持贫困地区经济社会发展、帮助贫困人口脱贫致富的根本性举措，不仅可以通过直接参与区域经济活动带动贫困人口增收，而且直接对贫困人口的转移支付能够起到有效提升贫困人口收入水平的作用。另外，财政扶贫存在“四两拨千斤”的导向作用，能够引导金融机构扩大扶贫贴息贷款规模，撬动资本市场、保险机构以及社会资金参与脱贫攻坚。可见，财政扶贫在中国特色社会主义贫困治理体系中居于主体和主导性地位，真正意义上的财政扶贫始于20世纪80年代“支援不发达地区发展资金”的设立（财政部农业司扶贫处，2008），并根据经济发展和贫困治理要求不断拓展财政专项扶贫资金投入体系，为贫困治理提供了强有力的资源保障。

党的十八大以来，中央财政专项扶贫资金始终保持持续增长，从2013年的394亿元增长到2019年的1261亿元。2020年是“十三五”的收官之年，也是全面打赢脱贫攻坚战的收官之年，在当年现行标准下，农村贫困人口脱贫，整体消除绝对贫困的发展目标即将实现，中国将步入全面建成小康社会的发展阶段，

* 本章核心部分载于《农业经济问题》，2020年第10期，第9–18页。

但这并不意味着扶贫工作的终结，而是要求新时代扶贫目标转向缓解相对贫困（孙久文等，2019）。

有鉴于此，本研究试图厘清中国财政扶贫的理论生成，归纳财政扶贫实践进展及其阶段性特征，并分析打赢脱贫攻坚战“精准方略”的财政支持体系，最后基于2020年后中国贫困性质的变化，提出“十四五”时期财政扶贫的政策取向。

/ 第一节 /
中国财政扶贫的理论生成

传统西方经济学财政理论以“资源配置”为逻辑主线，本质上属于“物本”范式，忽视了财政理论的“人本”属性。马克思主义政治经济学认为，人在社会经济活动和财政活动中居于主体地位，经济学的研究和社会发展应该坚持“以人为本”的价值取向，这赋予了新时代中国特色社会主义财政理论“人本范式”的逻辑基础（刘晔，2018）。因此，财政理论逻辑范式“由物到人”的转变，即由西方经济学“物本财政”向新时代中国特色社会主义经济学“人本财政”的转型，也是中国财政扶贫的理论生成。

一、西方经济学“物本财政”理论及其局限

西方经济学财政理论发轫于自由竞争时期，当时古典经济学、新古典经济学占据主流和支配地位，西方财政理论的研究也自觉或不自觉地借鉴古典、新古典经济学的理论成果和分析范式，以“资源配置”为分析基础，其本质是微观经济学的具体运用和进一步研究（匡小平等，2004）。

随着经济社会环境的变迁和经济学理论的创新突破，经过蒂伯特、萨缪尔森、布坎南、布莱克等对财政理论研究的贡献，促使西方公共财政理论实现了由传统向现代的转变，代表性的理论有“公共物品理论”“公共选择理论”“最优税制理论”等，这些理论创见都侧重于公共支出的规范分析和实证分析，赋予了财政理论宏观经济属性（汪丁丁，2009）。可见，西方经济学财政理论的变

迁以“收入合法”和“支出效率”为原则，其本质上具有“物本”属性，这根源于西方经济学“资源配置”的“物本范式”（卢洪友，2015）。

西方经济学“物本财政”理论是将市场失灵作为财政职能分析的逻辑起点，强调稀缺资源配置的有效性，财政研究局限于资源配置效率这一单一维度的研究主题，但这种“有效”是针对人的欲望而言的，而且财政职能并不只有经济方面，更涉及政治、社会、文化等各个方面（刘尚希，2014），这赋予了财政理论的“人本”属性和包容性的研究范式。然而，“公共物品”作为“物本财政”的核心概念，是为了分析市场失灵和财政职能，但对公共物品公共属性的分析是基于物的自然属性（竞争性和排他性），而没有将其置于具体的社会关系中去理解，导致其解释力存在局限。加之市场本身并不是资源配置主体，仅仅是人与人交换关系的总和，那么，“市场失灵”也不能构成政府干预和财政介入的必然逻辑（刘晔等，2008）。

党的十八届三中全会指出，财政作为国家治理的基础和重要支柱，其职能不仅仅是配置资源和调节经济，还要保障每个公民实现对美好生活的需求和享有公平正义，而这恰恰是西方经济学“物本财政”理论所欠缺的。

二、马克思主义经济学“人本思想”及其财政理论

“经邦济世”“经世济民”是经济学价值导向的核心要义，“离开了对人的关注，离开了对人与人关系的研究，就背离了经济学研究的初衷”（何自力等，2010）。“以人为本”是马克思主义政治经济学的鲜明旗帜和根本立场，认为“全部人类历史的第一个前提无疑是有生命的个人的存在”[①]，一旦脱离了这个前提，社会将会变成抽象的、不可思议的东西。但“人的本质……在其现实性上，它是一切社会关系的总和”[②]，把人的分析置于人与人的关系中进行考察，识别了社会发展从“人的依赖关系”“物的依赖关系”到“人的全面发展”的演进逻辑，强调未来社会“每个人的自由发展是一切人的自由发展的条件”[③]。

① 中共中央 马克思 恩格斯 列宁 斯大林 著作编译局：《马克思恩格斯选集》（第1卷），人民出版社，2012，第146页。

② 中共中央 马克思 恩格斯 列宁 斯大林 著作编译局：《马克思恩格斯选集》（第1卷），人民出版社，2009，第501页。

③ 中共中央 马克思 恩格斯 列宁 斯大林 著作编译局：《马克思恩格斯选集》（第2卷），人民出版社，2009，第53页。

因此，马克思主义经济学把人类经济社会发展变迁和历史命运作为核心研究内容，其终极目标是实现全人类的共同富裕和人自由而全面的发展，在其整个经济学体系中强调“以人为本”的价值导向。

在马克思主义经济学庞大的理论体系中，财政理论是其重要组成部分（邓子基，1990）。马克思关于财政的论述从税收范畴展开，认为税收是一切阶级国家的产物，体现的是阶级国家为主体、具有剥削性质的分配关系（王艺明，2018）。捐税作为国家存在的经济表现，“从物质方面说，君主制也和其他一切国家形式一样，直接用捐税来加重工人阶级的负担。……官吏和僧侣、士兵和舞蹈女演员、教师和警察、希腊式的博物馆和歌德式的尖塔、王室费用和官阶表这一切童话般的存在物于胚胎时期就已安睡在一个共同的种子——捐税之中了”[①]。

在资本主义生产关系中，“捐税的分配、征收和使用的方法之所以成为切身问题，不仅是由于它对工商业起着影响，还因为捐税是可以用来扼杀君主专制的一条金锁链”，维持着现代资产阶级国家不平等的财产关系。马克思主义财政理论深刻批判了资产阶级国家财政公平的虚伪性，曾多次号召拒绝捐税和募债，旨在追求构建“实现人的自由而全面发展”的财政制度及其理论体系。

三、新时代中国特色社会主义“人本财政”理论与反贫困

中国特色社会主义进入新时代，逐步实现共同富裕是这一时代的鲜明特征，以人民为中心是这一时代的根本立场。党的十八届三中全会提出“财政是国家治理的基础和重要支柱”，赋予财政国家治理的角色定位，要求正确处理政府和市场的关系，重构人与人之间的物质利益格局，把实现好、维护好、发展好最广大人民的根本利益作为新时代财政理论和实践的价值依归。“人民对美好生活的向往，就是我们的奋斗目标”，这赋予了财政治理新的使命，要求新时代中国特色社会主义财政以增进民生福祉为根本目的，“民生财政”必然成为中国特色财政理论的重要组成部分。因此，新时代中国特色社会主义财政的重要使命就是供给均衡而充分的公共产品和服务，以解决发展不平衡不充分问题，不断满足人民对美好生活的需要，服务于经济社会高质量发展的需要。

① 中共中央 马克思 恩格斯 列宁 斯大林 著作编译局：《马克思恩格斯选集》（第4卷），人民出版社，1994，第342页。

中国特色社会主义“人本财政”理论就是坚持“以人为本”，把握财政的国家治理职能，理顺政府与市场的关系，探索构建权责清晰、财力协调、区域均衡的中央和地方财政关系。“人本财政”理论的基本表征就是民生财政，现阶段改善民生，“真正要帮助的，还是低收入群众”，贫困问题依然是全面建成小康社会最突出的“短板”问题。新时代中国特色社会主义“人本财政”理论决定了财政在扶贫开发中的主导和主体地位，决胜脱贫攻坚的财政支持必须与贫困治理的实际需求相匹配，这就要求在增加财政扶贫投入量的规模的同时，也要关注财政扶贫资金结构的优化，形成有利于贫困地区、贫困人口和贫困户加快发展的财政扶贫策略和制度体系，提升财政扶贫资金使用绩效。

另外，财政扶贫在扶贫开发中居于主导和主体地位，并不是说财政对扶贫工作的大包大揽，而是要“坚持发挥政府财政投入的主体和主导作用，增加金融资金对脱贫攻坚的投放，发挥资本市场支持贫困地区的发展作用，吸引社会资金广泛参与脱贫攻坚，形成脱贫攻坚资金多渠道、多样化投入”[①]。

/ 第二节 /

中国财政扶贫的实践进展与阶段性特征

财政扶贫在中国减贫实践中居于主体和主导地位，经历了财政扶贫的启动、财政大规模开发式扶贫、财政集中力量扶贫攻坚以及财政精准扶贫精准脱贫四个阶段，呈现出从区域开发到精准扶贫的演进轨迹（汪三贵等，2018）。

一、财政扶贫的启动阶段

中华人民共和国成立后，为确保重工业优先发展战略的有效实施，大量“攫取”农业农村剩余支持工业和城市发展，导致农业农村发展滞后和国民经济结构失衡，农民陷入普遍贫困，产生严重的温饱问题，1978年全国农村有2.5亿贫困人口（以当年价每人100元的贫困标准计算）。党的十一届三中全会后，党

① 中共中央党史和文献研究院：《习近平扶贫论述摘编》，中央文献出版社，2018，第94页。

和国家的工作重心转移到经济建设上来，农村扶贫开发以推动家庭联产承包责任制为基础，废除农副产品的统购统销制度，从而极大调动了农民的生产积极性。1978—1985年农村社会总产值从2037.5亿元猛增到6340亿元，农村贫困人口从2.5亿下降到1.25亿。尽管在这期间农村经济体制改革让50%的贫困人口解决了温饱问题，但囿于地理区位、要素禀赋等的限制，很多贫困地区并不能直接享受改革红利。1980年中央财政每年投资5亿元设立支援经济不发达地区发展资金，标志着中国财政扶贫的真正启动；1982年中央财政每年投入2亿元在甘肃定西、河西及宁夏西海固地区设立“三西”地区农业建设项目；1980—1984年中央财政累计安排扶贫资金29.8亿元，年均增长11.76%（胡静林，2016）。财政专项扶贫拉开了区域开发式扶贫的序幕，为后来全国大规模开发式扶贫积累了许多有益经验。

二、财政开发式扶贫阶段

1984年《中共中央关于经济体制改革的决定》标志着改革的重心由农村转向城市，确立了改革、开放和发展为主线的国家战略，经济的快速增长为中国特色扶贫开发创造了良好机遇（马洪范等，2018）。1986年国务院贫困地区经济开发领导小组的成立，标志着中国特色扶贫开发进入有组织、有计划的开发式扶贫阶段，开启了中国历史上规模最大的农村专项反贫困计划。扶贫开发从温饱救济式扶贫向区域发展的开发式扶贫转变，始自1986年中央在全国确定331个国家级贫困县，成为当时扶贫开发的主要瞄准对象，1994年国家出台《国家八七扶贫攻坚计划》，旨在到2000年基本解决当时农村8000万贫困人口的温饱问题（邓金钱、李雪娇，2019）。1986—2000年中央财政累计安排支援不发达地区发展资金、以工代赈资金和扶贫贴息专项贷款等3项专项扶贫资金1546亿元。另外，积极动员社会力量和社会资源参与扶贫开发，1994—2000年累计动员社会扶贫投入300亿元。经过大规模的区域开发式扶贫，根据1984年的贫困标准，没有解决温饱问题的农村贫困人口由1985年的1.25亿下降到2000年的3209万人，贫困发生率下降到3.4%（吴国宝，2018）。

三、财政集中力量扶贫攻坚阶段

大规模的开发式扶贫基本解决了农村贫困人口“吃不饱、穿不暖”的温饱问题，但仍存在集中连片的深度贫困问题。为集中力量扶贫攻坚，国务院2001年6月印发《中国农村扶贫开发纲要（2001—2010年）》，提出这一时期扶贫目标是尽快解决少数贫困人口的温饱问题，改善贫困地区和贫困人口的生产生活条件，确立了整村推进、贫困地区劳动力转移培训和产业化扶贫等扶贫方式，扶贫资源倾向于到村到户。2004年起，中央一号文件持续关注“三农”问题，2006年起，中央出台以“四减免、四补贴”为核心的一系列惠农政策，2007年农村最低生活保障制度在全国范围内确立，为解决农村贫困人口的温饱问题提供了兜底性的制度安排，扶贫开发进入“两轮驱动”阶段，并开展了扶贫开发政策和低保制度有效衔接的“建档立卡”工作，2010年重新确定3000万贫困户和9000万贫困人口为主要扶贫对象。2001—2010年中央财政累计安排财政专项扶贫资金约1440.34亿元，这一时期的扶贫开发让绝大多数具有劳动能力和生存条件的贫困人口解决了温饱问题。2011年国务院颁布《中国农村扶贫开发纲要（2011—2020年）》，把连片特困地区作为扶贫开发的主战场，提出“两不愁三保障”的扶贫目标，扶贫开发从解决温饱问题向综合解决农民的生存和发展需求转变，侧重于同时满足农民的物质需求和社会服务需求，为新时代共富共享创造了条件。

四、财政精准扶贫精准脱贫阶段

经过大规模的开发式扶贫和集中力量的脱贫攻坚，减贫成效显著，但贫困人口“插花式”的分布特征更为明显，传统区域开发式扶贫的弊端日益凸显出来（陈锡文，2018）。为进一步推进扶贫工作，全面建成小康社会，2013年习近平创造性地提出“精准扶贫”，即针对贫困地区和贫困人口的具体状况，对扶贫对象实行精准识别、精准帮扶、精准管理的治贫方式。2015年《中共中央、国务院关于打赢脱贫攻坚战的决定》中明确2020年的减贫目标，并把“精准扶贫精准脱贫”作为扶贫开发的基本方略，2017年《中央财政专项扶贫资金管理办法》成为财政扶贫资金监管的制度基础。中央财政专项扶贫资金投入从2013年的394亿元增加到2019年的1261亿元，累计达到4003亿元（刘华东，2019）。在财政专项扶贫投入增加的同时，通过整合现有涉农专项资金、撬动金融资源和社会资源参与脱贫攻坚，初步构建起新时代脱贫攻坚的资源投入保障体系，全国农村贫困人口从2012年末的9899万人下降到2019年末的551万人，贫困发生率下降到0.6%。然而，现阶段所面对的都是“贫中之贫、困中之困”，越往后脱贫成本越高、难度越大，决胜脱贫攻坚、巩固脱贫成果必须发挥财政扶贫的主导和主体性地位，强化资金保障。

/ 第三节 /
新时代打赢脱贫攻坚战“精准方略”的财政支持体系

党的十八大以来，习近平总书记结合新形势下中国贫困“大集中、小分散”的“插花式”分布特点，创造性地提出了“精准扶贫精准脱贫”的精准方略，成为新时代打赢脱贫攻坚战的基本遵循和根本指引。财政扶贫围绕“精准方略”的全过程，基本构建起“扶持谁”“谁来扶”“怎么扶”“如何退”的财政支持体系，有效提升了贫困群体的政治信任和脱贫认同（马志雄等，2018；管睿等，2020）。

一、“扶持谁”的财政支持

扶贫先识贫。中国从2014年起全面开展扶贫对象的建档立卡工作，首次实现全国贫困信息基本精准到户到人，逐步建立起全国扶贫信息网络系统，为精准扶贫精准脱贫工作建立了重要的信息基础。

新时代精准扶贫的关键前提是摸清搞准扶贫对象，确保精准识别真正的贫困人口，弄清楚贫困程度、致贫原因，找对“穷根”，为精准帮扶明确靶向。“建档立卡在一定程度上摸清了贫困人口底数，但这项工作一定要做细，确保把真正的贫困人口弄清楚”，这就要求政府和财政对识贫工作做出有效的制度安排，建立动态识贫的长效机制。中央财政和地方财政应探索设立“精准识贫”专项资金，支持识贫工作进村入户，摸清搞准“现有贫困人口中，哪些是有劳动能力、可以通过生产扶持和就业帮扶实现脱贫的，哪些是居住在‘一方水土养不起一方人’的地方、需要通过易地搬迁实现脱贫的，哪些是丧失了劳动能力、需要社会保障实施兜底扶贫的，哪些是因病致贫、需要医疗救助帮扶的，等等”。在精准识别贫困人口的基础上，进一步完善建档立卡工作，实现对扶贫对象的动态调整，把符合贫困标准遗漏在外的贫困人口和返贫人口纳入进来，把已经稳定脱贫的贫困户清理出去，确保应扶尽扶。

二、“谁来扶”的财政支持

脱贫攻坚，关键在于责任落实到人。新时代脱贫攻坚“精准方略”的财政支持形成了“中央统筹、省负总责、市县抓落实”的扶贫开发格局。

首先，明确各级政府精准扶贫责任，中央统筹就是要做好顶层设计，不断扩大中央财政扶贫资金投入，加强对财政扶贫专项资金的使用监管；省负总责要求细化中央扶贫开发战略为具体的实施方案，并配套地方财政资金用于脱贫攻坚，促进扶贫工作落地；市县抓落实要求因地制宜安排财政等扶贫资源与扶贫对象的精准对接，推进各项政策落地生根。其次，强化党对财政扶贫工作的集中统一领导，发挥各级党委总揽全局、协调各方的作用，确保财政扶贫资金精准使用，提升财政扶贫资金使用绩效。再次，发挥政府和财政扶贫的主体和主导作用，通过党政军机关定点扶贫、东西部扶贫协作和对口支援、企事业单位和社会力量参与扶贫等方式，凝聚各方面的力量广泛参与脱贫攻坚。最后，发挥财政资金“四两拨千斤”的导向作用，增加金融资金对脱贫攻坚的投放，吸引社会资金广泛参与脱贫攻坚，强化脱贫攻坚的资金支持。总之，要解决好“谁来扶”的问题，必须完善各级政府积极参与脱贫攻坚的联动工作机制，形成“党的领导、政府和财政主导、社会广泛参与”的大扶贫格局，坚持“做到分工明确、责任清晰、任务到人、考核到位，既各司其职、各尽其责，又协调运转、协同发力”。

三、“怎么扶”的财政支持

脱贫攻坚，精准帮扶是关键。新时代扶贫开发“精准方略”的核心是“坚持因人因地施策、因贫困原因施策、因贫困类型施策”，这就要求摸清搞准致贫因子，根据贫困地区和贫困人口的具体情况，精准帮扶，统筹推进扶贫开发的“五个一批”工程，开对脱贫攻坚的“药方子”。

一是发展生产脱贫一批。新时代中国特色精准扶贫是要引导和支持具有劳动能力的人通过辛勤劳动来致富，“要把发展生产作为扶贫的主攻方向，努力做到户户有增收项目、人人有脱贫门路”。党的十八大以来，党和政府围绕就业扶贫，大力发展特色产业，推进乡村旅游富民工程和贫困地区劳务协作对接工程，促进贫困地区特色产业和新业态加快发展，成为贫困地区脱贫致富的主要动力源。

二是易地搬迁脱贫一批。易地搬迁是解决“一方水土养不起一方人”的不得不为的举措，中央也出台了财政、投资、金融、土地等一系列配套政策，采取集中安置和分散安置相结合的方式，为易地搬迁人口创造就业机会，确保搬得出、留得住、能致富，2016—2018年已累计完成869万贫困人口的易地搬迁任务，脱贫成效显著。

三是生态补偿脱贫一批。不少贫困地区又是重点生态功能区或自然保护区，生态地位非常重要，因而脱贫攻坚可以结合生态环境保护和治理，探索一条生态脱贫的新路子。中央财政要增加对生态功能区、禁止开发区域的转移支付，提升财政生态补偿资金使用的精准度，确保生态补偿水平与经济发展水平相适应。截至2019年10月，已经累计选聘100万贫困人口为护林员，不少贫困地区的贫困人口已经开始吃上“生态饭”。

四是发展教育脱贫一批。治贫先治愚，扶贫先扶智，发展教育不仅能让贫困人口有一技之长，提升就业能力；还能让贫困地区的孩子接受良好的教育，阻断贫困的代际传递。党的十八大以来，财政部、教育部、发改委等多部门就教育扶贫发出专门文件，如《教育脱贫攻坚“十三五”规划》《深度贫困地区教育脱贫攻坚实施方案（2018—2020）》等，要求国家财政教育经费向贫困地区倾斜，改善贫困地区办学条件和教师队伍，完善贫困地区学生就业就学资助服务体系，逐渐形成教育脱贫攻坚的财政支持网络。

五是社会保障兜底一批。对于完全或部分丧失劳动能力的农村贫困人口要建立社会保障的兜底机制，这就要求农村最低生活保障制度与农村贫困标准和扶贫政策有效衔接，实现“两线合一”，发挥低保线兜底的作用。2019年农村低保标准达到每人每年5247元，截至2019年11月，全国城乡低保对象达到4333.5万人，农村特困人员救助供养人数达到471.6万人，初步建立起低保制度、因灾救济、应急救助和养老保险、五保供养等统筹衔接的社会保障救助体系。

四、“如何退”的财政支持

精准脱贫是精准扶贫的根本目标。新时代脱贫攻坚战明确提出“到2020年我国现行贫困标准下农村贫困人口实现脱贫，贫困县全部‘摘帽’，解决区域性整体贫困问题”，让所有贫困地区和贫困人口一道迈入全面小康社会。这就要求构建贫困县、贫困户科学合理的退出机制，确保脱贫结果经得起人民和历史的检验。

首先，设定时间表，防止急躁症。脱贫“摘帽”要和全面建成小康社会进程对标，实现有效退出，但必须坚持时间服从质量，不搞虚假脱贫、数字脱贫。其次，留出缓冲期，“摘帽”不摘政策。脱贫“摘帽”后，贫困县和贫困人口自我发展能力的巩固需要有个缓冲期，这就需要“摘帽”后各方面的扶持政策继续执行一段时间，确保脱贫“摘帽”不返贫。再次，严格做好评估，明确验收标准。贫困县和贫困人口“摘帽”要注重脱贫质量，严格脱贫验收办法、“摘帽”标准和程序，确保扶贫效果真实，坚决杜绝指标式脱贫、算账式脱贫等虚假现象。最后，实行逐户销号，做到精准脱贫。进一步优化建档立卡工作，完善对扶贫对象的动态调整和精准管理，实现达到脱贫标准的逐户销号，遗漏在外或重新返贫的再次录入，构建“不稳定脱贫就不彻底脱钩”的长效动态机制。

/ 第四节 /
“十四五”时期贫困性质的变化及其财政扶贫的实践取向

2020年是全面建成小康社会目标的实现之年，也是全面打赢脱贫攻坚战的收官之年，农村绝对贫困问题将从根本上得到解决（李小云等，2020），但这并不意味着扶贫工作的终结，而是要聚焦新时期发展不平衡、不充分的相对贫困问题，着力巩固脱贫攻坚成果，探索构建解决相对贫困的长效机制，这也是“十四五”时期财政扶贫的基本取向。

一、“十四五”时期贫困性质的变化

人类社会对贫困的认知经历了基本需要、社会排斥、能力贫困和权利剥夺的演进过程（王小林，2012），也就是从绝对贫困向相对贫困拓展的历史过程。中国长期聚焦于如何摆脱绝对贫困问题，《中国农村扶贫开发纲要（2011—

2020）》把扶贫目标定义为“两不愁三保障”，实现了单一贫困标准向多维贫困标准的转变，也成为打赢脱贫攻坚战的底线性标准。2020年中国已历史性消除现行标准下的绝对贫困现象，“十四五”时期贫困性质将发生根本性的变化：由绝对贫困转向相对贫困，由收入贫困转向多维贫困（黄征学等，2019；汪三贵等，2020），主要表现为发展不平衡、不充分的相对贫困问题，覆盖收入、社会公共服务以及社会保障等方面。

另外，现阶段中国的贫困标准大致与世界银行设定的极端贫困线（每人每天生活费低于1.9美元）相当，与中等偏低贫困线（每人每天生活费低于3.2美元）和中等偏高贫困线（每人每天生活费低于5.5美元）相比，2020年后中国仍存在大量贫困人口。而且与绝对贫困仅瞄准现有农村贫困者不同，相对贫困的瞄准对象为统筹城乡后收入在贫困线周围的潜在贫困者，这要求尽快制定城乡统一的国家相对贫困标准，精准识别“十四五”时期的扶贫对象（魏后凯等，2019）。因此，“十四五”时期财政扶贫应该立足贫困性质的变化，更加突出财政支持的保底性和靶向性，持续巩固脱贫成果，探索构建解决相对贫困的高质量减贫制度体系。

二、“十四五”财政扶贫的取向观察

（一）始终坚持“以人民为中心”的财政扶贫价值取向

物质发展不是目的，实现人的全面发展才是根本。财政在不同阶段面对的人的现实需求是不同维度、不同层面的，所要解决的问题也是不同的（刘尚希等，2018）。改革开放初期，面临8亿人吃不饱饭、经济低效、发展缓慢的实际，形成了解决温饱、维持基本生存的救济开发式扶贫模式。随着经济持续高速增长和大规模开发式扶贫的展开，社会发展开始摆脱低水平的温饱型模式，扶贫开发也转向发展型、共富型的新模式。

党的十八大以来，全面建成小康社会始终坚持“决不能落下一个贫困地区、一个贫困群众”的基本原则，财政扶贫以“精准方略”为基本遵循，以“两不愁三保障”为基本目标，走出了一条具有中国特色社会主义特征的“以人民为中心”的财政扶贫道路，历史性解决了困扰中华民族永续发展的绝对贫困问题，创造了全球公认的减贫成就。“十四五”时期的财政扶贫应立足于贫困性质的变化，服务于人民日益增长的美好生活需要，全面把握“以人民为中心的发展思想”，积极应对多方面发展不平衡、不充分的相对贫困问题，拓展扶贫工作范围，把自我发展能力、教育医疗水平、社会保障体系等纳入相对贫困治理框架，巩固脱贫攻坚成果，使全体人民在全民共享、全面共享、共建共享、渐进共享中有更多的获得感、幸福感、安全感，让全体人民在共同富裕的道路上不断取得实实在在的新进展。

（二）确保现有财政扶贫政策的稳定性和连续性

经济建设既是最大的民生，也是中国财政扶贫的物质基础，持续稳定的财政投入是中国治理贫困取得巨大成效的基本经验之一，从“支援不发达地区发展资金”的设立开始，中央财政专项扶贫资金投入始终保持增长趋势。截至2020年3月31日，财政部已经下达2020年中央财政专项扶贫资金1396.36亿元，重点投向深度贫困地区和挂牌督战地区，旨在确保如期高质量打赢脱贫攻坚战。同时省级及以下财政扶贫资金投入也大幅增长，而且财政“四两拨千斤”的引导性作用也逐渐凸显，社会力量参与扶贫的程度也有很大的提升。“十四五”时期巩固脱贫成果，缓解相对贫困仍需要确保现有财政扶贫政策的稳定性和连续性，继续执行以中央财政为主、省级及以下财政为辅的扶贫投入机制，实现脱贫攻坚和相对贫困治理的无缝对接。

具体来看：一是对于已脱贫“摘帽”的贫困县设立3年的过渡期财政支持政策，因地制宜实施特色产业提升工程，发展特色种养业、农产品加工业、乡村旅游业，创新农村基本经营制度的多种有效实现形式，实现小农户与现代农业的有机衔接，培植和巩固脱贫的内生动力。二是优化中央财政专项扶贫资金的投入结构，重点投资于完善基本公共服务，尤其要完善农村养老、医疗和就学等基本公共服务体系，中央财政专项扶贫资金的增量主要聚焦于“三区三州”等深度贫困地区和特殊贫困群体，不断改善贫困地区基础设施和义务教育办学条件，构建城乡一体的社会保障体系，提高医疗保险补贴力度，通过大数据推动财政扶贫与教育扶贫、健康扶贫、就业扶贫的有机融合。

（三）持续提升财政扶贫资金运用的精准性

财政扶贫可通过直接对贫困户的转移支付实现贫困户短期的收入增长，也可以通过改善贫困地区发展环境、提升贫困地区发展能力带动贫困户增收，但不同类型的财政投入效果存在差异（吴本健等，2019）。在具体的财政扶贫实践中可能会产生“负向激励”“精英俘获”等问题，导致财政扶贫资金支出结构不合理和财政扶贫资金利用效率低下，这一状况在实施精准扶贫后有了显著改善（张鹏飞，2019）。

因此，“十四五”时期财政扶贫在继续扩大投入规模的基础上，持续提升财政扶贫资金运用的精准性：一是落实“花钱必问效，无效必问责”的财政扶贫资金绩效考核机制，警惕财政扶贫的“负向激励”问题，防止财政扶贫的“福利化”倾向，增加对扶贫项目相关性、可持续性以及贫困人口满意度的分析，改变财政扶贫资金与扶贫项目不匹配导致的不精准问题，对专项财政扶贫资金要锁定减贫目标，综合推进特色产业扶贫工程和就业扶贫工程。二是加大对深度贫困地区和特殊困难群体的转移支付，强化专项转移支付资金管理，通过政府引导、帮扶指导的方式，提高财政扶贫资金的使用精准度和使用效率。三是发挥财政扶贫资金的主体和主导作用，推进涉农资金在部门之间和部门内部的整合，设置涉农专项转移支付和涉农基建投资两个大类，形成政策合力，提升财政扶贫资金的使用效率。四是财政扶贫资金重点向富民产业倾斜，各贫困地区要根据区域要素禀赋发展特色富民产业，将农业与文化、旅游、健康养老等产业深度融合，拓展农业新业态和新功能，构建现代农业产业体系，提升贫困地区的自我发展能力。

（四）发展农村集体经济壮大脱贫内生动力

农村集体经济是中国特色社会主义公有制的重要组织形式，发展农村集体经济是实现农业生产发展、拓宽农民增收渠道、壮大脱贫内生动力的重要途径，习近平总书记也强调“把培育壮大集体经济作为贫困地区脱贫攻坚的主要内容”。

“十四五”时期财政扶贫应围绕农业农村优先发展、城乡融合发展以及乡村振兴战略的要求，坚持巩固和完善农村基本经营制度，创新农村基本经营制度的多种有效实现形式，大力发展新型集体经济，走共同富裕之路：一是大力支持村级集体经济项目建设，通过财政直接投资、政企合作以及“政府+企业+农户”等多种形式，整合村级资产集中开发经营，并把发展集体经济纳入村级党支部的考核体系，通过“奖优罚懒”激发村干部发展农村集体经济的积极性。二是支持提升村级集体经济的管理水平，定期对村党支部书记、村民委员会主任等干部开展技能培训和继续教育，并通过“三支一扶”等方式吸引人才回乡创业，合理引导工商资本下乡，为新型农村集体经济的发展提供智力支撑。三是深化农村产权制度改革，赋予农民更加充分的财产权利，建立财政支持农村资源变资产、资金变股金、农民变股东的集体经济运行机制，盘活用好集体资源，推动集体资产保值增值，让农民能够分享集体经济收益，拓宽农民增收渠道。四是积极探索新型集体经济的多种有效实现形式，通过盘活集体土地发展现代种养业、建立生产基地发展农业产业化经营、提供综合服务搭建农业信息化平台等，发展多种形式的农业适度规模经营，把股份制、股份合作制与“集体所有，统一经营”结合起来，推动农业生产力的发展，壮大相对贫困治理的内生动力。

（五）创新解决相对贫困的财政治理方式

为破解发展不平衡不充分导致的相对贫困问题，不断满足人民日益增长的美好生活需要，“十四五”时期财政扶贫应该向常态化的贫困治理转变，建立统筹城乡的常态化贫困治理机制。

具体有以下几个方面的要求：一是根据新时期贫困性质和分布状况的变化，结合《中国农村扶贫开发纲要（2011—2020）》的实践进展、取得成效以及基本经验，尽快编制出台《中国农村扶贫开发纲要（2021—2030）》，实现与既有扶贫工作和制度安排的有效衔接，保持农村扶贫工作的连续性、动态性和可持续性，构建解决相对贫困的长效机制，不断完善中国特色社会主义减贫制度体系和理论体系。二是在兜底性保障减贫中引入激励机制，对有劳动能力却无所作为的贫困群体减少直接的资金和物质给予，而是创造条件让其通过自己的劳动致富，对自力更生、主动脱贫的家庭给予物质和精神奖励，进一步完善对丧失劳动能力的贫困群体的帮扶救助机制，推动农村扶贫标准与农村低保标准“两线合一”，加强对因灾因病返贫、兜底保障、五保供养等帮扶救助制度的统筹衔接。三是创新对特殊困难群体的救助方式，实现由单一物质或资金的给予向物质、精神、能力等多元救助方式转变，并把相对贫困治理向城镇延伸，统筹调整合并城乡贫困标准，建立城乡低保标准和低保人员动态调整机制。四是充分发挥财政扶贫的主体和主导作用，逐渐增加金融支持和服务，鼓励引导社会资金投向脱贫攻坚，形成“党和政府主导、群众为主体、社会参与”的扶贫主体格局，凝聚相对贫困治理的强大社会合力，为构建解决相对贫困的长效机制奠定财政基础。

/ 第四章 /

数字乡村与农村多维相对贫困
——基于县域视角的分析*

习近平在党的二十大报告中强调新时代新征程要“巩固拓展脱贫攻坚成果，增强脱贫地区和脱贫群众内生发展能力”，可见以巩固拓展脱贫攻坚成果为核心的相对贫困治理作为新的时代课题横亘眼前。数字经济作为新一轮科技革命和产业变革的先机，不仅在决胜脱贫攻坚战中发挥了重要作用，也成为全面小康时代巩固拓展脱贫攻坚成果的重要动力和扎实推进乡村振兴的“利器”。2005年中央一号文件提出“加强农业信息化建设”，开启了中国建设数字乡村的先河，之后“宽带中国”“普遍服务”等战略的实施极大地改善了农村网络基础设施与服务供给状况，为数字乡村建设创造了基础条件。2018年中央一号文件首次提出“数字乡村”的概念，2020年《数字农业农村发展规划（2019—2025年）》的印发标志着数字乡村建设由战略规划进入扎实推进的新阶段，2021年和2022年中央一号文件相继提出实施“数字乡村建设发展工程”和“数商兴农工程”，使得数字技术与平台加速向农业生产、农民生活和农村治理等诸多领域嵌入（张蕴萍、栾菁，2022），能够畅通城乡间要素双向良性流动，打破固有的产业和区域壁垒，催生跨界融合的新产业和新业态，为拓宽农民投资渠道、触发农民创业热情、决胜脱贫攻坚和全面建成小康社会提供了有效支撑（艾小青、田雅敏，2022）。

那么，在巩固拓展脱贫攻坚成果的全面小康时代，数字乡村能否持续发挥对农村多维相对贫困的治理效能、赋能乡村振兴？若能，作用效果如何？具体

* 本章核心部分载于《管理学刊》，2023年第2期，第10-24页。

机制是什么？为回答这些问题，本研究将北京大学县域数字乡村指数与中国家庭追踪调查数据进行匹配，构造县域截面数据进行实证考察，以期为更好发挥数字乡村效能、巩固拓展脱贫攻坚成果提供经验参考和政策启示。

/第一节/
文献综述与问题提出

贫困是人类社会共同关注的议题，消除贫困是世界各国实现和谐、可持续发展的美好理想与重要目标。学术理论界对贫困的认识经历了从收入贫困到多维贫困，再到多维相对贫困的历史过程，Sen（1976）基于可行能力理论的多维贫困理论将传统贫困的内涵扩展到了多维福利和自由发展的层面，并构建了包含健康、教育、生活三个维度十个指标的多维贫困指数。中国虽未明确公布关于多维贫困的标准，但李晓嘉等（2019）认为“两不愁三保障”的脱贫目标就是多维贫困治理的直接体现，并与可行能力五个维度中的“社会机会”和“防御性保障”相对应。随着中国历史性消除绝对贫困，裴劲松和矫萌（2021）认为在“后扶贫”时代，巩固拓展脱贫攻坚成果的目标已由实现“两不愁三保障”转变为实现贫困人口的全面发展与能力提升，中国的贫困治理也相应地由“多维贫困”转变到“多维相对贫困”的新阶段。王小林和冯贺霞（2020）从“贫”和“困”的视角构建了多维相对贫困评价体系，提出“贫”代表的是用收入衡量的经济福利相对不足，而“困”则反映了非货币方面的公共服务相对不足。在此基础上，不少学者运用由Alkire和Foster（2011）所提出的“双临界值法”（简称“A-F方法”）对农村的多维相对贫困进行了测算和分析。Zhang等（2018）利用CFPS中2012—2018年的四轮调查数据分析发现，虽然农村家庭的多维相对贫困指数整体呈下降趋势，但教育、人均收入和社区建设三个维度对多维相对贫困贡献率很高。张璇玥和姚树洁（2020）的研究同样证实中国农村的贫困特征已由生存困难向发展不足转变，目前多维贫困的主要问题在于贫困者的受剥夺程度较深。

进一步地，诸多学者从产业结构升级（Gong等，2020）、优化基本公共服务（郝晓薇等，2019）、加快土地流转（Li，2021）以及实施生态修复工程的退耕还林政策（谢晨等，2021）等视角探究了农村多维相对贫困的治理路径。

近年来，数字乡村建设不断推进现代信息技术嵌入“三农”场景（曾亿武，2021），为贫困地区搭建起了智能信息数据平台，实现了不同地区基础设施和公共服务资源共享，能够依托特色资源和数字营销手段培育壮大贫困地区的特色产业，借助现代信息技术实现生态环境的精准保护（王胜，2021），已成为缓解农村多维相对贫困的有力依托（D N，2001）。

已有学者从不同视角探究了数字乡村的减贫效应，主要有以下分支：一是互联网的使用对农村多维相对贫困的影响，Yang等（2021）研究发现，移动互联网的使用对农村的多维贫困有明显的负面影响，并且对更高维度的贫困发挥的减贫效应更大。二是数字技术与农村多维相对贫困的关系，田红宇和王嫒名（2021）认为，以网络信息化为特征的数字技术虽然能降低农户陷入多维贫困的概率，但该减贫效应存在“精英俘获”现象，从而阻碍了数字减贫红利平等地惠及所有农村家庭。三是数字普惠金融对农村多维相对贫困的影响，陈平等（2022）发现数字普惠金融通过缓解信贷约束、提升投资理财参与度和缩小收入差距三个渠道可缓解老年人口的多维相对贫困。四是电子商务对多维相对贫困的影响，Leong等（2016）发现，电子商务系统会使中国偏远乡村减轻对自然资源和销售中介的依赖，从而促进农村发展；陈怡和陶晓莹（2022）的研究证实，电子商务可以通过网销途径创造更多的就业机会，从而缓解多维相对贫困，且对农村地区的减贫效应更明显。因此，在数字化、网络化、信息化的时代，要实现多维减贫，优化相对贫困治理，需充分发挥数字乡村的数字红利优势，建立缓解多维相对贫困的长效机制（刘光英、王钊，2020）。

综上所述，虽然已有不少文献围绕数字乡村和多维相对贫困治理问题进行了卓有成效的探索，然而值得关注的是尚未有文献从县域层面讨论数字乡村对农村多维相对贫困的缓解效应及其作用机制。因此，本研究在以下方面做了新的尝试：一是将县域数字乡村指数和中国家庭追踪调查数据进行匹配，构造县域截面数据考察数字乡村对农村多维相对贫困的影响效应，一定程度上拓展了现有文献的关注视域；二是综合考虑农村发展相对性特征，从六个维度构建和测算了多维相对贫困指数，并通过维度分解检验了数字乡村对多维相对贫困缓解效应的异质性特征；三是从乡村经济、生活、治理和基础设施数字化视角检验了数字乡村缓解农村多维相对贫困的作用机制，为后续更好地发挥数字乡村的减贫效应提供了镜鉴参考。

/第二节/ 农村多维相对贫困的测度与分析

一、农村多维相对贫困的测度

（一）多维相对贫困的测度方法

本研究参考Alkire和Foster提出的A-F法来测度农村多维相对贫困的现状，包括单维贫困识别、指数计算和维度分解三个层面，具体步骤如下：

1.单维贫困的识别

假设农村家庭样本总量为N，每个家庭样本有M个指标来评估其总体的多维贫困水平。然后将所有的样本构建一个$N \times M$的矩阵，则在该矩阵Y中的非负数元素y_{ij}表示为第i个家庭在指标j下的取值。然后构建矩阵$Z = (z_1, z_2, \cdots, z_m)$为相应指标上被剥夺临界值所组成的向量，其中，$z_j$为指标的剥夺阈值，即各指标测量贫困的最低界限。当$y_{ij} \leqslant z_j$时，设$\lambda_{ij} = 1$，表示该农村家庭在指标$j$上是处于相对贫困状态的；反之，则赋值为0，表明该家庭在指标j上并不处于被剥夺状态。即构造函数如式（1）所示：

$$\lambda_{ij} = \begin{cases} 1, y_{ij} \leqslant z_j \\ 0, 其他 \end{cases} \tag{1}$$

2.多维贫困的识别

先给每个样本家庭的指标赋予权重w_j，然后设$G_i(k)$为将M个指标在赋予权重基础上的剥夺得分加总后所得到的第i个家庭的总剥夺分值，如式（2）所示，其中，k表示所设定的被剥夺能力的最低值，超过该值则被认定为陷入多维相对贫困，且$k \in [0,1]$。

$$G_i(k)=\sum_{j=1}^{m}w_j\cdot\lambda_{ij} \tag{2}$$

$G_i(k)$越大，表示该家庭的多维相对贫困程度越深。当$G_i(k)\geqslant k$时，该农村家庭就被认定为在总体剥夺临界值k下处于多维相对贫困状态；反之，该家庭未处于多维相对贫困状态。本研究具体将每个县域所有家庭的贫困剥夺得分$G_i(k)$分别与上述临界值$k\in[0,1]$进行比较，从而通过判断是否超出所设定的临界值，即可识别出每个县域陷入多维相对贫困的家庭。

3.多维相对贫困指数(M)的计算

通过上述贫困家庭的识别可以确定每个县域陷入多维相对贫困的家庭户数为q，在此基础上，除以该县域总体的家庭样本，即可求得县域层面的农村多维相对贫困发生率H，如式（3）所示；然后计算多维相对贫困的平均剥夺强度，即等于每个县域所有陷入多维相对贫困的家庭总剥夺分值加权求和再除以该县陷入多维相对贫困的总家庭数，如式（4）所示；最终，农村多维相对贫困发生率H和多维相对贫困的平均剥夺强度A的乘积，即为县域层面的多维相对贫困指数M，如式（5）所示。从中可以看出，多维相对贫困指数M值越大，表示该县陷入多维相对贫困的程度就越深。

$$H=\frac{q}{n} \tag{3}$$

$$A=\frac{1}{q}\sum_{i=1}^{n}Ci(k) \tag{4}$$

$$M=H\cdot A \tag{5}$$

4.多维相对贫困指数(M)的分解

将农村家庭的多维相对贫困指数按照维度或指标进行分解，进而测度所有维度和指标对多维相对贫困指数的贡献率。由式（3）、（4）、（5）可对多维相对贫困指数M进行分解，如式（6）所示：

$$M=\frac{1}{n}\sum_{i=1}^{n}G_i(k)=\frac{1}{n}\sum_{i=1}^{n}\sum_{j=1}^{m}w_j\cdot\lambda_{ij}=\sum_{j=1}^{m}\frac{1}{n}\sum_{i=1}^{n}w_j\cdot\lambda_{ij} \tag{6}$$

其中，指标j的多维相对贫困剥夺得分表示为$\frac{1}{n}\sum_{i=1}^{n}w_j\cdot\lambda_{ij}$，因此，指标$j$对

总体多维相对贫困的贡献率如式（7）所示：

$$C_j = \frac{\frac{1}{n}\sum_{i=1}^{n} w_j \cdot \lambda_{ij}}{\frac{1}{n}\sum_{i=1}^{n} G_i(k)} = \frac{\sum_{i=1}^{n} w_j \cdot \lambda_{ij}}{\sum_{i=1}^{n} G_i(k)} \tag{7}$$

通过式（7）对多维相对贫困指数的分解，可以进一步得到不同贫困维度对多维相对贫困指数的贡献率，从而识别现阶段各个贫困维度重要程度的差异，为检验数字乡村对不同贫困维度影响的异质性奠定基础。

（二）多维相对贫困的指标体系

本研究基于中国农村“两不愁三保障”的减贫目标，借鉴由OPHI提出的多维贫困指数（Multidimensional Poverty Index，*MPI*）和何宗樾等（2020）的做法，在多维相对贫困指标选择和临界值设置上更强调“相对差距”。

所谓的“相对”，一是在维度设置上，将以往多维贫困研究中单一经济层面的物质满足扩展到同时注重个人在物质和精神层面得到全面发展和保障；二是在指标剥夺临界值的设置上，相较于之前大多数文献中的绝对贫困线标准，本研究选择中位数、百分比等相对差距来衡量多维贫困。因此，在考虑CFPS2018数据可得性的基础上，本研究构建了包括收入、生活水平、教育、健康、资产以及获得感六个贫困维度和十二个剥夺指标所构成的多维相对贫困衡量指标体系，同时采用等权重法赋予指标权重，即每个贫困维度的权重都设置为1/6，然后再平均分配给所属的剥夺指标，具体如表4-1所示。

表4-1　农村多维相对贫困指标体系

贫困维度	剥夺指标	剥夺临界值(z)	CFPS问卷对应题项	权重(w)
收入	总收入	家庭总收入低于中位数的40%	FINC“过去12个月总收入”	1/6
生活水平	做饭用水	家庭做饭用水非自来水/桶装水/纯净水/过滤水	FA3“做饭用水”	1/12
	做饭燃料	做饭燃料为柴草、煤炭及其他	FA4“做饭燃料”	1/12
教育	受教育程度	家庭有任何一个成年成员的受教育年限低于6年	W01“最高学历”	1/12

续表4-1

贫困维度	剥夺指标	剥夺临界值(z)	CFPS问卷对应题项	权重(w)
教育	教育负担	家庭教育支出占消费支出的50%以上	FP510“教育培训支出”	1/12
健康	健康状况	家庭有任何一个成员健康状况为不健康	KZ202“健康状况”	1/18
	医疗保险	家庭有任何一个成员没有医疗保险	QP605“有哪些医疗保险?”	1/18
	医疗负担	家庭医疗支出占消费支出的50%以上	FP511“医疗支出”	1/18
资产	住房产权	家庭中未获得公房或未拥有现住房的产权	FQ2“您家现住房归谁所有?”	1/12
	耐用消费品	家庭耐用消费品总值低于中位数的40%	FS6V“耐用消费品总值”	1/12
获得感	满意度	家庭有任何一个成员对生活或工作不满意	QN12012“对自己生活满意度 QG406“工作满意度”	1/12
	信心程度	家庭有任何一个成员对未来没有信心	QN12016“对自己未来信心程度”	1/12

二、农村多维相对贫困测度结果分析

通过整理2018年中国家庭追踪调查（CFPS）数据库，剔除无效数据后最终得到5682户有效样本。按照农村多维相对贫困的指标体系，先对所有贫困维度中的每个指标进行贫困识别（赋值为0或1），然后按照式（2）将赋值后的十二个指标与其对应的权重相乘并进行加总，再将得到的第i个家庭的总剥夺分值与设定的临界值k相比较，进而识别出陷入多维相对贫困的家庭。最后根据设定区域内的总人口、陷入多维相对贫困的家庭户数及其对应的总体剥夺得分值，采用式（3）、（4）、（5）依次计算得出在不同阈值k下该区域的贫困发生率、贫困剥夺份额和多维相对贫困指数，如表4-2所示。

表 4-2　不同临界值下农村多维相对贫困状况

临界值	贫困发生率(%)	贫困剥夺份额(%)	多维相对贫困指数(%)
k=0.1	73.566	28.707	21.119
k=0.2	51.302	34.116	17.502
k=0.3	31.943	40.041	12.790
k=0.4	13.481	48.495	6.538
k=0.5	3.643	58.266	2.123
k=0.6	0.968	65.556	0.635
k=0.7	0.158	73.457	0.116

从表4-2中可以看出，随着k值的不断增大，多维相对贫困的发生率和多维相对贫困指数都呈下降趋势，而贫困剥夺份额的数值却在不断增加，表明随着剥夺阈值的提高，农村多维相对贫困的广度在降低，而深度却在增加。具体以k=0.2为例进行分析，全国5682户农村家庭样本中，有2915户家庭由于不同的原因处于多维相对贫困状态，贫困发生率为51.3%，多维相对贫困指数为0.175。这说明农村地区多维相对贫困问题仍很普遍，且导致多维相对贫困的原因更加复杂化和多样化，成为全面推进乡村振兴必须直面的挑战。

进一步计算出每个贫困维度中赋值后的指标与其权重的乘积并加总，得到每个家庭单一维度的贫困剥夺得分。再根据式（7）将设定区域内所有家庭单一维度的贫困剥夺得分与所有维度的总剥夺分值相比，得到各个贫困维度对多维相对贫困指数的贡献率，如表4-3所示。

表 4-3　多维相对贫困指数按维度分解的贡献率

维度	收入(%)	生活水平(%)	教育(%)	健康(%)	资产(%)	获得感(%)
k=0.1	16.469	29.952	16.084	8.519	13.528	15.459
k=0.2	18.854	28.801	14.539	8.704	13.852	15.251
k=0.3	22.337	27.279	12.533	8.760	14.459	14.631
k=0.4	26.561	25.731	10.835	7.732	15.120	14.021

续表3

维度	收入(%)	生活水平(%)	教育(%)	健康(%)	资产(%)	获得感(%)
k=0.5	25.564	23.837	10.364	10.594	13.888	15.753
k=0.6	24.499	23.112	10.169	12.172	12.712	17.334
k=0.7	22.689	21.429	11.345	9.244	12.605	22.689

从表4-3中可以看出，各维度对多维相对贫困的贡献率具有较大的差异，在临界值k取0.1～0.3时，生活水平维度对农村多维相对贫困贡献率最大；随着临界值k的逐渐增大，对农村多维相对贫困贡献率最大的转变为收入维度，但在不同的贫困阈值下，健康和教育维度的贡献率一直保持在较低水平。这说明近年来农村地区医疗环境和社会保障的不断改善一定程度上减缓了农村的相对贫困问题，但在生活水平、收入、资产以及获得感维度仍存在较多的不足，这也成为未来缓解农村多维相对贫困应关注的重点。

/ 第三节 /
实证策略设计

一、模型设定

本研究以县域层面不同阈值下农村的多维相对贫困指数为被解释变量，建立多元线性回归模型来检验数字乡村对农村多维相对贫困的影响效应，构建的计量模型如下：

$$MRPI_i = \alpha_0 + \alpha_1 DVI_i + \sum r_i X_i + \varepsilon_i \tag{8}$$

在式（8）中，$MRPI_i$表示以县域为单位划分的不同阈值k下农村多维相对贫困指数，DVI_i为本研究的核心解释变量（数字乡村指数），X_i为控制变量集合，α_1和r_i分别表示核心解释变量和控制变量的系数，ε_i为随机扰动项。若α_1为负，则表示数字乡村有助于缓解农村多维相对贫困；反之，则表示数字乡村会加剧农村的多维相对贫困。

二、变量选择与说明

（一）被解释变量

农村多维相对贫困：为保证对县级层面多维相对贫困指数分析的全面性，本研究根据k=0.3的国际惯例，将该临界值上下增缩0.1，最终以1576个县域在临界值0.2、0.3、0.4时的农村多维相对贫困指数（Multidimensional Relative Poverty Index，*MRPI*）作为被解释变量。

（二）核心解释变量

数字乡村：本研究选取北京大学新农村发展研究院联合阿里研究院发布的《县域数字乡村指数（2018）》中的（Digital Villages Index，*DVI*）作为核心解释变量，并从数字乡村的乡村基础设施、乡村经济、乡村生活、乡村治理数字化四个维度进行作用机制检验。

（三）其他控制变量

本研究重点研究数字乡村对农村多维相对贫困的影响，为此，将其他可能影响农村多维相对贫困的因素作为控制变量。具体包括：户主年龄（*age*）、户主性别（*gender*）、家庭规模（*size*）、家庭老年抚养比（*elderly*）、政府补助金额（*subsidy*）、农业机械总动力（*machine*）、农村公路里程（*highway*）、乡镇文化站（*township*）、村卫生室（*clinic*）、农村特困救助机构（*rescue*）。

三、数据来源与描述性统计

本研究使用的数据主要源自中国家庭追踪调查（CFPS）中的CFPS2018、《县域数字乡村指数（2018）》、《中国农村统计年鉴（2019）》、《中国文化和旅游统计年鉴（2019）》、《中国人口和就业统计年鉴（2019）》、国家统计局以及各省（自治区、直辖市）统计年鉴。本研究将县域数字乡村指数、基于CFPS测算出的以县域为单位的农村多维相对贫困指数以及一系列控制变量进行匹配，最终统一整合为县域层面的截面数据进行实证分析，数据的描述性统计如表4-4所示。

表 4-4　主要变量的描述性统计

变量	变量说明	平均值	标准差	最小值	最大值
被解释变量	农村多维相对贫困指数(k=0.2)	0.165	0.047	0.054	0.230
	农村多维相对贫困指数(k=0.3)	0.119	0.042	0.029	0.181
	农村多维相对贫困指数(k=0.4)	0.061	0.027	0.010	0.120
核心解释变量	数字乡村指数	52.696	10.373	14.089	87.802
控制变量	户主年龄	51.430	2.264	46.673	55.643
	户主性别(男性=1,女性=0)	0.544	0.082	0.383	0.717
	家庭规模	3.269	0.279	2.720	3.870
	家庭老年抚养比	20.460	4.700	13.820	34.770
	政府补助金额(元)	1319	908	228	3910
	农业机械总动力(万千瓦)	4565	2812	1228	10415
	农村公路里程(公里)	179005	58333	90057	286475
	乡镇文化站(个)	1595	895	623	4257
	村卫生室(个)	30709	17313	9901	59047
	农村特困救助机构(个)	640	442	40	1546

从表4-4中不难发现，多维相对贫困指数、数字乡村指数及其他相关变量之间都存在较大变差，有必要实证考察数字乡村对农村多维相对贫困的影响及其异质性特征。

/ 第四节 /
实证过程与分析

一、基准估计结果与分析

本研究的基准估计以1576个县域为单位，考察在不同阈值下数字乡村对农村多维相对贫困的影响效应，基准回归结果如表4-5所示。

表4-5 数字乡村对农村多维相对贫困的基准回归结果

多维相对贫困指数	k=0.2	k=0.3	k=0.4
数字乡村指数	−0.288***	−0.291***	−0.314***
	(0.021)	(0.021)	(0.020)
户主年龄	0.831***	0.759***	0.669***
	(0.031)	(0.031)	(0.031)
户主性别	0.314***	0.315***	0.254***
	(0.023)	(0.023)	(0.023)
家庭规模	0.050*	−0.056**	−0.311***
	(0.026)	(0.026)	(0.026)
家庭老年抚养比	−0.103***	−0.119***	−0.254***
	(0.030)	(0.030)	(0.030)
政府补助金额	0.273***	0.425***	0.533***
	(0.039)	(0.040)	(0.039)
农业机械总动力	−0.469***	−0.600***	−0.569***
	(0.034)	(0.035)	(0.034)

续表4-5

多维相对贫困指数	k=0.2	k=0.3	k=0.4
农村公路里程	−0.298***	−0.446***	−0.615***
	（0.044）	（0.044）	（0.043）
乡镇文化站	0.267***	0.695***	0.967***
	（0.066）	（0.067）	（0.066）
村卫生室	0.526***	0.259***	0.025
	（0.054）	（0.055）	（0.054）
农村特困救助机构	−0.109**	0.006	0.185***
	（0.044）	（0.045）	（0.044）
观测值	1576	1576	1576
调整 R^2	0.608	0.603	0.615

注：*、**、***分别表示估计结果在10%、5%、1%的水平上显著，括号内为标准误。

从表4-5中可以看出，在0.2、0.3、0.4的阈值下，数字乡村对农村多维相对贫困的估计系数均显著为负，且随着阈值的提高，估计系数的绝对值也在扩大，这表明数字乡村能够显著缓解农村多维相对贫困，且这种缓解效应随着剥夺临界值的提高而递增。可能的原因在于，数字乡村建设通过不断完善农村的软硬件设施、引进优质的数字资源，把数字技术嵌入农村生产和农民生活各领域，不仅能够赋能农民增收，而且大大提升了农民的生活、教育、健康水平，导致农民的幸福感、获得感不断增强，也即数字乡村可以有效缓解农村多维相对贫困。

从控制变量来看，农户户主年龄对农村多维相对贫困的估计系数显著为正，表明户主年龄越大的家庭越有可能陷入多维相对贫困，原因在于高龄户主的生产经营决策能力和使用新技术的能力较弱，难以利用数字红利实现减贫增收。户主性别对农村多维相对贫困的估计系数显著为正，这表明在缓解多维相对贫困方面，“女性当家”要优于“男性当家”，这与李聪等（2022）的研究结论存在差异，原因在于农村的女性户主比男性户主面临更多生产和生活的脆弱性，其未来的收入存在较高的不确定性风险，导致女性户主会采取多种手段提高家庭未来收入（樊丽明、解垩，2014）。家庭老年抚养比对农村多维相对贫困的估计系数显著为负，可能的原因在于农村医疗服务和养老保障体系的不断完善，减轻了农村子女的养老负担（陈华帅、曾毅，2013），加之农业生产的特性和青年人外出务工的现状，使得农村老人没有退休的概念，只要身体健康就下地干活，目前他们仍是我国农业生产的主力军（郭熙保、周强，2016），从而导致家庭老年抚养比并未对缓解多维相对贫困产生不利影响。家庭规模和特困救助机构在不同阈值下的减贫效应存在非一致性，政府补助金对农村多维相对贫困的估计系数显著为正，可能的原因在于政府补助导致农户产生依赖，从而使农户丧失了摆脱贫困的内生动力。

另外，农业机械总动力和农村公路里程总量越大，说明农村的现代化水平越高，从而越有利于缓解农村的多维相对贫困。但是乡镇文化站和村卫生室的估计系数均为正，可能的原因是乡村文化、医疗发展水平较低，并未对缓解农村多维相对贫困产生积极影响。

二、内生性处理

在基准估计中，本研究已尽可能多地纳入了控制变量以减少分析结果的偏差，但仍不可避免地存在内生性问题。内生性主要体现在两个方面：一是双向因果问题，虽然通过上述实证分析已经验证了数字乡村能显著减缓农村的多维相对贫困，但是农村多维相对贫困的严重程度反过来也有可能会影响数字乡村水平的提高；二是遗漏变量问题，基准估计中可能遗漏了其他影响农村多维相对贫困的重要变量或有不可观测因素的存在而造成估计结果偏误。因此，本研究采用工具变量法对内生性问题进行处理，以检验数字乡村对农村多维相对贫困的缓解效应，有效工具变量需满足相关性和外生性，即该工具变量与数字乡村相关，但与扰动项无关，且只能通过数字乡村这一条渠道对农村多维相对贫困产生影响。

基于此，本研究借鉴黄群慧等（2019）的研究，将历史固定电话年末用户量作为工具变量。一方面，以信息技术为特征的数字乡村是以固定电话为代表的传统通信方式为基础的，农村地区过去的通信水平会对目前的数字乡村产生一定的影响，满足相关性要求；另一方面，随着信息革命的快速推进，固定电话逐渐被移动手机、互联网等新兴技术代替，难以对目前农村多维相对贫困问题产生直接的影响，同时满足了外生性要求。基于以上逻辑和数据的可得性，本研究选取了2001—2007年农村固定电话用户数的平均值作为工具变量进行二阶段最小二乘法估计，具体结果如表4-6所示。

表4-6　工具变量法回归结果

第一阶段回归结果	数字乡村指数	数字乡村指数	数字乡村指数
固定电话用户数	0.191***	0.191***	0.191***
	（0.042）	（0.042）	（0.042）
控制变量	已控制	已控制	已控制
第一阶段F统计量	20.912***	20.912***	20.912***
第二阶段回归结果	多维相对贫困指数 k=0.2	多维相对贫困指数 k=0.3	多维相对贫困指数 k=0.4
数字乡村指数	-2.438***	-2.375***	-1.976***
	（0.504）	（0.491）	（0.405）
控制变量	已控制	已控制	已控制
观测值	1576	1576	1576
调整 R^2	0.414	0.414	0.414

注：**、**、***分别表示估计结果在10%、5%、1%的水平上显著，括号内为标准误。

首先，本研究分别采用传统的Hausman和改进后的Durbin-Wu-Hausman对解释变量是否存在内生性进行了检验，均在1%的显著性水平下证明了数字乡村指数为内生解释变量，说明满足工具变量法的使用前提。其次，我们将上述固定电话用户数作为数字乡村指数的工具变量，对其进行相关性检验，从第一阶段回归结果中可以看出，固定电话用户数均在1%的统计性水平上对数字乡村指数产生显著影响，同时弱工具变量检验中的第一阶段F统计量的数值均大于经验法则的规定。因此，本研究的工具变量满足相关性要求，说明其是有效的。第二阶段回归结果表明，在使用固定电话用户数作为工具变量对内生性进行处理之后，数字乡村仍在1%的显著性水平上能缓解农村多维相对贫困，说明本研究基准回归的结论依然成立。

三、稳健性检验

（一）替换核心解释变量

数字乡村建设将以互联网、大数据、云计算为代表的数字化手段融入农村生产生活的各个方面，进而直接或间接地发挥对农村多维相对贫困的缓解效应，考虑到农村宽带接入用户直接影响数字化手段的普及和数字乡村的建设进程，因此，本研究选择2018年农村宽带的接入用户数替代数字乡村指数进行稳健性检验，回归结果如表4-7所示。

表4-7　替换核心解释变量的稳健性检验结果

多维相对贫困指数临界值	k=0.2	k=0.3	k=0.4
数字乡村指数（以农村宽带接入户数替代）	−0.724***	−0.706***	−0.586***
	（0.028）	（0.029）	（0.030）
控制变量	已控制	已控制	已控制
观测值	1576	1576	1576
调整R^2	0.690	0.676	0.642

注：*、**、***分别表示估计结果在10%、5%、1%的水平上显著，括号内为标准误。

从表4-7可以看出，替换核心解释变量之后，数字乡村与不同临界值下多维相对贫困的估计系数仍在1%的统计性水平上显著为负，表明农村宽带的接入和互联网的普及能够缓解不同阈值下的多维相对贫困，也即数字乡村能够有效缓解农村多维相对贫困的基准估计结论是稳健的。

（二）更改实证模型

进一步通过更换上述多元线性回归模型，根据被解释变量是否陷入多维相对贫困，建立二元logistics回归模型，进而对数字乡村的多维相对减贫效应进行稳健性检验。更改的计量模型如下：

$$P = F(\rho_k = 1|X_i) = \frac{1}{1 + e^{-y}} \tag{9}$$

其中，当总剥夺分值$G_i(k) \geqslant k$时，就被认定为在总体剥夺临界值k下处于多维相对贫困状态，即$\rho_k = 1$；$X_i(i = 1,2,\cdots\cdots,n)$表示影响农村陷入多维相对贫困的因素，包括本研究的核心解释变量（数字乡村指数）以及一系列控制变量；P代表农村陷入贫困的概率，则未陷入多维相对贫困的概率就是$1 - P$，则有：

$$\rho_k = \beta_0 + \beta_1 DVI_i + \sum \beta_i X_i + \mu_i \tag{10}$$

其中，β_i表示待估参数，μ_i为随机扰动项。若β_i为负，则表示变量X_i有助于缓解农村多维相对贫困；若β_i为正，则表示变量X_i会加剧农村的多维相对贫困。

将式（9）和式（10）进行Logit转化，得到概率的函数与解释变量之间的线性回归模型如式（11）所示：

$$\ln(\frac{p}{1-p}) = \beta_0 + \beta_1 DIV_i + \sum \beta_i X_i + u_i \tag{11}$$

最后，基于上述二元logistics模型对数字乡村指数和不同阈值下的农村多维相对贫困指数进行回归，结果如表4-8所示。因Logit模型的回归系数不具有经济学的解释意义，因此，我们对优势比（*OR*）进行分析，可以发现更换实证模型后，数字乡村仍能够缓解不同临界值下的农村多维相对贫困，这表明二元logistics模型得出的结论与基准回归结果相一致，也印证了数字乡村能够缓解农村多维相对贫困这一结论是稳健的。

表4-8　数字乡村对农村多维相对贫困的二元logistics回归结果

多维相对贫困临界值	k=0.2	*OR*值	k=0.3	*OR*值	k=0.4	*OR*值
数字乡村指数	−0.265***	0.767	−0.271***	0.763	−0.297***	0.743
	(0.020)		(0.020)		(0.020)	
控制变量	已控制		已控制		已控制	
观测值	1576		1576		1576	
调整R^2	0.621		0.621		0.626	

注：*、**、***分别表示估计结果在10%、5%、1%的水平上显著，括号内为标准误。

四、异质性讨论

（一）数字乡村对不同贫困维度影响的异质性检验

本研究构建的多维相对贫困指标体系中包含了收入、生活水平、教育、健康、资产以及获得感六个维度，因而有必要检验数字乡村对不同贫困维度的减缓效应。为此，本研究将多维相对贫困指数按维度分解，检验数字乡村对各个维度贫困的缓解效应，回归结果如表4-9所示。

表4-9　数字乡村对不同贫困维度的减缓效应

多维相对贫困指数	收入维度	生活维度	教育维度	健康维度	资产维度	获得感维度
数字乡村指数	−0.183***	−0.256***	−0.037***	−0.129***	−0.289***	−0.149***
	（0.021）	（0.019）	（0.014）	（0.023）	（0.022）	（0.019）
户主年龄	0.430***	0.938***	−0.050**	0.146***	0.425***	0.284***
	（0.032）	（0.028）	（0.022）	（0.036）	（0.034）	（0.028）
户主性别	0.175***	0.149***	0.298***	−0.181***	0.088***	0.205***
	（0.024）	（0.021）	（0.016）	（0.026）	（0.025）	（0.021）
家庭规模	0.191***	0.128***	0.311***	−0.326***	−0.162***	0.137***
	（0.027）	（0.024）	（0.018）	（0.030）	（0.028）	（0.024）
家庭老年抚养比	0.309***	−0.151***	−0.078***	−0.298***	0.029	−0.362***
	（0.031）	（0.027）	（0.021）	（0.034）	（0.033）	（0.027）
政府补助金额	0.537***	−0.241***	0.127***	0.352***	−0.168***	0.687***
	（0.041）	（0.036）	（0.027）	（0.045）	（0.043）	（0.035）
农业机械总动力	−0.383***	−0.282***	−0.129***	0.205***	−0.095**	−0.761***
	（0.036）	（0.031）	（0.024）	（0.039）	（0.038）	（0.031）
农村公路里程	−0.481***	0.274***	0.304***	−0.969***	−0.243***	−0.676***
	（0.045）	（0.040）	（0.030）	（0.050）	（0.048）	（0.040）
乡镇文化站	1.142***	−0.916***	−0.045	0.317***	0.076	1.494***

续表9

多维相对贫困指数	收入维度	生活维度	教育维度	健康维度	资产维度	获得感维度
	(0.069)	(0.060)	(0.046)	(0.075)	(0.072)	(0.060)
村卫生室	0.021	1.002***	0.638***	0.139**	0.437***	−0.760***
	(0.057)	(0.050)	(0.038)	(0.062)	(0.059)	(0.049)
农村特困救助机构	−0.327***	−0.162***	−0.481***	0.750***	−0.377***	0.382***
	(0.046)	(0.040)	(0.031)	(0.050)	(0.048)	(0.040)
观测值	1576	1576	1576	1576	1576	1576
调整 R^2	0.577	0.673	0.811	0.490	0.535	0.680

注：*、**、***分别表示估计结果在10%、5%、1%的水平上显著，括号内为标准误。

从表4–9中可以发现，数字乡村对六个不同维度贫困的估计系数均显著为负，即数字乡村能够有效缓解各维度的贫困，但从估计系数大小来看，数字乡村对资产、生活水平以及收入维度贫困的缓解效应较大，而对教育维度相对贫困缓解效应最小，即数字乡村主要显著作用于农村的资产、生活、收入等贫困维度，而对教育维度贫困的缓解效应非常有限。这为后脱贫时代加快数字乡村建设、更好地治理农村多维相对贫困提供了方向。

（二）数字乡村缓解农村多维相对贫困的区域异质性分析

受地区资源禀赋和发展水平等因素的影响，中国的数字乡村发展存在较大区域差异，总体上呈现出“东部发展较快、中部次之、西部发展滞后”的现象（苏岚岚、彭艳玲，2021），而这些差异往往会导致其对农村多维相对贫困的缓解效应存在区域差异。因此，本研究按照东部和中西部两个地区对数字乡村缓解农村多维相对贫困的效果进行区域异质性分析，并与全国平均水平进行比较，结果如表4–10所示。

表 4-10　数字乡村缓解农村多维相对贫困的区域异质性

多维相对贫困指数（k=0.2）	东部地区	中西部地区	全国
数字乡村指数	−0.317***	−0.151***	−0.288***
	（0.026）	（0.019）	（0.021）
控制变量	已控制	已控制	已控制
观测值	449	1127	1576
多维相对贫困指数（k=0.3）	东部地区	中西部地区	全国
数字乡村指数	−0.284***	−0.149***	−0.291***
	（0.029）	（0.017）	（0.021）
控制变量	已控制	已控制	已控制
观测值	449	1127	1576
多维相对贫困指数（k=0.4）	东部地区	中西部地区	全国
数字乡村指数	−0.193***	−0.252***	−0.314***
	（0.033）	（0.031）	（0.020）
控制变量	已控制	已控制	已控制
观测值	449	1127	1576

注：*、**、***分别表示估计结果在10%、5%、1%的水平上显著，括号内为标准误。

从表4-10中可以看出，东部和中西部地区县域层面的数字乡村指数均与各个阈值下县级农村的多维相对贫困指数呈显著负相关，即“数字乡村能够缓解农村多维相对贫困”这一结论在东部地区和中西部地区均成立。但具体来看，在k为0.2和0.3时，数字乡村对多维相对贫困的缓解效应东部地区优于中西部地区，说明其优势更集中于贫困剥夺得分较低的多维相对减贫；在k为0.4时，数字乡村对多维相对贫困的缓解效应中西部地区优于东部地区，说明中西部地区的数字乡村在减缓贫困剥夺程度更高的多维相对贫困方面比其他地区更有优势。可能的原因在于东部地区经济发展水平较高，数字乡村建设的基础环境较为优越，数字乡村取得的成效更为明显，从而减缓了东部农村多维相对贫困的效用整体上更为显著，而中西部地区由于数字乡村建设的基础薄弱，导致其取得的初步成效与东部相较而言有明显的差距，因而其整体减缓效果并没有完全显现，充分说明在未来应加强对中西部地区数字乡村的建设力度，充分挖掘其缓解农村多维相对贫困的巨大潜力。

/第五节/
数字乡村影响农村多维相对贫困的作用机制检验

根据城乡二元经济结构理论，农村长期陷入贫困的一个重要原因是缺乏必要的产业支撑和市场机会。而数字乡村作为建设数字中国和实施“数商兴农”工程的重要抓手，数字基础设施建设、乡村经济数字化、乡村治理数字化以及乡村生活数字化取得显著成效，极大地拓展和延伸了数字技术的覆盖广度和使用深度，能够打破乡村产业的固有壁垒，弱化产业边界，形成乡村纵向互联、横向相通的产业生态体系，为缓解农村多维相对贫困创造了优势条件。另外，数字技术的嵌入打破了区域性市场壁垒和地理距离的限制，并通过数字经济平台实现农产品“上行”和工业品“下行”，降低了市场交易成本，能够有效缓解农村多维相对贫困。因此，本研究从数字乡村的四个维度进一步检验数字乡村缓解农村多维相对贫困的影响机制，依次考察乡村数字基础设施、乡村经济数字化、乡村治理数字化、乡村生活数字化对农村多维相对贫困的缓解机制，回归结果如表4-11所示。

表4-11 影响机制检验回归结果

多维相对贫困指数	k=0.2	k=0.3	k=0.4
乡村数字基础设施	−0.153***	−0.162***	−0.188***
	(0.018)	(0.018)	(0.018)
乡村经济数字化	−0.223***	−0.212***	−0.223***
	(0.019)	(0.019)	(0.019)
乡村治理数字化	−0.104***	−0.105***	−0.085***

续表4-11

多维相对贫困指数	k=0.2	k=0.3	k=0.4
	(0.021)	(0.021)	(0.021)
乡村生活数字化	-0.284^{***}	-0.296^{***}	-0.335^{***}
	(0.019)	(0.019)	(0.018)
控制变量	已控制	已控制	已控制
观测值	1576	1576	1576

注：*、**、***分别表示估计结果在10%、5%、1%的水平上显著，括号内为标准误。

从表4-11中可以发现，在不同临界值下，乡村数字基础设施、乡村经济数字化、乡村治理数字化、乡村生活数字化均能显著缓解农村的多维相对贫困。具体来看，乡村生活数字化和经济数字化对农村多维相对贫困的减缓作用最大，即数字乡村建设能够提升农村公共服务的标准化水平和农民的数字素养，加之电子商务营销和全产业链体系提高了农业生产的效率和农产品的附加值，从而直接或间接地降低了农村陷入多维相对贫困的可能性。乡村数字基础设施对多维相对贫困的缓解效应居于乡村生活数字化和经济数字化之后，说明持续改善的数字基础设施虽然为农业农村数字化转型奠定了基础，推动了农业农村跨越式发展（殷浩栋等，2020），但在缓解农村多维相对贫困方面仍有进一步挖掘的潜力。乡村治理数字化对农村多维相对贫困的缓解效应最弱，这可能是由于乡村治理数字化并非仅是乡村硬件设施与网络平台的建设维护，更需要专业化的人才队伍进行管理运行，但在乡村“空心化”日益严重的现实状况面前，乡村治理数字化面临着建设水平严重落后的困境。

/ 第六节 /
本章小结

新时代新征程巩固拓展脱贫攻坚成果、全面推进乡村振兴的行动已转向多维相对贫困治理，数字乡村作为建设数字中国和实施“数商兴农”工程的重要抓手，不仅为历史性解决绝对贫困提供了有效支撑，而且被寄予缓解农村多维相对贫困、全面推进乡村振兴的厚望。因此，本研究从数字乡村建设与相对贫困治理的实际出发，基于1576个县的截面数据系统考察了数字乡村对农村多维相对贫困的影响效应与作用机制。研究结论如下：

第一，农村多维相对贫困状况呈现出复杂化和多样化特征。随着剥夺阈值的提高，多维相对贫困的广度在降低，而深度却在增加，且不同维度的贡献率存在显著差异。

第二，数字乡村能够显著缓解农村多维相对贫困，而且随着贫困剥夺阈值的提高，数字乡村对农村多维相对贫困的缓解效应不断增大，这一结论经过内生性处理和稳健性检验后依然成立。

第三，数字乡村对农村不同贫困维度的缓解效应存在明显差异，其中对资产、生活、收入等维度贫困的缓解效应较大，而对教育维度贫困的缓解效应最小。

第四，数字乡村的多维减贫效应呈现明显的区域异质性。东部地区数字乡村的减贫效果整体优于中西部地区，但东部地区优势集中于贫困剥夺得分较低的减贫，而中西部在更高贫困维度和深度的减贫优势则更明显。

第五，数字乡村主要通过乡村经济数字化、乡村生活数字化、乡村治理数字化和基础设施数字化渠道发挥多维减贫效应，其中乡村经济数字化和乡村生活数字化的减贫效应最大，而乡村治理数字化的影响作用最弱。

数字乡村作为激发县域经济发展的新动能，显著减缓了农村的多维相对贫困，从而为整合县域资源、统筹推进县域经济和乡村振兴的高质量发展提供了重要的政策启示。表现在：

第一，全面小康时代县域农村多维贫困治理必须加快数字乡村建设步伐，用好“数字”利器。高质量实施“数字乡村建设发展工程”和“数商兴农工程”，不断完善县域数字基础设施建设，加快对原有农业生产经营方式的数字化改造，让数字技术能够高效向农村拓展并快速应用，加速释放数字技术在治理相对贫困方面的优势和潜能。

第二，强化数字平台的资源集聚和数据汇通功能，精准服务于县域多维贫困治理。运用大数据等技术向个人移动终端提供精准的个性化信息，尤其是涉及获得感、健康以及教育等发展性维度的资源，并激励更多农户使用数字技术并接入数字平台，让农户能够低成本、便利化获取信息，缓解因信息不对称而带来的相对贫困问题。

第三，发挥数字技术挖掘乡村特色资源和连接市场的功能，强化县域相对贫困治理的区域协作。把新增“数字乡村建设发展工程”和“数商兴农工程”等项目向中西部地区倾斜，改善中西部地区的数字基础设施条件，另外，需要加强中西部地区和东部地区在数字人才培育和引进方面的协作，不断挖掘数字赋能相对贫困治理的巨大潜力，为实现农民可持续增收和全面推进乡村振兴创造优势条件。

第四，创新数字乡村建设和发展方式，不断提升县域数字技术的使用深度。数字技术有针对性地发展县域特色产业，做到“一户一特色、一村一产业、一县一品牌”，搭建农产品产销对接新平台，不断催生“数字+”经济新业态，提升乡村经济、生活、治理、基础设施等领域的数字化程度，为农村多维相对贫困治理和全面推进乡村振兴注入新动能。

/ 第五章 /

数字普惠金融与贫困脆弱性
——基于CFPS数据的分析*

“消除贫困，改善民生，逐步实现共同富裕”，是中国特色社会主义的本质要求，中华人民共和国成立以来特别是改革开放以来，中国矢志不渝地开展反贫困工作，探索出了一条符合中国国情的减贫之路，在2020年创造了消除绝对贫困的历史奇迹，为全球减贫事业做出了中国贡献，提供了中国方案。但不容忽视的是，后脱贫时代的贫困问题呈现出脆弱性、动态化特征，对于发展能力不强、抵御风险能力较弱的家庭，若遭受风险冲击很可能陷入贫困，甚至已脱贫家庭会再次返贫，也就产生了贫困脆弱性问题（徐戈，2019）。

然而，金融作为一种稀缺的发展型资源，在减贫实践和研究中已然成为热点问题，数字普惠金融作为一种新的金融业态，旨在运用数字技术为无法获得传统金融服务的群体提供获取一系列正规金融服务的机会，克服了传统金融效率低、服务不均衡等问题，能够最大限度惠及贫困弱势群体，提升贫困家庭抵御风险的能力，缓解贫困脆弱性，进而实现可持续性脱贫。

因此，为聚焦“巩固拓展脱贫攻坚成果”的新命题，本研究采用北京大学数字金融研究中心发布的中国分省数字普惠金融指数和中国家庭追踪调查（CFPS）2018年数据，着重考察数字普惠金融对贫困脆弱性的影响效应与作用机制，以期为后脱贫时代的贫困治理提供政策参考。

---

* 本章核心部分载于《经济论坛》，2023年第5期，第17-36页。

/第一节/
文献综述与问题提出

《世界发展报告（2000/2001）》把“贫困脆弱性”定义为“对冲击的复原性的测度——冲击造成未来福利下降的可能性”，以描述家庭或者个体未来从不贫困落入贫困或继续陷于贫困的可能（檀学文、李成贵，2010），然而学术理论界对其定义与测度尚未形成统一意见，但可以进行大致分类（万广华等，2014）：一是强调“风险冲击”，即认为贫困脆弱性是一段时期内个人或家庭陷入贫困的风险或概率（Chaudhuri等，2002）；二是在“风险冲击”的基础上引入“效用”，即认为贫困脆弱性是在风险环境下，消费支出给家庭或个人带来的期望效用与某特定数值消费所带来的效用之差（Ligon等，2000）；三是强调“抵御能力”，即认为贫困脆弱性是家庭或个人为了保持较稳定的福利水平而有效应对风险和冲击的能力（Dercon等，2000）。

可见，贫困脆弱性更加侧重预测未来陷入贫困的概率，是富有动态而又不可观察的（万广华、章元，2009）。在贫困脆弱性的测度方面，典型的有期望效用的脆弱性（Vulnerability as Expected Utility，*VEU*）测量方法、期望贫困的脆弱性（Vulnerability as Expected Poverty，*VEP*）测量方法和风险暴露的脆弱性（Vulnearability as Exposure Risk，*VER*）测量方法（蒋丽丽，2017），其中，*VEP*和*VEU*考虑的是冲击带来的未来福利下降，是事前预测指标，而*VER*评价的是冲击带来的实际福利下降，是事后判断指标。

缓解“贫困脆弱性”着眼于预防未来贫困发生率及增强家庭或个体的脱贫能力，诸多学者对贫困脆弱性的影响因子做出了富有成效的探索，主要集中在就业（孙伯驰、段志民，2019；谢玉梅、丁凤霞，2019）、社会低保（徐超、李林木，2017；章晓懿、沈崴奕，2014）、贸易开放度（林文、邓明，2014）等方面。而金融作为贫困治理的一类政策工具，是能够显著抑制贫困发生的（姬新龙，2020；谭燕芝、彭千芮，2019）。

也有研究证明，金融发展水平对减贫的作用轨迹并非线性，而会出现先恶化后改善的动态特征（王爱萍等，2020；崔艳娟、孙刚，2012；何雄浪、杨盈盈，2017），这可能是由于金融服务成本限制导致的“门槛效应”，以及金融资源向研发投入水平较高的非贫困地区集聚从而“挤出”贫困人口的资金供给等。另外，胡宗义等（2016）基于中国省际数据证实小额信贷具有显著的减贫效应，但由于信贷供给的门槛特征，导致贫困地区农户正规信贷市场参与度低，农户贷款需求不足（林万龙、杨丛丛，2012；黄祖辉等，2009；刘艳华、郑平，2016）。左停等（2007）的研究发现，尽管信贷存在瑕疵，但其对缓解贫困脆弱性的作用是正向的，贫困村农户的实际案例表明小额信贷能明显缓解贫困脆弱性，但小额信贷组织的独立发展会使真正需要贷款的农户得不到贷款。王修华等（2020）的研究进一步证实，金融的多样性能通过推动农户创业降低农户贫困脆弱性。然而，胡金焱（2015）发现对于非正规信贷，其虽然可以增加农户收入，但对减少贫困脆弱性的影响不仅不显著，反而有可能增加农户未来发生贫困的可能（许庆等，2016）。

通过上述文献梳理不难发现，在减贫实践中，金融工具如果实施得当，不仅有益于减贫，还有益于改善农户的贫困脆弱性。但传统金融服务的成本高，容易挤出贫困客户，有不能惠及全部需求群体等缺陷，使得信贷等金融工具无法在长期平滑低收入家庭风险，导致缓解贫困脆弱性效果不显著。数字普惠金融旨在为被排斥在正规金融体系之外、无法享有金融服务的群体提供获取普惠金融的数字渠道，包括支付、信贷、储蓄等业务（黄倩等，2019），它可以促进信息流通、降低金融服务门槛、打通金融服务“最后一公里”，是实现金融高覆盖率、低成本以及可持续发展的一种模式（贝多广、李焰，2017），对减少贫困发生率（杨艳琳、付晨玉，2019；刘锦怡、刘纯阳，2020）、缩小城乡收入差距（宋晓玲，2017；刘金全、毕振豫，2019）具有显著作用，但少有文献关注数字普惠金融对贫困脆弱性的影响。

有鉴于此，本研究将北京大学数字金融研究中心发布的中国数字普惠金融指数与中国家庭追踪调查（CFPS）数据进行匹配，并通过克服内生性的工具变量估计系统研究数字普惠金融对居民家庭贫困脆弱性的影响效应与作用机制，以期为全面小康视域下的贫困脆弱性治理提供参考，这也是本研究的主要边际贡献。

/第二节/
制度背景与理论分析

一、制度背景

“消除贫困，改善民生，实现共同富裕”不只是中国共产党人的初心与使命，也是中国特色社会主义的本质要求。中华人民共和国成立后，毛泽东提出“要使几亿人口的中国人生活得好，要把我们这个经济落后、文化落后的国家，建设成为富裕的、强盛的、具有高度文化的国家”，在全国开展轰轰烈烈的土地改革，建立起社会主义基本经济制度，实现了中华民族有史以来最为广泛而深刻的社会变革，为带领中国人民摆脱贫困、实现共同富裕构建了坚实的制度基础。改革开放以来，中国经济创造了持续高速增长的世界奇迹，为中国共产党组织大规模的减贫提供了坚实的物质基础，构建起“党的领导、政府主导、全社会共同参与”的扶贫格局和制度体系，终在2020年历史性解决了困扰中华民族几千年的绝对贫困问题，推动中国减贫进入相对贫困治理新阶段，创造了人类减贫实践的伟大奇迹，书写了人类发展史上“最成功的脱贫故事”（张占斌，2020）。但这并不意味贫困治理的终结，而是把贫困治理重点聚焦到了脱贫攻坚成果的巩固拓展方面，尤其是关注发展能力不强、抵御风险能力较弱家庭的返贫问题，因此，研究贫困脆弱性对缓解相对贫困和实现乡村振兴具有重要价值。

金融扶贫作为中国特色大扶贫格局的重要组成部分，主要面向为贫困地区和贫困人口提供综合性的金融服务，专项金融扶贫贷款、综合性的精准扶贫金融政策以及与之相配套的货币财税政策共同构成金融扶贫体系，对改善贫困地区生产生活条件、贫困家庭生产经营状况提供了有效支撑，取得了良好的扶贫效果（吴国宝等，2018）。然而，贫困家庭因受收入水平、综合技能、物质财富等的约束，长期被排斥在传统金融服务之外，无法享受必要的金融服务；加之贫困地区由于缺乏良好的制度环境、基础设施和投资机会，导致出现资金大量外流的现象（何德旭、苗文龙，2015）。

有鉴于此，2005年“国际小额信贷年”年会提出“普惠金融”的概念，旨在为有金融服务需求的社会弱势个人和群体提供有效的金融服务。近年来，互联网、云计算、大数据等数字技术的跨越式发展大幅提升了普惠金融的触达能力，能够让贫困家庭和贫困群体享受此前难以企及的金融服务，为其发展生产、摆脱贫困创造了条件。这留给我们的思考是：数字普惠金融能否真正实现“普惠式”内涵？对缓解贫困脆弱性产生的积极影响是什么？本研究将致力于对这个问题做出回答。

二、理论分析

数字普惠金融大幅改善了贫困地区和贫困家庭的金融可及性和便利性，能够有效缓解家庭信贷约束，为有就业创业需求的家庭提供有效的金融服务，拓宽贫困家庭的就业空间和渠道，这也是数字普惠金融影响贫困脆弱性的核心机制。

（一）信贷约束机制

金融服务的“二八定律”长期被传统金融机构奉为基本的战略准则，即将优质的金融服务聚焦于贡献80%利润的高端客户群体，这一群体基本占全部客户的20%，但对剩余80%的长尾客户群体的金融服务严重不足（孙继国等，2020），导致低收入家庭难以从传统金融机构和金融市场获得贷款，信贷约束构成农户致贫的内生约束和返贫风险（曹瓅、杨雨，2020）。

数字普惠金融的发展更加注重尾部效应和规模效应，致力于给长期被现代金融服务业排斥在外的贫困群体提供正规的金融服务，为缓解农村居民信贷约束创造了条件。加之数字普惠金融可依据自身的大数据和云计算的优势，以人脸识别、指纹识别等新技术，以特有的区域渗透性、使用有效性和服务精准性拓展了金融服务的可得性和便利性，使得贫困家庭能够获得更加优质的金融服务，为其发展生产和摆脱贫困提供了有效的金融支撑，降低了贫困脆弱性。以建设银行“裕农快贷”产品为例，融入土地经营权流转和盛业生产者补贴等数据，把农业大数据和金融科技相结合，实现小额信贷的在线化、自动化、智能化，有效降低了新型农业经营主体和农村家庭的信贷约束，从而缓解了贫困脆弱性。

（二）就业创业机制

家庭中成员的就业创业能力能够在一定程度上反映该家庭抵御风险和创造价值的能力，是增加家庭收入进而减轻贫困脆弱性的重要机制。创业不仅能够直接创造物质财富，而且能创造更多的就业岗位，为贫困家庭成员提供就业机会，然而一个国家金融系统是否愿意向创业企业和有创业需求的群体提供有效的金融支持，会影响该国的创业活跃度和创业性质（Welter等，2014）。由于中国金融体系尚不健全，中小创业企业融资难、融资贵的问题非常突出，新型数字普惠金融的发展为中小企业融资难提供了新的机遇（谢绚丽等，2018）。依托互联网、人工智能技术的数字普惠金融不仅能够为有创业需求的返乡农民工和普通农户提供金融支持，而且“信息流”与“资金流”的有效融合能够降低家庭创业的融资风险。

另外，数字普惠金融的发展也催生出电子商务、平台经济等线上线下相融合的商业模式，拓展了家庭的就业创业空间，以创业带动就业，可吸纳更多贫困人口顺利就业，提高其收入水平，进而缓解贫困脆弱性。比如网商银行利用大数据和人工智能技术，做到小微企业贷款申请环节零纸质资料提供、零申贷成本，对科创企业、小微企业主等群体实现秒批秒贷、随借随还，深得创业者的喜爱。

（三）投资增收机制

金融扶贫是中国扶贫开发战略中必不可少的组成部分，其不仅能够提供给贫困家庭必要的信贷支持，更能提供储蓄、支付、金融保险、证券投资等一系列金融服务。金融机构可依据大数据信息针对贫困家庭和群体开发多样化的理财产品和小额保险类型，建立金融风险补偿和分担机制，不断拓宽贫困家庭的投资增收渠道，给贫困群体创造了前所未有的投资机会。贫困家庭可通过大数据信息把握市场动态，还可通过金融中介组织或者互联网推送获取更有效的投资信息，将闲散的资金用于金融投资，增加获取商业机会和高收入回报的概率，而且理财和小额信贷产品能够有效弥补当期家庭支出或平滑消费，抵御外来风险冲击，缓解家庭贫困脆弱性。

以花呗APP为例，拥有支付宝APP就可申请免费开通花呗消费信贷，即可拥有500～50000元不等的消费额度，不仅可以体验“先消费、后付款”，还可以本月消费下月零息还款，深得消费者的喜爱。伴随数字技术的发展和数字普惠金融业务的深化，金融市场信息获取将变得更透明、更便捷、更准确，数字普惠金融的资产配置功能将进一步强化，对贫困脆弱性的缓解效应将更加凸显。

/第三节/ 指标、数据与模型

一、指标与数据来源

（一）被解释变量——贫困脆弱性

贫困脆弱性即一个家庭在一段时间内面对各种负向冲击造成福利损失的可能性，由于期望贫困的脆弱性（*VEP*）和期望效用的脆弱性（*VEU*）考虑的是冲击带来的未来福利下降，是事前预测指标，而*VER*评价的是冲击带来的实际福利下降，是事后判断指标；且相比较而言，*VEP*测量方法兼具家庭异质性和贫困动态性的优势特征。

因此，本研究选择*VEP*方法计算贫困脆弱性，即家庭贫困脆弱性大小根据家庭未来福利水平分布特征来计算，其福利波动水平与福利期望均由家庭的特征变量决定。按照*VEP*的定义，家庭h在时期t的贫困脆弱性为：

$$Vul_{h,t} = Porb(\ln c_{h,t+1} < poor) \qquad (1)^{①}$$

其中，$Vul_{h,t}$表示农户h在时期t的贫困脆弱性，$c_{h,t+1}$表示家庭h在t+1期的人均消费支出，$poor$表示贫困线。

已有研究表明，高收入群体的消费支出符合帕累托分布，而低收入群体的消费支出符合对数正态分布（林文、邓明，2014），因此，本研究假设样本家庭消费支出服从对数正态分布。此外，为减少异方差带来的估计误差，本研究采用Takeshi（1977）提出的三阶段可行广义最小二乘法（FGLS）来计算贫困脆弱性，具体操作步骤如下：

第一步，估计家庭消费支出方程，根据*VEP*方法的定义，家庭支出可以由一组包含家庭特征变量X_h的函数表示：

① 为便于阅读，本书每章涉及公式均以“（1）”起编。特此说明。

$$\ln c_h = X_h \beta + \varepsilon_h \tag{2}$$

其中，X_h是一系列影响家庭消费支出的变量，包括以下内容：

户主特征：性别、婚姻状况、年龄、年龄的平方、工作状态、教育程度、健康状况、政治面貌、是否有医疗保险。

家庭特征：家庭规模、人均年收入、人均现金及存款总额、6岁以下儿童人数、家庭抚养比、是否受到政府补助、劳动人口平均年龄、男性成员占比、拥有房产价值，以及城乡、东中西等区域虚拟变量。

使用OLS回归估计式（2），得到残差平方，建立下式：

$$e_h^2 = X_h \rho + \varepsilon_h \tag{3}$$

第二步，使用第一步得到的拟合值，构建权重进行FGLS估计，得到估计值$\hat{\beta}_{FGLS}$，$\hat{\rho}_{FGLS}$并代回式（2）、（3），得到未来对数消费的期望值$\hat{E}(\ln c_h | X_h)$及其方差$\hat{V}(\ln c_h | X_h)$如下式所示：

$$\hat{E}(\ln c_h | X_h) = X_h \hat{\beta}_{\mathrm{FGLS}} \tag{4}$$

$$\hat{V}(\ln c_h | X_h) = X_h \hat{\rho}_{\mathrm{FGLS}} \tag{5}$$

第三步，选择贫困线，计算家庭h的贫困脆弱性如下式所示：

$$Vul_h = \varphi\left(\frac{\ln poor_t - \hat{E}(\ln c_h | X_h)}{\sqrt{\hat{V}(\ln c_h | X_h)}}\right) \tag{6}$$

本研究对贫困脆弱性的测算数据采用2018年中国家庭追踪调查（CFPS）数据，对数据进行以下处理：一是，删除涉及变量中含无法识别数据的样本，如缺失、有明显的输入错误、不适用的样本；二是，使用家庭的财务管理人作为户主，并剔除了户主年龄小于等于16岁的样本；最终得到了容量为3848的家庭样本，其中包括2073个城镇家庭样本、1775个农村家庭样本。

使用的贫困线来自世界银行发布的最新人均日消费1.9美元和3.1美元两个消费指标（Ferreira，2016），将此指标通过2018年的购买力平价（Purchase Power Parity，*PPP*）与消费者价格指数（Consumer Price Index，*CPI*）调整转化为2018年的适用指标。关于脆弱线标准比较常见的是根据50%的概率值，即认为当某个家庭未来陷入贫困的概率大于50%时，这个家庭就具有贫困脆弱性，但是这种脆弱线标准只能识别出长期贫困的家庭，而把暂时性贫困家庭遗漏在外（Ward，2016）。

因此，有学者通过设定某家庭在未来2年内可能陷入贫困，采用经过时间期限折算的29%的概率值作为脆弱线（Isabel等，2009），本研究将继续沿用这一做法，选择29%作为脆弱线。表5-1报告了两种贫困线和两种脆弱线计算出的样本家庭贫困脆弱性的描述统计。

表5-1　样本组中脆弱家庭占比

贫困线标准	1.9美元/天贫困线(%)	3.1美元/天贫困线(%)
全部家庭	13.18	38.96
城市家庭	3.91	16.98
农村家庭	24.00	64.62
东部家庭	6.14	23.08
中部家庭	7.56	31.10
西部家庭	26.60	65.26

注：按照2018年的购买力平价与CPI调整，1.9美元/天对应2018年人均年消费额2804.2元，3.1美元/天对应2018年人均年消费额4575.2元。

（二）核心解释变量——数字普惠金融

本研究的核心解释变量——数字普惠金融使用《北京大学数字普惠金融指数（2018）》中的指数来表示，该指数计算自蚂蚁金服的交易账户大数据，除了包含数字普惠金融总指数之外，还包含覆盖广度、使用深度和数字化程度三个分维度指数。

为便于分析，假定地理位置上位于同一省份的家庭，其享受到的数字普惠金融服务是相同的，因此，将家庭样本所在省份与各省份数字普惠金融指数进行匹配，以该家庭所在省份的数字普惠金融发展水平来表示该家庭受到数字普惠金融服务的影响大小，表5-2对这些变量进行了描述性统计。

表 5-2　核心解释变量描述与统计

变量	变量名称	均值	标准差	最小值	最大值
Difi	数字普惠金融指数	298.4591	27.6528	263.1239	377.7337
Breadth	数字金融覆盖广度	280.1746	24.0387	249.8197	353.8671
Depth	数字金融使用深度	284.7891	41.79152	225.2748	400.3972
Digilev	普惠金融数字化程度	383.6929	19.28272	349.7648	440.2605

（三）其他控制变量

本研究分析影响家庭贫困脆弱性的因素包括户主特征及家庭特征。由于CFPS数据对于“家庭”的定义是从成员间的经济依赖性出发，从而打破了户籍簿上人口的限制，本研究使用家庭的财务管理人作为该家庭的户主，以财务管理人的特征来描述家庭的户主特征。

样本家庭的户主特征包括性别、年龄、婚姻状况、自评健康水平、政治面貌、是否有医疗保险，家庭特征包括家庭规模、家庭6岁以下儿童人数、家庭抚养比、家庭劳动人口平均年龄、家庭男性成员占比。表5-3对本研究使用的主要控制变量进行了说明与描述统计。

表 5-3　控制变量描述与统计

项目	变量	变量名称	变量说明	均值	标准差
户主特征	*Gender*	户主性别	虚拟变量;女=0,男=1	0.4847	0.4998
	Age	户主年龄	2018减去户主出生年份	37.7141	10.9178
	Mar	户主婚姻状况	虚拟变量;已婚=1,其他=0	0.8280	0.3775
	Health	户主自评健康状况	不健康 = 1,一般 = 2,比较健康 = 3 ,很健康 = 4,非常健康 = 5	3.1479	1.1510
	Politic	户主政治面貌	虚拟变量;党员=1,其他=0	0.0161	0.1259
	Medicare	户主是否有医疗保险	虚拟变量;有=1,其他=0	0.9038	0.2948

续表5-3

项目	变量	变量名称	变量说明	均值	标准差
家庭特征	*Famsize*	家庭规模	家庭中的人数	3.9163	1.9004
	Undersix	家庭6岁以下儿童人数	截至调查时,该家庭中包含的6岁以下儿童人数	0.4051	0.6508
	Raise	家庭抚养比	家庭中非劳动人口(小于15岁或大于63岁)与劳动人口(15～63岁)之比	0.5670	0.5988
	Workage	家庭劳动人口平均年龄	家庭中属于劳动人口的成员的平均年龄	35.4296	7.3976
	Malerate	家庭男性成员占比	家庭中男性成员数量占家庭人数的比例	0.5404	0.2393

二、模型设计

本研究以家庭贫困脆弱性为被解释变量，该家庭所在省份的数字普惠金融指数为核心解释变量构建估计模型。为了降低模型异方差等因素的干扰，获得更精准的参数估计值，必须尽量控制影响贫困脆弱性的其他相关变量，设计实证模型如下：

$$Vul_{h,t} = \beta_0 + \beta_1 Difi_{h,t} + \beta_2 X_h + \varepsilon \tag{7}$$

其中，$Vul_{h,t}$为测量的家庭贫困脆弱性；β_0表示截距项；$Difi_{h,t}$表示数字普惠金融指数；β_1为数字普惠金融对贫困脆弱性的影响参数；β_2表示控制变量对贫困脆弱性的影响参数；X_h表示一系列控制变量，包括户主特征变量：户主年龄（*Age*）、户主性别（*Gender*）、户主婚姻状况（*Mar*）、户主自评健康状况（*Health*）、户主政治面貌（*Politic*）、户主是否有医疗保险（*Medicare*），家庭特征变量：家庭规模（*Famsize*）、家庭6岁以下儿童人数（*Undersix*）、家庭抚养比（*Raise*）、家庭劳动人口平均年龄（*Workage*）、家庭男性成员占比（*Malerate*）；ε表示随机误差项。

考虑到被解释变量为二值型数据，若使用线性的普通最小二乘法（Ordinary Least Squares，OLS）则会加剧异方差问题，因此，考虑用非线性的Probit系列方法进行回归，为避免内生性问题，本研究使用工具变量的Probit回归（*Ivprobit*）。在工具变量的选择上，借鉴李牧辰等（2020）的做法，将样本所在省份与浙江省的球面直线距离作为工具变量，对模型（7）进行分析。

选择“距离”作为工具变量的原因有二：一是中国普惠金融的发展主要是由阿里巴巴旗下的支付宝带头牵引，且本研究的核心解释变量数字普惠金融指数也是基于支付宝提供的数据计算编制而得，从阿里巴巴所在的浙江省杭州市开始，距离浙江省越远的省份，推广数字普惠金融的难度越大，因此，“距离”与“数字普惠金融指数”相关，满足工具变量的相关性；二是各省份与浙江省的球面直线距离大小不随时间而变，各省样本家庭的贫困脆弱性变化不会决定该省与浙江省的球面直线距离。

/ 第四节 /
实证结果与分析

一、基准回归分析

根据前面的分析，本研究实证部分使用1.9美元/天贫困线和3.1美元/天贫困线作为计算贫困脆弱性的依据，选择29%作为脆弱线。即若 $Vul_{h,t} \geqslant 0.29$，则定义 $Vul_{h,t} = 1$；若 $Vul_{h,t} < 0.29$，则定义 $Vul_{h,t} = 0$。使用聚类稳健标准误的Ivprobit估计模型，为便于比较，同时给出Probit估计结果（见表5-4），其中，第（1）、（5）是Probit回归结果，第（2）、（3）、（4）、（6）、（7）、（8）列是两种脆弱性标准下不添加控制变量，仅添加户主特征，同时添加户主特征和家庭特征的估计结果。

估计结果显示，不论是采用1.9美元/天贫困线还是3.1美元/天贫困线测算贫困脆弱性，核心解释变量数字普惠金融对贫困脆弱性的估计系数均显著为负，表明数字普惠金融发展能够显著缓解贫困脆弱性，可能的原因在于数字普惠金融低成本、广覆盖的特点，能够最大限度地为贫困弱势家庭提供多样化的金融服务，增强家庭应对风险的能力，降低家庭因受外部冲击而陷入贫困的可能性。

以Ivprobit结果为例，在使用1.9美元/天贫困线计算的贫困脆弱性结果中，数字普惠金融对贫困脆弱性的边际效应为-0.0010，即数字普惠金融每提升1%，家庭被判定为脆弱这一事件发生的概率显著减少0.1%；在使用3.1美元/天贫困线计算的贫困脆弱性结果中，数字普惠金融对贫困脆弱性的边际效应为-0.0020，即数字普惠金融每提升1%，家庭被判定为脆弱这一事件发生的概率显著减少0.2%，可见高水平脆弱性（3.1美元/天贫困线标准）的边际效应系数绝对值明显高于低水平脆弱性（1.9美元/天贫困线标准）的边际效应系数绝对值，这表明数字普惠金融对缓解高水平贫困脆弱性的效果更好。而且工具变量回归结果显示，工具变量的不可识别检验与弱工具变量检验均已通过，说明本研究所选的工具变量合理且有效，即以样本所在省份与浙江省的球面直线距离作为工具变量的估计同样证实数字普惠金融发展能够降低贫困脆弱性这一结论。

在控制变量中，无论是低水平脆弱性还是高水平脆弱性，户主年龄对贫困脆弱性的边际效应系数均显著为正，即户主年龄越大的家庭，其判定为脆弱家庭的可能越高，可能的原因在于高龄户主更偏好“安于现状”，内生发展动力不足。户主的婚姻状况对贫困脆弱性的边际效应系数显著为负，即户主已婚能够有效降低家庭被判定为脆弱家庭的概率，表明户主的婚姻赋予户主更多的家庭责任，激励其不断改善家庭内生发展能力来缓解贫困脆弱性。户主的健康状况对贫困脆弱性的边际效应系数显著为正，即户主自评健康水平越高，家庭被判定为脆弱家庭的概率越大，这虽与常识相反，但也不无道理，户主作为整个家庭的经济核心与支柱，若户主的健康状况差，整个家庭会由于危机感，在投资、创业等行为上选择趋于稳妥保守，家庭面临的负向外部冲击也会相对减少，家庭的贫困脆弱性也会减少。户主政治面貌对贫困脆弱性的边际效应系数显著为负，即户主若是党员，则其家庭落入脆弱的概率相比非党员的户主家庭要小，表明党员身份会赋予户主更多责任与义务，户主也会不断改善家庭内生发展动力。户主的医保状况对贫困脆弱性的边际效应系数显著为负，表明若户主拥有医疗保险，则其家庭相比无医疗保险的户主家庭落入脆弱的概率要小，原因在于拥有医疗保险能够为家庭提供罹患疾病的一定的资金保障，减弱了家庭由于疾病带来的资金波动冲击，进而减缓贫困脆弱性。家庭规模对贫困脆弱性的边际效应系数显著为正，即家庭成员越多，家庭被判定为脆弱家庭的概率越大，这是因为成员越多的家庭，其面临的疾病、教育、生活等负担越大，也就越容易遭受未来负向冲击，从而加剧贫困脆弱性。家庭抚养比对贫困脆弱性的边际效应系数显著为正，即家庭中非劳动人口（小于15岁或大于63岁）与劳动人口（15～63岁）之比越大，家庭被判定为脆弱家庭的概率越大，非劳动人口比重大意味着家庭中老人与孩子多，更容易遭受冲击，加剧了贫困脆弱性。户主性别与家庭男性成员占比对贫困脆弱性的边际效应系数均不显著。对于家庭拥有6岁以下儿童人数，其在1.9美元/天贫困线的计算结果中对贫困脆弱性的边际效应系数显著为正，而在3.1美元/天的计算结果中系数不显著；家庭劳动人口平均年龄在1.9美元/天贫困线的计算结果中对贫困脆弱性的边际效应系数不显著，而在3.1美元/天的计算结果中系数显著为正。见表5-4。

表5-4 基准回归——数字普惠金融与贫困脆弱性

变量	1.9美元/天贫困线标准				3.1美元/天贫困线标准			
	（1）	（2）	（3）	（4）	（5）	（6）	（7）	（8）
Difi	−0.0023*** （0.0002）	−0.0012*** （0.0003）	−0.0007*** （0.0002）	−0.0010*** （0.0002）	−0.0036**** （0.0002）	−0.0032*** （0.0004）	−0.0024*** （0.0003）	−0.0020*** （0.0003）
Gender	−0.0078 （0.0077）		0.0092 （0.0096）	−0.0104 （0.0075）	−0.0057 （0.0107）		0.0339** （0.0135）	−0.0081 （0.0105）
Age	0.0084*** （0.0003）		0.0096*** （0.0004）	0.0083*** （0.0003）	0.01536*** （0.0006）		0.0186*** （0.0006）	0.0153*** （0.0006）
Mar	−0.0656*** （0.0126）		0.0306** （0.0141）	−0.0567*** （0.0120）	−0.1309*** （0.0192）		0.1300*** （0.0190）	−0.1195*** （0.0192）
Health	0.0106*** （0.0032）		0.0135*** （0.0041）	0.0123*** （0.0030）	0.0122*** （0.0046）		0.0153*** （0.0058）	0.0142*** （0.0045）
Politic	−0.2347*** （0.0019）		−0.1352 （0.0897）	−0.2257*** （0.0423）	−0.1460*** （0.0537）		−0.1577** （0.0698）	−0.1593*** （0.0520）
Medicare	−0.0498*** （0.0146）		−0.0251 （0.0167）	−0.0482*** （0.0139）	−0.0568*** （0.0216）		0.0072 （0.0238）	−0.0514** （0.0209）
Famsize	0.0573*** （0.0025）			0.0552*** （0.0025）	0.1312*** （0.0034）			0.1284*** （0.0034）

续表5-4

变量	1.9美元/天贫困线标准				3.1美元/天贫困线标准			
	(1)	(2)	(3)	(4)	(5)	(6)	(7)	(8)
Undersix	0.0180*** (0.0069)			0.0176*** (0.0066)	0.0092 (0.0099)			0.0123 (0.0097)
Raise	0.0267*** (0.0058)			0.0273*** (0.0056)	0.0384*** (0.0098)			0.0417*** (0.0096)
Workage	0.0009 (0.0006)			0.0009 (0.0006)	0.0051*** (0.0009)			0.0050*** (0.0008)
Malerate	−0.0005 (0.0222)			0.0025 (0.0221)	0.0393 (0.0275)			0.0401 (0.0265)
不可识别检验		956.854 [0.0000]	959.851 [0.0000]	959.248 [0.0000]		956.854 [0.0000]	959.851 [0.0000]	959.248 [0.0000]
弱工具变量检验		2945.539 {16.38}	3016.470 {16.38}	2994.184 {16.38}		2945.539 {16.38}	3016.470 {16.38}	2994.184 {16.38}
样本量	3848	3848	3848	3848	3848	3848	3848	3848

注：1.圆括号内“( )”为稳健标准误。

2.“不可识别检验”一栏汇报的是Kleibergen-Paap rk LM统计量的值及其p值，其中方括号“[ ]”内为p值。

3.“弱工具变量检验”一栏汇报的是Cragg-Donald Wald F统计量的值及临界值，其中大括号“{ }”内的值为Stock-Yogo检验在10%水平对应的临界值。

4.*、**、***分别表示估计结果在10%、5%、1%的水平上显著。

二、稳健性检验

基准估计结果可能受因变量选择偏差和样本选择偏误的影响而偏离真实状况，为进一步考察基准估计结果的稳健性，本研究分别采取替换被解释变量、替换核心解释变量两种方法进行稳健性检验。其中，替换被解释变量则不再使用贫困脆弱性哑变量，而是直接以计算出的家庭未来贫困发生率作为被解释变量，仍然使用各省份到浙江省的球面直线距离作为工具变量，同时使用稳健标准误的普通最小二乘法（Ordinary Least Squares，OLS）和对弱工具变量不敏感的有限信息最大似然估计法（Limited Information Maximum Likelihood Method，LIML）进行稳健性检验。替换核心解释变量则参照王婧等（2013）的做法，采用变异系数法重新测算数字普惠金融指数进行聚类稳健标准误的Probit回归，估计结果如表5-5所示。

表5-5　稳健性检验

变量	1.9美元/天贫困线标准			3.1美元/天贫困线标准		
	OLS	LIML	Probit	OLS	LIML	Probit
Difi	−0.0838*** (−0.0041)	−0.1450*** (−0.0065)	−0.6316*** (0.1680)	−0.1521*** (0.0060)	−0.2263*** (0.0093)	−0.8980*** (0.1086)
Age	0.5580*** (−0.0149)	0.5450*** (−0.015)	0.0085*** (0.0003)	0.6760*** (0.0190)	0.6594*** (0.0192)	0.0154*** (0.0006)
Mar	−7.054*** (−0.3600)	−7.1380*** (−0.3800)	−0.0706*** (0.0135)	−7.7064*** (0.5075)	−7.8072*** (0.5255)	−0.1415*** (0.0192)
Health	0.6270*** (−0.1140)	0.5890*** (−0.1140)	0.0112** (0.0033)	0.8594*** (0.1583)	0.8133*** (0.1592)	0.0129*** (0.0045)
Politic	−5.0640*** (−0.9000)	−4.7050*** (−1.0140)	−0.2451*** (0.0418)	−8.6488*** (1.2893)	−8.2151*** (1.4283)	−0.1303** (0.0508)
Medicare	−3.0970*** (−0.3880)	−3.4710*** (−0.4070)	−0.0393*** (0.0146)	−3.7283*** (0.5491)	−4.1812*** (0.5749)	−0.0409* (0.0211)
Famsize	4.1120*** (−0.0980)	4.0290*** (−0.0983)	0.0575*** (0.0026)	5.9302*** (0.1347)	5.8299*** (0.1333)	0.1324*** (0.0035)
Undersix	0.9790*** (−0.2680)	0.9580*** (−0.2700)	0.0154** (0.0067)	0.4525 (0.3653)	0.4274 (0.3649)	0.0043 (0.0100)
Raise	0.8780*** (−0.2910)	0.9380*** (−0.2860)	0.0249*** (0.0057)	2.5260*** (0.3908)	2.5978*** (0.3825)	0.0373*** (0.0100)
Workage	−0.0560*** (−0.0206)	−0.0435** (−0.0209)	0.0007 (0.0006)	0.0428 (0.0281)	0.0579** (0.0284)	0.0050*** (0.0009)

续表5-5

变量	1.9美元/天贫困线标准			3.1美元/天贫困线标准		
	OLS	LIML	Probit	OLS	LIML	Probit
Malerate	0.3490 (-0.4890)	0.2890 (-0.5190)	0.0036 (0.0223)	1.5072** (0.7096)	1.4341* (0.7440)	0.0385 (0.0275)
样本量	3848	3848	3848	3848	3848	3848

注：*、**、***分别表示估计结果在10%、5%、1%的水平上显著，括号内为标准误。

从表5-5中的结果表明，数字普惠金融对家庭低水平贫困脆弱性和高水平贫困脆弱性的估计系数均显著为负，而且在同一方法估计中，高水平贫困脆弱性的估计系数显著大于低水平脆弱性，这进一步强化了本研究的结论。

三、异质性检验

（一）数字普惠金融各维度指数对贫困脆弱性的影响效应

为进一步探究数字普惠金融不同维度对贫困脆弱性的影响差异，将数字普惠金融指数分别替换为数字普惠金融覆盖广度、使用深度、数字化程度指数，对模型（7）进行估计，估计结果见表5-6。

表5-6　数字普惠金融各维度指数对贫困脆弱性的影响估计

变量	1.9美元/天贫困线标准			3.1美元/天贫困线标准		
	(1)	(2)	(3)	(4)	(5)	(6)
Breadth	-0.0010*** (0.0003)			-0.0020*** (0.0003)		
Depth		-0.0005*** (0.0001)			-0.0012*** (0.0002)	
Digilev			-0.0012*** (0.0003)			-0.0026*** (0.0004)
Gender	-0.0095 (0.0075)	-0.0113 (0.0075)	-0.0110 (0.0075)	-0.0063 (0.0106)	-0.0098 (0.0105)	-0.0089 (0.0105)
Age	0.0082*** (0.0003)	0.0083*** (0.0003)	0.0083*** (0.0003)	0.0153*** (0.0006)	0.0153*** (0.0006)	0.0153*** (0.0006)

续表 5-6

变量	1.9 美元/天贫困线标准			3.1 美元/天贫困线标准		
	(1)	(2)	(3)	(4)	(5)	(6)
Mar	−0.0555*** (0.0120)	−0.0569*** (0.0120)	−0.0575*** (0.0120)	−0.1189*** (0.0194)	−0.1199*** (0.0191)	−0.1211*** (0.0191)
Health	0.0124*** (0.0030)	0.0124*** (0.0030)	0.0124*** (0.0030)	0.0147*** (0.0045)	0.0138*** (0.0045)	0.0143*** (0.0045)
Politic	−0.2241*** (0.0411)	−0.2282*** (0.0043)	−0.2312*** (0.0422)	−0.1660*** (0.0516)	−0.1561*** (0.0526)	−0.1606*** (0.0528)
Medicare	−0.0468*** (0.0139)	−0.0480*** (0.0139)	−0.0469*** (0.0138)	−0.0500** (0.0210)	−0.0504** (0.0208)	−0.0482** (0.0205)
Famsize	0.0552*** (0.0025)	0.0551*** (0.0025)	0.0551*** (0.0025)	0.1288*** (0.0035)	0.1281*** (0.0034)	0.1286*** (0.0034)
Undersix	0.0175*** (0.0065)	0.0173*** (0.0066)	0.0173*** (0.0066)	0.0124 (0.0097)	0.0127 (0.0097)	0.0126 (0.0098)
Raise	0.0272*** (0.0056)	0.0271*** (0.0056)	0.0274*** (0.0056)	0.0415*** (0.0096)	0.0413*** (0.0097)	0.0417*** (0.0096)
Workage	0.0008 (0.0006)	0.0009 (0.0006)	0.0009 (0.0006)	0.0048*** (0.0008)	0.0051*** (0.0008)	0.0050*** (0.0008)
Malerate	0.0032 (0.0221)	0.0029 (0.0222)	0.0036 (0.0221)	0.0410 (0.0265)	0.0391 (0.0264)	0.0396 (0.0265)
不可识别检验	846.384 [0.0000]	952.749 [0.0000]	1102.957 [0.0000]	846.384 [0.0000]	952.749 [0.0000]	1102.957 [0.0000]
弱工具变量检验	2073.075 {16.38}	3131.137 {16.38}	4374.072 {16.38}	2073.075 {16.38}	3131.137 {16.38}	4374.072 {16.38}
样本量	3848	3848	3848	3848	3848	3848

注：1. 圆括号“（ ）”内为稳健标准误。

2. “不可识别检验”一栏汇报的是Kleibergen-Paap rk LM统计量的值及其p值，其中方括号“[ ]”内为p值。

3. “弱工具变量检验”一栏汇报的是Cragg-Donald Wald F统计量的值及临界值，其中大括号“{ }”内的值为Stock-Yogo检验在10%水平对应的临界值。

4. *、**、***分别表示估计结果在10%、5%、1%的水平上显著。

从表5-6中不难发现，数字普惠金融覆盖广度、使用深度、数字化程度对低水平贫困脆弱性和高水平贫困脆弱性的估计系数均显著为负，表明数字普惠金融的覆盖广度、使用深度以及数字化程度的提升均能显著降低家庭贫困脆弱性，而且边际效应从大到小排列为：数字化程度>覆盖广度>使用深度，即增加普惠金融的数字化程度将更有助于降低家庭贫困脆弱性。可能的原因为我国推行数字普惠金融已有一段时间，越来越多的居民家庭享受到了数字普惠金融带来的红利，即数字普惠金融的覆盖广度得到了保证。在保证了覆盖广度这一前提下，数字普惠金融提升了数字化程度，表现为通过数字技术不断开发新功能，为使用者降低了成本，提升了便利程度，而数字化程度的提升进一步增强了数字普惠金融缓解家庭贫困脆弱性的效果，故数字普惠金融的数字化程度发展更有利于降低家庭贫困脆弱性。发展深度表现为数字普惠金融的使用深度，例如，在特定场景下能够提供有针对性的金融服务，能够解决居民金融需求，总体上降低了贫困脆弱性，但涉及具体的数字普惠金融服务项目，不同的项目发展深度不同，其影响效果可能不同，因此，从回归结果来看，发展深度对降低贫困脆弱性的影响不及前两者重要。

总之，数字普惠金融的覆盖广度是前提，使用深度是扩展，数字化程度是更新，前两者是“普”，后者为“惠”，三者的影响程度虽不尽相同，但都能为居民提供更好的金融服务，从而提升家庭抗击风险的能力，显著降低家庭贫困脆弱性。

（二）数字普惠金融对城乡贫困脆弱性的影响效应

为检验数字普惠金融对家庭贫困脆弱性影响的城乡差异，进一步将数据分为城市样本和乡村样本进行检验。为保证经济模型整体的运行规律不变，在进行回归时并非简单将总样本分成城乡样本单独做回归，而是设置城乡虚拟变量，将核心解释变量替换为城乡虚拟变量与数字普惠金融总指数的乘积形式，并仍然使用总样本进行计算，并且加入不添加任何控制变量的估计结果作为对照，估计结果如表5-7所示。

表5-7　数字普惠金融对城乡贫困脆弱性的影响效应

变量	1.9美元/天贫困线标准				3.1美元/天贫困线标准			
	城市	城市	乡村	乡村	城市	城市	乡村	乡村
Difi	−0.0006*** (0.0001)	−0.0003*** (0.0001)	0.0006*** (0.0001)	0.0003*** (0.0001)	−0.0013*** (0.0001)	−0.0007*** (0.0001)	0.0013*** (0.0001)	0.0007*** (0.0001)
Gender		−0.0131* (0.0072)		−0.0133* (0.0072)		−0.0178* (0.0092)		−0.0181* (0.0092)
Age		0.0078*** (0.0003)		0.0078*** (0.0003)		0.0132*** (0.0006)		0.0133*** (0.0007)
Mar		−0.0471*** (0.0114)		−0.0469*** (0.0115)		−0.0910*** (0.0172)		−0.0920*** (0.0173)
Health		0.0128*** (0.0029)		0.0130*** (0.0029)		0.0136*** (0.0040)		0.0137*** (0.0040)
Politic		−0.2411*** (0.0363)		−0.2427*** (0.0362)		−0.1518*** (0.0428)		−0.1600*** (0.0444)
Medicare		−0.0495*** (0.0131)		−0.0478*** (0.0130)		−0.0515*** (0.0175)		−0.0469*** (0.0174)
Famsize		0.0512*** (0.0024)		0.0511*** (0.0026)		0.1060*** (0.0042)		0.1063*** (0.0044)
Undersix		0.0165*** (0.0060)		0.0161*** (0.0060)		0.0206** (0.0081)		0.0212*** (0.0081)
Raise		0.0262*** (0.0053)		0.0259*** (0.0053)		0.0424*** (0.0086)		0.0417*** (0.0086)
Workage		0.0009* (0.0005)		0.0009* (0.0005)		0.0047*** (0.0007)		0.0046*** (0.0007)
Malerate		0.0023 (0.0228)		0.0034 (0.0229)		0.0079 (0.0226)		0.0082 (0.0228)
不可识别检验	182.249 [0.0000]	168.599 [0.0000]	43.533 [0.0000]	32.471 [0.0000]	182.249 [0.0000]	168.599 [0.0000]	43.533 [0.0000]	32.471 [0.0000]

续表5-7

变量	1.9美元/天贫困线标准				3.1美元/天贫困线标准			
	城市	城市	乡村	乡村	城市	城市	乡村	乡村
弱工具变量检验	197.317 {16.38}	179.329 {16.38}	44.781 {16.38}	32.895 {16.38}	197.317 {16.38}	179.329 {16.38}	44.781 {16.38}	32.895 {16.38}
样本量	3848	3848	3848	3848	3848	3848	3848	3848

注：*、**、***分别表示估计结果在10%、5%、1%的水平上显著，括号内为标准误。

从表5-7中不难发现，数字普惠金融对城乡家庭无论是低水平还是高水平贫困脆弱性的影响均显著，但在城市样本中估计系数均显著为负，乡村样本中估计系数均显著为正。这表明，数字普惠金融能够显著减缓城市家庭的贫困脆弱性，而对于乡村家庭却显著加剧了贫困脆弱性，即数字普惠金融对城乡家庭贫困脆弱性的影响存在显著的异质性特征。

可能的原因，一方面，数字普惠金融虽能够为家庭提供更多接触金融服务从而获得资金、提高家庭内生发展动力的机会，但是数字普惠金融需要通过互联网来获取，由于乡村基础设施、居民认知能力等方面普遍弱于城市，导致乡村家庭接触互联网的机会较少，从而要比城市家庭更少接触数字普惠金融；另一方面，城市家庭接触数字普惠金融的机会较多，也就能更好地利用数字普惠金融增加家庭内生发展动力，减缓家庭贫困脆弱性。相比之下，乡村家庭就被排斥在外，也就是在获得数字普惠金融上存在“门槛效应”，从而加剧了家庭贫困脆弱性。

（三）数字普惠金融对各区域贫困脆弱性的影响效应

为检验数字普惠金融对家庭贫困脆弱性的影响在区域上的差异，本研究将数据分为西部省份、中部省份和东部省份样本进行检验，同样为了保持总体经济模型运行规律不变，采用与分城乡检验时同样的处理方法对全样本进行检验，估计结果如表5-8所示。

表5-8 分区域检验结果

变量	1.9美元/天贫困线标准			3.1美元/天贫困线标准		
	东部	中部	西部	东部	中部	西部
Difi	−0.0002*** (0.0001)	−0.0001** (0.0001)	0.0003*** (0.0001)	−0.0003*** (0.0001)	−0.0001* (0.0001)	0.0007*** (0.0001)
Gender	−0.0118 (0.0075)	−0.0130* (0.0076)	−0.0188** (0.0074)	−0.0110 (0.0105)	−0.0097 (0.0106)	−0.0216** (0.0102)
Age	0.0082*** (0.0003)	0.0082*** (0.0004)	0.0082*** (0.0003)	0.0151*** (0.0007)	0.0154*** (0.0007)	0.0145*** (0.0006)
Mar	−0.0518*** (0.0120)	−0.0561*** (0.0120)	−0.0500*** (0.0118)	−0.1129*** (0.0191)	−0.1207*** (0.0200)	−0.1082*** (0.0188)
Health	0.0131*** (0.0030)	0.0132*** (0.0031)	0.0138*** (0.0030)	0.0148*** (0.0045)	0.0152*** (0.0045)	0.0169*** (0.0043)
Politic	−0.2174*** (0.0420)	−0.2333*** (0.0397)	−0.2046*** (0.0419)	−0.1575*** (0.0502)	−0.1789*** (0.0540)	−0.1734*** (0.0475)
Medicare	−0.0491*** (0.0139)	−0.0438*** (0.0136)	−0.0551*** (0.0135)	−0.0555*** (0.0211)	−0.0392* (0.0201)	−0.0627*** (0.0191)
Famsize	0.0546*** (0.0025)	0.0547*** (0.0027)	0.0531*** (0.0024)	0.1254*** (0.0039)	0.1286*** (0.0045)	0.1173*** (0.0039)
Undersix	0.0171*** (0.0066)	0.0159** (0.0064)	0.0152** (0.0064)	0.0133 (0.0095)	0.0141 (0.0098)	0.0098 (0.0093)
Raise	0.0259*** (0.0055)	0.0265*** (0.0056)	0.0252*** (0.0054)	0.0391*** (0.0094)	0.0391*** (0.0097)	0.0352*** (0.0091)
Workage	0.0009* (0.0006)	0.0008 (0.0006)	0.0012* (0.0005)	0.0050*** (0.0008)	0.0046*** (0.0008)	0.0050*** (0.0008)
Malerate	0.0021 (0.0220)	0.0059 (0.0224)	0.0005 (0.0218)	0.0409 (0.0260)	0.0369 (0.0265)	0.0233 (0.0246)
不可识别检验	648.209 [0.0000]	289.114 [0.0000]	1445.619 [0.0000]	648.209 [0.0000]	289.114 [0.0000]	1445.619 [0.0000]

续表5-8

变量	1.9美元/天贫困线标准			3.1美元/天贫困线标准		
	东部	中部	西部	东部	中部	西部
弱工具变量检验	918.224 {16.38}	300.091 {16.38}	2992.042 {16.38}	918.224 {16.38}	300.091 {16.38}	2992.042 {16.38}
样本量	3848	3848	3848	3848	3848	3848

注：*、**、***分别表示估计结果在10%、5%、1%的水平上显著，括号内为标准误。

从表5-8中的结果显示，数字普惠金融对东部省份、中部省份、西部省份家庭低水平贫困脆弱性和高水平贫困脆弱性的影响均显著，其中东、中部省份的系数显著为负，且东部省份系数的绝对值大于中部省份，说明在东、中部省份，数字普惠金融能够显著减缓家庭贫困脆弱性，并且这种缓解效应在东部省份发挥得更好。西部省份的系数显著为正，说明在西部省份数字普惠金融显著加剧了家庭贫困脆弱性。

此结果与上文城乡检验的结果相似，即数字普惠金融能够显著减缓家庭贫困脆弱性，但在经济不发达地区，数字普惠金融显著加剧了贫困脆弱性，可能的原因与城乡差异类似：由于西部相比之下为欠发达地区，其基础设施、居民认知能力等方面普遍弱于东、中部发达地区，导致西部家庭接触互联网从而获得数字普惠金融的机会要低于东、中部家庭，因此，西部家庭相比之下被排斥在外，甚至加剧了贫困脆弱性；而由于东部地区比中部更为发达，东部家庭获得、利用数字普惠金融的机会也更多，因此，数字普惠金融在东部的减缓效应比中部更强。这进一步证实了数字普惠金融对贫困脆弱性影响的“门槛特征”，也说明我国东、中、西部地区在经济建设、基础设施、居民认知等方面存在差异。

/第五节/
作用机制检验

数字普惠金融通过云计算、移动互联网等数字化技术，打破了传统金融服务的时空限制，很大程度上保障了用户得到金融服务的可能性，能够有效缓解贫困脆弱性。本研究将构建中介效应模型，从数字普惠金融的信贷约束效应、创新创业效应以及投资增收效应三个方面来检验数字普惠金融缓解贫困脆弱性的作用机制。

为检验数字普惠金融减缓贫困脆弱性的作用机制，将原解释变量贫困脆弱性（二分型）替换为连续型进行中介效应检验，进而建立如下结构方程模型：

$$Vul_{h,t} = \beta_0 + \beta_1 Difi_{h,t} + \beta_2 X_h + \varepsilon \tag{8}$$

$$Mediate_{h,t} = \beta_3 + \beta_4 Difi_{h,t} + \beta_5 X_h + \varepsilon \tag{9}$$

$$Vul_{h,t} = \beta_6 + \beta_7 Difi_{h,t} + \beta_8 Mediate_{h,t} + \beta_9 X_h + \varepsilon \tag{10}$$

其中，模型（8）中系数β_1为数字普惠金融对家庭贫困脆弱性影响的总效应；模型（9）中系数β_4为数字普惠金融对中介变量的影响效应；模型（10）中系数β_7为已控制中介变量影响后，数字普惠金融对家庭贫困脆弱性的直接影响效应，β_8为控制了数字普惠金融的影响后，中介变量对贫困脆弱性的影响效应，因此，中介效应等于间接效应$\beta_4 \cdot \beta_8$。关于是否存在中介效应，使用逐步检验回归系数法的判断依据是模型（8）、（9）中的系数β_1和β_4显著，且模型（10）中的系数β_8也显著，则中介效应显著。在中介效应显著的基础上，若系数β_7的绝对值显著且小于系数β_1的绝对值，则中介变量判定为部分中介变量，此时中介效应占总效应的比重为$\beta_4 \cdot \beta_8/\beta_1$；若系数$\beta_7$不显著，则称为“完全中介效应”。

在具体的估计中，$Vul_{h,t}$有两种取值，分别为1.9美元/天贫困线和3.1美元/天贫困线计算的家庭h未来的贫困发生率。为了便于解读结果，将此值乘以100进行处理。$Mediate_{h,t}$表示中介变量，包括信贷约束（*Bloan*）、就业创业（*Pesc*）、投资增收（*Income*），其余变量定义与前文相同。中介变量的代理变量根据已有数据的可得性进行选择，其中，“信贷约束”选择家庭待偿贷款额作为代理变量，“就业创业”选择家庭是否有人从事个体私营作为代理变量，“投资增收”则选择家庭持有金融产品总价作为代理变量。另外，考虑到在进行中介效应实证分析时容易出现内生性问题（汪亚楠等，2020），本研究仍然选择样本所在省份与浙江省的球面直线距离作为工具变量进行中介效应检验，回归方法使用稳健标准误的二阶段最小二乘法（Two-stage Least Squares，2SLS）。

一、数字普惠金融发展缓解信贷约束

数字普惠金融以其独特的低成本和普惠性优势能够有效惠及被传统金融排斥在外的贫困家庭，缓解贫困家庭的信贷约束，提升贫困家庭的金融可得性，对降低贫困脆弱性产生积极影响，因此，本研究选择家庭待偿贷款额作为家庭信贷约束的代理变量进行中介效应检验，估计结果如表5-9所示。

表5-9　信贷约束机制的检验结果

变量	1.9美元/天贫困线标准			3.1美元/天贫困线标准		
	模型(8)	模型(9)	模型(10)	模型(8)	模型(9)	模型(10)
Difi	−0.1452*** (0.0065)	0.0136** (0.0068)	−0.1445*** (0.0065)	−0.2263*** (0.0093)	0.0136** (0.0068)	−0.2250*** (0.0093)
Bloan			−0.0515*** (0.0163)			−0.0964*** (0.0233)
Gender	0.5369** (0.2578)	−0.0308 (0.2513)	0.5353** (0.2574)	0.0461 (0.3622)	−0.0308 (0.2513)	0.0432 (0.3612)
Age	0.5446*** (0.0150)	−0.0280*** (0.0089)	0.5431*** (0.0149)	0.6594*** (0.0192)	−0.0280*** (0.0089)	0.6567*** (0.0191)
Mar	−7.1375*** (0.3802)	0.2122 (0.4534)	−7.1266*** (0.3785)	−7.8072*** (0.5255)	0.2122 (0.4534)	−7.7868*** (0.5217)
Health	0.5893*** (0.1145)	−0.0985 (0.0907)	0.5842*** (0.1142)	0.8133*** (0.1592)	−0.0985 (0.0907)	0.8038*** (0.1587)
Politic	−4.7048*** (1.0141)	0.9269 (1.3751)	−4.6571*** (1.0099)	−8.2151*** (1.4283)	0.9269 (1.3751)	−8.1257*** (1.4229)

续表5-9

变量	1.9美元/天贫困线标准			3.1美元/天贫困线标准		
	模型(8)	模型(9)	模型(10)	模型(8)	模型(9)	模型(10)
Medicare	-3.4715*** (0.4069)	0.7264*** (0.1916)	-3.4341*** (0.4068)	-4.1812*** (0.5749)	0.7264*** (0.1916)	-4.1111*** (0.5747)
Famsize	4.0287*** (0.0983)	0.0705 (0.0834)	4.0324*** (0.0980)	5.8299*** (0.1333)	0.0705 (0.0834)	5.8367*** (0.1330)
Undersix	0.9580*** (0.2696)	-0.0929 (0.1632)	0.9532*** (0.2687)	0.4274 (0.3649)	-0.0929 (0.1632)	0.4185 (0.3633)
Raise	0.9377*** (0.2864)	0.1828 (0.2675)	0.9471*** (0.2855)	2.5978*** (0.3825)	0.1828 (0.2675)	2.6154*** (0.3807)
Workage	-0.0435** (0.0209)	0.0316* (0.0177)	-0.0419** (0.0209)	0.0579** (0.0284)	0.0316* (0.0177)	0.0609** (0.0283)
Malerate	0.2887 (0.5187)	-0.2531 (0.6416)	0.2756 (0.5170)	1.4341* (0.7440)	-0.2531 (0.6416)	1.4097* (0.7403)
不可识别检验	959.248 [0.0000]	959.248 [0.0000]	957.733 [0.0000]	959.248 [0.0000]	959.248 [0.0000]	957.733 [0.0000]
弱工具变量检验	2994.184 {16.38}	2994.184 {16.38}	2987.203 {16.38}	2994.184 {16.38}	2994.184 {16.38}	2987.203 {16.38}
样本量	3848	3848	3848	3848	3848	3848

注：*、**、***分别表示估计结果在10%、5%、1%的水平上显著，括号内为标准误。

从表5-9中的结果表明，无论是低水平贫困脆弱性还是高水平贫困脆弱性，数字普惠金融在模型（8）和模型（10）的估计系数均显著为负，但模型（9）的估计系数显著为正，满足中介效应的判断依据，加之数字普惠金融在模型（10）的估计系数绝对值显著小于模型（8），即存在显著的部分中介效应，表明缓解家庭信贷约束是数字普惠金融降低贫困脆弱性的一个作用机制。

二、数字普惠金融发展推动就业创业

数字普惠金融不仅能够缓解贫困家庭的信贷约束，而且能够为有就业创业需求的家庭提供有效的金融服务，拓宽贫困家庭的择业渠道，对提升家庭抗风险能力和降低贫困脆弱性产生积极影响，因此，本研究进一步选择家庭是否有人从事个体私营作为就业创业的代理变量进行中介效应估计（见表5-10）。

表5-10　就业创业机制的估计结果

变量	1.9美元/天贫困线标准			3.1美元/天贫困线标准		
	模型(8)	模型(9)	模型(10)	模型(8)	模型(9)	模型(10)
Difi	−0.1452*** (0.0065)	0.0014*** (0.0003)	−0.1406*** (0.0063)	−0.2263*** (0.0093)	0.0014*** (0.0003)	−0.2192*** (0.0091)
Psec			−3.1583*** (0.3127)			−4.9738*** (0.4610)
Gender	0.5369** (0.2578)	0.0105 (0.0121)	0.5701** (0.2542)	0.0461 (0.3622)	0.0105 (0.0121)	0.0983 (0.3559)
Age	0.5446*** (0.0150)	−0.0028*** (0.0006)	0.5356*** (0.0149)	0.6594*** (0.0192)	−0.0028*** (0.0006)	0.6452*** (0.0190)
Mar	−7.1375*** (0.3802)	0.0648*** (0.0154)	−6.9328*** (0.3743)	−7.8072*** (0.5255)	0.0648*** (0.0154)	−7.4848*** (0.5169)
Health	0.5893*** (0.1145)	0.0089* (0.0046)	0.6175*** (0.1132)	0.8133*** (0.1592)	0.0089* (0.0046)	0.8577*** (0.1569)
Politic	−4.7048*** (1.0141)	−0.0778** (0.0312)	−4.9506*** (1.0156)	−8.2151*** (1.4283)	−0.0778** (0.0312)	−8.6022*** (1.4285)
Medicare	−3.4715*** (0.4069)	−0.0123 (0.0191)	−3.5102*** (0.3973)	−4.1812*** (0.5749)	−0.0123 (0.0191)	−4.2422*** (0.5584)
Famsize	4.0287*** (0.0983)	0.0173*** (0.0040)	4.0833*** (0.0973)	5.8299*** (0.1333)	0.0173*** (0.0040)	5.9157*** (0.1325)
Undersix	0.9580*** (0.2696)	−0.0300*** (0.0098)	0.8632*** (0.2667)	0.4274 (0.3649)	−0.0300*** (0.0098)	0.2782 (0.3599)
Raise	0.9377*** (0.2864)	0.0025 (0.0104)	0.9455*** (0.2856)	2.5978*** (0.3825)	0.0025 (0.0104)	2.6101*** (0.3825)

续表5-10

变量	1.9美元/天贫困线标准			3.1美元/天贫困线标准		
	模型(8)	模型(9)	模型(10)	模型(8)	模型(9)	模型(10)
Workage	-0.0435** (0.0209)	0.0012 (0.0008)	-0.0399* (0.0207)	0.0579** (0.0284)	0.0012 (0.0008)	0.0637** (0.0281)
Malerate	0.2887 (0.5187)	0.0003 (0.0214)	0.2895 (0.5103)	1.4341* (0.7440)	0.0003 (0.0214)	1.4354** (0.7293)
不可识别检验	959.248 [0.0000]	959.248 [0.0000]	951.816 [0.0000]	959.248 [0.0000]	959.248 [0.0000]	951.816 [0.0000]
弱工具变量检验	2994.184 {16.38}	2994.184 {16.38}	2991.371 {16.38}	2994.184 {16.38}	2994.184 {16.38}	2991.371 {16.38}
样本量	3848	3848	3848	3848	3848	3848

注：*、**、***分别表示估计结果在10%、5%、1%的水平上显著，括号内为标准误。

从表5-10中的结果表明，无论是低水平贫困脆弱性还是高水平贫困脆弱性，三个模型中关键变量系数显著，工具变量合理有效，数字普惠金融对就业创业的估计系数显著为正，即数字普惠金融发展不仅为地区带来更多就业创业机会，而且能够给予贫困家庭的就业创业提供金融支持，增加家庭的可持续性收入。另外，数字普惠金融估计系数的绝对值在模型（10）中显著小于模型(8)，说明存在显著的部分中介效应，即数字普惠金融能够通过推动就业创业缓解贫困脆弱性的作用机制成立。

三、数字普惠金融发展拓宽投资增收渠道

数字普惠金融不仅能够缓解贫困家庭的信贷约束，为有就业创业需求的家庭提供有效的金融服务，而且能够拓宽贫困家庭的投资增收渠道。例如，购买银行理财产品、基金股票等，对提升家庭收入水平和降低贫困脆弱性产生积极影响。因此，本研究进一步选择家庭持有金融产品总价作为投资增收的代理变量进行中介效应估计（见表5-11）。

表5-11 投资增收机制的估计结果

变量	1.9美元/天贫困线标准			3.1美元/天贫困线标准		
	模型(8)	模型(9)	模型(10)	模型(8)	模型(9)	模型(10)
Difi	−0.1452*** (0.0065)	0.0405** (0.0197)	−0.1447*** (0.0065)	−0.2263*** (0.0093)	0.0405** (0.0197)	−0.2252*** (0.0093)
Income			−0.0112*** (0.0028)			−0.0282** (0.0119)
Gender	0.5369** (0.2578)	0.6997 (0.8435)	0.5447** (0.2577)	0.0461 (0.3622)	0.6997 (0.8435)	0.0659 (0.3615)
Age	0.5446*** (0.0150)	−0.0064 (0.0154)	0.5445*** (0.0150)	0.6594*** (0.0192)	−0.0064 (0.0154)	0.6592*** (0.0191)
Mar	−7.1375*** (0.3802)	1.1597** (0.5375)	−7.1246*** (0.3802)	−7.8072*** (0.5255)	1.1597** (0.5375)	−7.7745*** (0.5249)
Health	0.5893*** (0.1145)	−0.0206 (0.0728)	0.5891*** (0.1144)	0.8133*** (0.1592)	−0.0206 (0.0728)	0.8127*** (0.1590)
Politic	−4.7048*** (1.0141)	1.5263 (1.6212)	−4.6878*** (1.0133)	−8.2151*** (1.4283)	1.5263 (1.6212)	−8.1720*** (1.4221)
Medicare	−3.4715*** (0.4069)	0.5028 (0.5534)	−3.4659*** (0.4067)	−4.1812*** (0.5749)	0.5028 (0.5534)	−4.1670*** (0.5739)
Famsize	4.0287*** (0.0983)	−0.0523 (0.0781)	4.0282*** (0.0982)	5.8299*** (0.1333)	−0.0523 (0.0781)	5.8284*** (0.1330)
Undersix	0.9580*** (0.2696)	−0.6275** (0.2971)	0.9510*** (0.2697)	0.4274 (0.3649)	−0.6275** (0.2971)	0.4097 (0.3647)
Raise	0.9377*** (0.2864)	−0.2245 (0.4280)	0.9352*** (0.2864)	2.5978*** (0.3825)	−0.2245 (0.4280)	2.5915*** (0.3820)
Workage	−0.0435** (0.0209)	0.0054 (0.0348)	−0.0435** (0.0209)	0.0579** (0.0284)	0.0054 (0.0348)	0.0580** (0.0283)
Malerate	0.2887 (0.5187)	−1.4193 (1.9319)	0.2728 (0.5181)	1.4341* (0.7440)	−1.4193 (1.9319)	1.3940* (0.7422)

续表5-11

变量	1.9美元/天贫困线标准			3.1美元/天贫困线标准		
	模型(8)	模型(9)	模型(10)	模型(8)	模型(9)	模型(10)
不可识别检验	959.248 [0.0000]	959.248 [0.0000]	955.544 [0.0000]	959.248 [0.0000]	959.248 [0.0000]	955.544 [0.0000]
弱工具变量检验	2994.184 {16.38}	2994.184 {16.38}	2982.649 {16.38}	2994.184 {16.38}	2994.184 {16.38}	2982.649 {16.38}
样本量	3848	3848	3848	3848	3848	3848

注：*、**、***分别表示估计结果在10%、5%、1%的水平上显著，括号内为标准误。

从表5-11中的估计结果表明，无论是低水平贫困脆弱性还是高水平贫困脆弱性，主要变量的回归系数均显著，也都通过了不可识别检验和弱工具变量检验，数字普惠金融估计系数的绝对值在模型（10）中小于模型（8），即存在显著的部分中介效应。这说明数字普惠金融的发展不仅缓解了家庭的信贷约束，而且拓宽了贫困家庭的投资增收渠道，对缓解贫困脆弱性的作用机制也得到了证实。

/第六节/
本章小结

数字普惠金融作为金融发展的一种新业态，能否有效缓解贫困脆弱性？实现可持续性脱贫？本研究将《北京大学数字普惠金融指数》（2018）数据集中的数字普惠金融指数与中国家庭追踪调查（CFPS）2018年数据进行匹配，以预期贫困的脆弱性（*VEP*）方法测量居民家庭的贫困脆弱性，采用工具变量的Probit模型（Ivprobit）检验了数字普惠金融对居民家庭贫困脆弱性的影响效应及其作用机制。

研究发现：

一是，数字普惠金融因其独特的低成本和普惠性优势，能够给贫困弱势群体提供有效的金融服务，无论对家庭低水平还是高水平贫困脆弱性均有显著的减缓作用，而且对缓解高水平贫困脆弱性的效果更好，这一结论在控制了户主特征与家庭特征后依然成立，而且通过了变更核心解释变量和被解释变量后的稳健性检验。

二是，数字普惠金融覆盖广度、使用深度和数字化程度三个分维度指数对缓解贫困脆弱性存在显著的积极效应，但是作用力存在差异，即与数字普惠金融覆盖广度和使用深度相比，数字化程度对降低家庭贫困脆弱性发挥的效应更大。

三是，数字普惠金融对贫困脆弱性的影响存在显著的区域异质性和“门槛特征”。一方面，数字普惠金融能够显著减缓城市家庭的贫困脆弱性，但会显著增加农村家庭的贫困脆弱性；另一方面，数字普惠金融对减缓中、东部地区家庭的贫困脆弱性有显著作用，但会显著增加西部地区家庭贫困脆弱性。因此，数字普惠金融在欠发达区域还未完全实现其“普惠式”内涵。

四是，数字普惠金融不仅能够缓解贫困家庭的信贷约束，为有就业创业需求的家庭提供有效的金融服务，而且能够为贫困家庭提供更多的投资增收渠道，对提升家庭收入水平进而降低贫困脆弱性产生积极影响，这一结论在中介效应模型检验中得到证实。

本研究为中国数字普惠金融发展与贫困脆弱性的关系提供了翔实的经验性证据，对全面小康视域下缓解贫困脆弱性、优化相对贫困治理提供了有益思考。基于研究结论，本研究提出以下政策建议：

第一，全面小康视域下相对贫困治理必须更加关注家庭未来陷入贫困的可能性，尽可能避免已脱贫家庭因外部冲击返贫的现象。虽然已历史性解决了绝对贫困问题，但以贫困脆弱性为表征的相对贫困作为贫困治理的重点横亘眼前，本研究发现分城乡来看农村家庭面临的贫困脆弱性更高，分区域来看西部地区家庭的贫困脆弱性显著高于东中部地区，因而立足从脱贫攻坚向乡村振兴转型实践的视角，应该关注西部地区、农村地区的已脱贫家庭，探索可持续的脱贫道路，提升脱贫家庭的抗风险能力，巩固拓展脱贫攻坚成果。

第二，充分利用大数据、人工智能等新技术推动数字普惠金融发展。本研究结论是，数字普惠金融总体来看是能够显著缓解家庭贫困脆弱性的，因此，为了优化相对贫困治理，需要重视与推动数字普惠金融发展。一方面，要创新扶持政策体系，通过政策引领、设施推动、奖补辅助等方式，不断拓展数字普惠金融的覆盖广度，并且通过线上线下多种方式加大关于数字普惠金融产品、使用、优点等相关知识宣传，培植贫困家庭获取数字普惠金融服务的意识；另一方面，要加强对数字普惠金融市场的监管，及时采取风险专项整治，将伪装成数字普惠金融的“劣互联网金融”这类骗局剔除数字普惠金融市场，积极鼓励新数字技术的研究及应用，拓展延伸数字普惠金融低成本、广覆盖的优势，以便为可持续性脱贫继续发挥更大的作用。

第三，加大数字基础设施建设步伐，新增数字基础设施建设逐渐向农村和中西部欠发达地区倾斜，改善农村地区“上网贵、上网难、上网慢”的事实。本研究发现农村和西部地区数字普惠金融的发展反而会显著增加贫困脆弱性，可能的原因就是经济欠发达区域网络设施等不完善导致出现获得数字普惠金融的“门槛效应”，因此，要消除这种门槛效应，就要使得经济欠发达区域能够使用互联网，有使用网络获取数字普惠金融服务的意识。

第四，金融普惠工作的重点在于增加数字普惠金融的数字化程度。移动互联网络、云计算、移动数据等技术已经成为新一代的商业基础设施，但为了增加数字普惠金融的功能和服务，可以将区块链、生物识别等创新技术方式加快引入已有技术设施中，同时加快传统机构的数字化转型，以强大的技术实力和数据资源来降低服务成本和优化风险控制。

/ 第六章 /

市场化与巩固脱贫攻坚成果
——基于农户内生发展能力的视角

中国共产党始终坚守“消除贫困，改善民生，实现共同富裕”的初心和使命，领导中国人民持续向贫困宣战，走出了一条具有鲜明“中国特色”的减贫之路，在2020年历史性解决了困扰中华民族几千年的绝对贫困问题，推动减贫进入相对贫困治理新阶段，创造了人类减贫实践的伟大奇迹，书写了人类发展史上“最成功的脱贫故事”（张占斌，2020）。但这并不意味着贫困治理工作的终结，正如习近平强调的那样，“相对贫困、相对落后、相对差距将长期存在”，巩固脱贫攻坚成果也成为全面推进乡村振兴的前提和基础，实践行动面向必然由反贫困转向反脆弱性（唐文浩，2022）。

因此，全面建成小康社会的后扶贫时代研究市场化对巩固脱贫攻坚成果的影响效应和作用机制，对于缓解返贫风险、推进乡村振兴、实现共同富裕具有重要的时代价值和实际意义。中国长期减贫实践中形成了“党的领导、政府主导、全社会共同参与”的扶贫格局和制度体系，尤其是改革开放以来，政府主导的益贫式经济增长不仅大幅改善了贫困地区的基础设施条件，还为打赢大规模、有计划的脱贫攻坚战奠定了良好的物质基础（汪三贵、曾小溪，2018），有效降低了脱贫农户未来返贫的可能性。但巩固脱贫攻坚成果的核心在于培植贫困群众可持续的内生发展能力，而中国减贫实践通过嵌入科学适宜的市场化机制，把扶贫和扶志、扶智结合起来，赋能农户形成内生发展能力，引导贫困农户依靠勤劳双手和顽强意志摆脱贫困、共享全面小康。据统计，贫困地区农村居民可支配收入从2013年的6079元增长到2020年的12588元，年均增幅达到11.6%，其中工资性收入和经营性收入占比逐年上升，贫困群众内生发展能力不断提升（中华人民共和国国务院新闻办公室，2021）。

鉴于此，本研究将中国市场化指数（王小鲁等，2015）和中国家庭追踪调查（CFPS）数据进行匹配，基于贫困主体内生发展能力视角研究市场化对巩固脱贫攻坚成果的影响，即试图回答以下两个问题：一是中国市场化机制是否有利于巩固脱贫攻坚成果？也就是检验市场化帮扶机制是否有效？二是如果市场化能够巩固脱贫攻坚成果，那么，作用机制是什么？也就是检验市场化能否激发农户内生发展能力及形成巩固脱贫攻坚成果的持续效能？

/ 第一节 /
文献综述与问题提出

摆脱贫困作为人类社会发展的重点问题，历来备受各国政府和学者的关注，围绕贫困根源、贫困测度以及贫困治理等理论和实践问题进行了卓有成效的探索，形成一系列极富说服力的理论观点和政策主张（Sen，1976；黄承伟，2017）。在摆脱绝对贫困后，传统贫困度量方法无法对家庭未来贫困的变化趋势做出动态监测，不能体现出脱贫户在非贫困状态“待下去”或保持不返贫的能力（Ligon 等，2003）。

鉴于此，《世界发展报告（2000/2001）》提出“贫困脆弱性”这一概念，即“对冲击的复原性的测度——冲击造成未来福利下降的可能性”，以描述家庭或者个体未来陷入贫困的概率，克服了传统贫困测度方法的局限（檀学文、李成贵，2010），能够很好地度量脱贫质量和脱贫稳定性。此后，对发展中国家贫困脆弱性研究的文献不断涌现，比如，Chaudhuri 等（2002）提出贫困脆弱性是一段时期内个人或家庭陷入贫困的风险或概率；Jha 等（2010）采用塔吉克斯坦家庭层面的面板数据研究发现贫困脆弱性非常高，有超过半数的非贫困家庭在未来容易陷入贫困；万广华等（2014）则基于中国农户面板数据对贫困脆弱性进行分解，发现在短期和静态视角下贫困脆弱性主要由随机性因素决定，在长期和动态视角下则是结构性因素决定了农户陷入或者摆脱贫困的可能性。

中国在全面摆脱绝对贫困后如何缓解贫困脆弱性、巩固脱贫攻坚成果，防止出现规模性返贫，必须着眼于增强家庭或贫困个体的自生能力（张衔等，2022）。从财政视角来看，在中国特色社会主义贫困治理体系中，财政处于主导和主体地位，能够有效改善贫困地区的发展状况，带动贫困人口增收（邓金钱，2020），财政再分配政策显著降低了全国贫困广度、深度和强度（卢洪友、杜亦譞，2019；张楠等，2021）。然而，考虑到财政转移支付兼具“输血”和“造血”功能，其中“输血”功能可能会滋生懒惰和产生福利依赖，不能有效降低农户的贫困脆弱性和脱贫成果的巩固（孙伯驰、段志民，2020），但是财政教育政策可以有效降低农户子代未来陷入贫困的概率，能够缓解长期贫困脆弱性和巩固脱贫攻坚成果（解雨巷等，2019）。从金融视角来看，金融作为贫困治理的一类政策工具，是能够显著抑制贫困发生的（姬新龙，2020），而且随着普惠金融的快速发展和金融新业态的不断呈现，极大地改善了农村贫困家庭的金融可及性，能够有效降低农户贫困脆弱性和巩固脱贫攻坚成果（王修华等，2020）。另外，也有学者从贸易开放度（林文、邓明，2014）、易地搬迁（宁静等，2018）、劳动力流动（高若晨、李实，2018）以及土地流转（彭继权等，2019）等视角多维度探究了贫困脆弱性的影响因子。

政府制度性减贫固然重要，但市场化对巩固脱贫攻坚成果的作用不可忽视，“市场化改革能够显著降低贫困”这一结论已被越南的微观调查研究所证实（Liu A，2001）。在中国政府主导的市场化改革进程中，减贫工作也取得历史性成就，这主要得益于市场化改革所带来的益贫式经济增长（Kraay，2002），而且农户更多参与市场能够显著降低未来陷入贫困的概率，然而对于具有较少人力资本、较高人口负担的农户的影响存在非一致性（章元等，2009）。随着中国脱贫攻坚的深入和贫困对象的边缘化、个体化，贫困农户参与市场有利于优化生产要素配置，实现贫困户收入增加、减缓贫困和巩固脱贫攻坚成果（李飞、曾福生，2015）。但农户市场参与情况受参与能力和参与意愿的约束，不同地区不同市场参与程度可能造成贫困样态的差异，市场不仅排斥没有交易能力的人，也会挤出失去交易能力的人，因此，市场在消除贫困的同时可能会制造出新的贫困，即市场兼具反贫困功能与内贫困机制（桂华，2019），巩固脱贫攻坚成果必须帮助那些被“市场排斥”或“挤出”的农户进入市场，通过市场化机制对贫困家庭增能赋权，对形成农户可持续生计、缓解贫困脆弱性和巩固脱贫攻坚成果产生积极影响（高帅等，2020；朱方明、李静，2020）。

通过上述文献梳理不难发现，在摆脱贫困和巩固脱贫攻坚成果中引入市场机制和市场力量，是提高扶贫效率的有效途径（宫留记，2016）。然而值得关注的是，现有文献对市场化机制是否有利于巩固脱贫攻坚成果的讨论尚不充分，鲜有文献从贫困主体内生动力的视角系统研究市场化对巩固脱贫攻坚成果的影响问题。

鉴于此，本研究的边际贡献主要体现在以下两个方面：第一，本研究以消除绝对贫困为背景，以农户未来陷入贫困的概率，即农户贫困脆弱性为切入点，检验中国市场化机制在巩固脱贫攻坚成果领域的有效性，为全面理解“构建解决相对贫困的长效机制”提供新视角。第二，本研究将宏观数据和微观数据进行匹配，从微观视角探究市场化对巩固脱贫攻坚成果的影响，进而检验市场化对巩固脱贫攻坚成果的异质性特征和作用机理，为更好地巩固脱贫攻坚成果、实现共同富裕提供经验证据和政策启发。

/ 第二节 /
市场化影响巩固脱贫攻坚成果的理论分析

参考已有研究，本研究采用农户贫困脆弱性指标作为巩固脱贫攻坚成果的代理变量，脆弱性水平越低意味着脱贫攻坚成果巩固得越好。根据贫困脆弱性的定义，即一个家庭在一段时间内面对各种负向冲击造成福利损失的可能性，但在学术理论界通常用家庭可观察的消费支出或收入水平界定福利水平，加之巩固脱贫攻坚成果的重点在于增强家庭或贫困个体的可持续脱贫的内生动力，这种内生动力可通过农户的市场化收入来进行计算。因此，可将衡量巩固脱贫攻坚成果的贫困脆弱性定义为农户收入的函数：

$$V_{h,t} = F(I_{h,t+1}), F' < 0 \tag{1}$$

其中，V表示家庭h在t时期的贫困脆弱性，I为家庭h在t+1时期收入的现值，$F' < 0$表示农户贫困脆弱性与家庭收入（可持续脱贫的内生发展能力）负相关。为便于分析市场化减贫对农户贫困脆弱性的决定过程，借鉴章元等（2009）的思路，建立农户生产决策最优规划模型。

假定农户收入来源包括农业部门的经营性收入和非农部门的工资性收入，而且这两种收入均通过市场取得，农户拥有1单位的劳动时间L和内生发展能力H（包括人力资本），劳动时间可在农业部门和非农业部门之间自由进行分配，用L_1和L_2分别表示配置到农业部门和非农业部门两个部门的时间，且$1-L_1-L_2\geqslant 0$。

假设农户在t时期拥有一定数量的农业生产资料和流动资金K_1投入农业生产，另外，农业也可把K_1以θ的价格出租出去，则农户从事农业生产的Cobb-Douglass生产函数如下：

$$AG=(HL_1)^{\alpha}K_1^{\beta} \tag{2}$$

其中，$0<\alpha<1$，$0<\beta<1$，$0<2\alpha+\beta<1$，即农业生产规模报酬递减。由于农产品市场接近完全竞争市场，也就是单个农户仅仅是农产品价格的被动接受者，可假定农产品价格为1。

同样，假设农户在t时期在非农业部门从事非农业生产，则农户从事非农业生产的Cobb-Douglass生产函数如下：

$$IN=(HL_2)^{\lambda}K_2^{\gamma} \tag{3}$$

其中，K_2表示农户被工业部门雇佣时使用的非农资本，$0<\lambda<1$，$0<\gamma<1$，$2\lambda+\gamma=1$，即非农部门生产规模报酬不变，那么，农户从事非农生产的工资收入为：

$$Wage=2\lambda(HL_2)^{\lambda}K_2^{1-2\lambda} \tag{4}$$

公式（4）表明农户从事非农生产所得报酬等于农户劳动力和人力资本在非农生产部门的贡献。根据已有研究，可假设农户从事非农生产的边际报酬高于从事农业生产的边际报酬，即$\lambda>\alpha$。综上，不难得到农户的收入函数为：

$$I=AG+Wage=(HL_1)^{\alpha}K_1^{\beta}+2\lambda(HL_2)^{\lambda}K_2^{1-2\lambda}-\theta(K_1-1) \tag{5}$$

根据农户面临的约束条件，即通过配置劳动在农业部门和非农部门间的比例实现收入最大化，得到农户的最优规划函数：

$$\max U=(HL_1)^{\alpha}K_1^{\beta}+2\lambda(HL_2)^{\lambda}K_2^{1-2\lambda} \tag{6}$$

$$\text{s.t. } 1\geqslant L_1+L_2 \tag{7}$$

根据约束条件构造拉格朗日函数：

$$R(L_1,L_2,\varepsilon)=(HL_1)^{\alpha}K_1^{\beta}+2\lambda(HL_2)^{\lambda}K_2^{1-2\lambda}-\varepsilon(1-L_1-L_2) \tag{8}$$

求解得一阶条件：

$$\frac{\mathrm{d}R(L_1,L_2,\varepsilon)}{\mathrm{d}L_1}=\alpha(L_1)^{\alpha-1}K_1^{\beta}H^{\alpha}-\varepsilon \tag{9}$$

$$\frac{\mathrm{d}R(L_1,L_2,\varepsilon)}{\mathrm{d}L_2}=2\lambda^2(L_2)^{\lambda-1}K_2^{1-2\lambda}H^{\lambda}-\varepsilon \tag{10}$$

令一阶条件等于零，可得：

$$L_1=\varepsilon^{1/(\alpha-1)}\alpha^{-1/(\alpha-1)}K_1^{-\beta/(\alpha-1)}H^{-\alpha/(\alpha-1)} \tag{11}$$

$$L_2=2^{-1/(\lambda-1)}\varepsilon^{1/(\lambda-1)}\lambda^{-2/(\lambda-1)}K_2^{-(1-2\lambda)/(\lambda-1)}H^{-\lambda/(\lambda-1)} \tag{12}$$

另外，可假定农户将自己从事农业生产的一部分产品进行自我消费，比例记为s，$0\leqslant s\leqslant 1$，把$1-s$部分用于市场售卖，则农户的市场参与方程M可表达为：

$$M=1-\frac{s\cdot AG}{AG+Wage}=1-\frac{s\cdot(HL_1)^{\alpha}K_1^{\beta}}{(HL_1)^{\alpha}K_1^{\beta}+2\lambda(HL_2)^{\lambda}K_2^{1-2\lambda}} \tag{13}$$

把式（11）、（12）带入市场参与方程式（13），可得：

$$M=1-\frac{s}{1+\eta(K_1)^{-\beta/(1-\alpha)}(K_2)^{(1-2\lambda)/(1-\lambda)}(H)^{\lambda/(1-\lambda)-\alpha/(1-\alpha)}} \tag{14}$$

其中，$\eta=2^{2\lambda/(1-\lambda)}\lambda^{(1+\lambda)/(1-\lambda)}\alpha^{-\alpha/(1-\alpha)}\varepsilon^{-\lambda/(1-\alpha)-\alpha/(1-\alpha)}$。根据阿玛蒂亚·森的贫困理论，农户陷入贫困的根本原因是能力的剥夺，而农户持续贫困的关键因素就是应对家庭未来负向冲击等风险能力的匮乏（Barrientos，2007）。在中国减贫实践中，市场化机制以规避贫困家庭“等靠要”的思想，提升贫困农户的内生发展能力和形成可持续生计为主要目标，激励贫困家庭通过辛勤劳动和参与市场，提高家庭收入水平并应对未来风险冲击的能力，即内生发展能力H。因此，根据式（14）可求得：

$$\frac{\mathrm{d}M}{\mathrm{d}H}=\frac{s\cdot\left[\lambda/(1-\lambda)-\alpha/(1-\alpha)\right]H^{\lambda/(1-\lambda)-\alpha/(1-\alpha)-1}}{\left[1+\eta(K_1)^{-\beta/(1-\alpha)}(K_2)^{(1-2\lambda)/(1-\lambda)}(H)^{\lambda/(1-\lambda)-\alpha/(1-\alpha)}\right]^2} \tag{15}$$

由于 $0<\alpha<1$，$0<\lambda<1$，$\lambda>\alpha$，可得 $\lambda/(1-\lambda)-\alpha/(1-\alpha)>0$，因而得到:

$$\frac{\mathrm{d}M}{\mathrm{d}H}=\frac{s\cdot\left[\lambda/(1-\lambda)-\alpha/(1-\alpha)\right]H^{\lambda/(1-\lambda)-\alpha/(1-\alpha)-1}}{\left[1+\eta(K_1)^{-\beta/(1-\alpha)}(K_2)^{(1-2\lambda)/(1-\lambda)}(H)^{\lambda/(1-\lambda)-\alpha/(1-\alpha)}\right]^2}>0 \tag{16}$$

式（16）表明在农户实现收入最大化的条件下，市场化机制能够有效赋能农户的内生动力，有利于巩固脱贫攻坚成果。同时根据 $F'<0$，$\mathrm{d}I/\mathrm{d}H>0$，不难发现市场化减贫机制能够激励农户不断提升内生发展能力和家庭收入水平，对缓解农户贫困脆弱性、巩固脱贫攻坚成果产生积极影响。上述结果对于理解市场化减贫决定巩固脱贫攻坚成果的过程提供了基础。

下面，本研究将中国市场化指数和中国家庭追踪调查（CFPS）数据进行匹配，以家庭为单位构造面板数据，实证考察市场化对巩固脱贫攻坚成果的影响效应及其作用机制。

/ 第三节 /
巩固脱贫攻坚成果——农户贫困脆弱性及其测度分析

随着反贫困理论的不断拓展，由未来家庭收入不确定性和风险冲击导致的贫困脆弱性问题进入减贫研究视域（Morduch J，1994），也成为衡量脱贫质量或脱贫稳定性的主要指标（贺立龙等，2022）。《世界发展报告（2000/2001）》中，把贫困脆弱性明确为家庭遭受冲击造成未来福利下降的可能性，并逐渐成为当前发展经济学中的一个重要热点话题（蒋丽丽，2017）。

然而，学术理论界关于贫困脆弱性的定义却并未形成共识，典型的有期望效用的脆弱性（*VEU*）测量方法、期望贫困的脆弱性（*VEP*）测量方法和风险暴露的脆弱性（*VER*）测量方法（黄承伟等，2010），其中，*VEP* 和 *VEU* 考虑的是冲击带来的未来福利下降，是事前预测指标，而 *VER* 评价的是冲击带来的实际福利下降，是事后判断指标。相比较而言，期望贫困的脆弱性（*VEP*）测量方法兼具家庭异质性和贫困动态性的优势特征，备受研究者的青睐（万广华、章元，2009）。因此，本研究选择*VEP*方法测度贫困脆弱性，作为巩固脱贫攻坚成果的代理变量。将家庭h在t时期贫困脆弱性定义为该家庭在t+1时期收入水平低于贫困线的概率（Chaudhuri等，2002）。

$$Vul_{h,t} = Porb(\ln c_{h,t+1} < poor) \tag{17}$$

其中，$Vul_{h,t}$表示农户h在时期t的贫困脆弱性，$c_{h,t+1}$表示农户h在t+1时期的人均消费支出，$poor$表示贫困线。鉴于本研究以农户为研究对象，与城镇家庭相比更偏向于低收入群体，因此，参照已有研究，假设农户消费支出服从对数正态分布，同时为减少异方差带来的估计误差，借鉴Takeshi（1977）提出的三阶段可行广义最小二乘法（Feasible Generalized Least Squares，FGLS）来计算贫困脆弱性，具体操作步骤如下：

第一步，估计农户消费支出方程。根据*VEP*的定义，h家庭在t时期的消费支出函数可以由一组家庭特征变量$X_{h,t}$来表示：

$$\ln c_{h,t} = X_{h,t}\beta + \varepsilon_h \tag{18}$$

其中，$X_{h,t}$是一系列影响农户家庭消费支出的户主特征和家庭特征两组变量。户主特征包括年龄、性别、婚姻状况、受教育年限、工作状态，家庭特征包括人均家庭纯收入、家庭规模以及家庭所属区域虚拟变量，使用OLS回归估计式（18），得到残差平方，建立下式：

$$\varepsilon_h^2 = X_{h,t}\rho + \mu_h \tag{19}$$

第二步，使用第一步得到的拟合值，构建权重进行FGLS估计，得到估计值$\hat{\beta}_{\mathrm{FGLS}}$和$\hat{\rho}_{\mathrm{FGLS}}$，并代回式（18）、（19），得到未来对数消费的期望值$\hat{E}(\ln c_{h,t} | X_{h,t})$及其方差$\hat{V}(\ln c_{h,t} | X_{h,t})$，即：

$$\hat{E}(\ln c_{h,t} | X_{h,t}) = \mathrm{X}_{h,t}\hat{\beta}_{\mathrm{FGLS}} \tag{20}$$

$$\hat{V}(\ln c_{h,t} | X_{h,t}) = \mathrm{X}_{h,t}\hat{\rho}_{\mathrm{FGLS}} \tag{21}$$

第三步，选择贫困线，计算家庭h在t时期的贫困脆弱性$Vul_{h,t}$，即：

$$Vul_{h,t} = \varphi(\frac{\ln poor_t - \hat{E}(\ln c_{h,t} | X_{h,t})}{\sqrt{\hat{V}(\ln c_{h,t} | X_{h,t})}}) \tag{22}$$

根据世界银行人均日消费低于1.9美元的极端贫困线和人均日消费低于3.1美元的中等偏低贫困线标准，考虑到微观调查数据中消费指标比收入指标能更准确地反映家庭的福利状况（Ferreira等，2016），本研究参照已有研究将使用人均日消费1.9美元和3.1美元作为消费指标测算贫困脆弱性，并通过购买力平价（Purchase Power Parity，PPP）与消费者价格指数调整转化为人民币指标。关于脆弱线标准比较常见的是根据50%的概率值，即认为当某个家庭未来陷入贫困的概率大于50%时，这个家庭就具有贫困脆弱性，但是这种脆弱线标准只能识别出长期贫困的家庭，而把暂时性贫困家庭遗漏在外（Ward，2016）。

因此，有学者通过设定某家庭在未来两年内可能陷入贫困，采用经过时间期限折算的29%的概率值作为脆弱线（Isabel等，2009），本研究将继续沿用这一做法，选择中国家庭追踪调查（CFPS）2010、2012、2014、2016、2018年数据，根据家庭编号构造平衡面板数据，在剔除主要变量缺失的样本后得到有效样本968个，累计5年观测值4840个，计算结果见表6-1。

表6-1　2010—2018年农户贫困脆弱性动态趋势

	2010年	2012年	2014年	2016年	2018年
1.9美元/天贫困线(%)	16.95	8.78	9.59	8.74	6.47
3.1美元/天贫困线(%)	37.56	24.36	25.32	22.29	18.27
样本量(个)	968	968	968	968	968

从表6-1中不难看出，2010—2018年中国农户贫困脆弱性总体呈下降趋势，以1.9美元/贫困线标准测算的贫困脆弱性从2010年的16.95%下降到2018年的6.47%，年均下降7.73%，以3.1美元/贫困线标准测算的贫困脆弱性从2010年的37.56%下降到2018年的18.27%，年均下降6.42%。表明从2010年以来，农户的贫困脆弱性逐年缓解，受外部冲击而陷入贫困的可能性下降，家庭内部应对风险的能力得到提高，脱贫攻坚成果得到有效巩固和拓展。

/第四节/
实证策略与数据说明

一、基准模型——市场化与巩固脱贫攻坚成果

根据上述理论分析和本研究目的，以家庭贫困脆弱性为巩固脱贫攻坚成果的代理变量，该家庭所面对的市场化指数为核心解释变量构建估计模型。为了降低模型异方差等因素的干扰，获得更精准的参数估计值，必须尽量控制影响巩固脱贫攻坚成果的其他相关变量，设计实证模型如下：

$$Vul_{ht} = \beta_0 + \beta_1 mk_{ht} + \sum_{j=1} \lambda_j X_{hjt} + \varepsilon \tag{23}$$

其中，Vul_{ht}表示农户h在时期t的贫困脆弱性，mk表示市场化指数，h表示农户，t表示时间，β_0为截距项，β_1为市场化程度对农户贫困脆弱性的影响参数，X_{hjt}为一系列控制变量：包括家庭规模（*fam*）、户主工作状态（*wok*）、户主受教育年限（*edu*）、户主婚姻状况（*mar*）、户主年龄（*age*）、户主性别（*gen*），ε表示与时间、个体无关的残差项。

二、机制检验——基于内生发展能力的中介效应检验

考虑到市场化机制可以激励农户不断提升内生发展能力，对巩固脱贫攻坚成果产生积极影响，其中，农户的收入水平能够很好地表征其内生发展能力，即收入水平越高的家庭能够拥有更多的人力资本、金融资本、物质资本等，这大大提升了农户形成可持续生计的可能性。因此，本部分以农户收入中与市场化相关度比较高的经营性收入和工资性收入作为中介变量，采用中介效应模型验证市场化对巩固脱贫攻坚成果的影响机制。构建如下模型：

$$\begin{cases} 步骤一: Vul_{ht} = \alpha_0 + \alpha_1 mk_{ht} + \sum_{j=1} \lambda_j X_{hjt} + \varepsilon \\ 步骤二: wi_{ht} oroi_{ht} = \alpha_3 + \alpha_4 mk_{ht} + \sum_{j=1} \lambda_j X_{hjt} + \varepsilon \\ 步骤三: Vul_{ht} = \alpha_5 + \alpha_6 mk_{ht} + \alpha_7 wi_{ht} oroi_{ht} + \sum_{j=1} \lambda_j X_{hjt} + \varepsilon \end{cases} \tag{24}$$

其中，wi_{ht}和oi_{ht}分别表示农户工资性收入和经营性收入，其他变量名称与模型（23）相同。模型（24）中，系数α_1为市场化水平对巩固脱贫攻坚成果的总效应；系数α_4为市场化水平对农户工资性收入或者经营性收入的影响效应；系数α_6为控制了工资性收入或经营性收入的影响后，市场化对巩固脱贫攻坚成果的直接效应；α_7为控制了市场化水平的影响后，工资性收入或经营性收入对巩固脱贫攻坚成果的影响效应。倘若α_4和α_7均具有统计显著性，则表明中介效应成立，即市场化能够赋能农户形成内生发展能力，提升家庭收入水平，实现脱贫攻坚成果的巩固和拓展，也就是影响机制成立。

三、指标与数据

（一）被解释变量

根据前文的分析，本研究选择使用*VEP*方法测度农户贫困脆弱性，作为巩固脱贫攻坚成果的代理变量进行基准回归分析，并采用设定脆弱线的方式将贫困脆弱性转变为二值变量进行稳健性检验，数据来源于中国家庭追踪调查（CFPS）数据库，在剔除主要变量缺失的样本后。总共包含968个家庭2010、2012、2014、2016、2018年五个年度共计4840个观测值，变量名称记为*Vul*。

（二）核心解释变量

中国市场化发展具有典型的“政府主导”特征，在检验市场化对农户贫困脆弱性的影响中测算农户所在区域的市场化水平是比较难的。考虑到中国区域市场分割主要在省级层面（邓明，2014），为便于分析，可假定地理位置上位于同一省份的家庭，其面临的市场化程度是相同的，这样就可将中国分省市场化指数与各个家庭所在省份进行匹配。该指数从五个角度衡量了中国各地的市场化水平，包括非国有经济的发展程度、政府与市场关系、要素市场发育程度、产品市场发育程度以及中介组织发育与相关法律，已被研究者广泛使用（吕朝凤、朱丹丹，2016）。为与中国家庭追踪调查（CFPS）的数据进行匹配，选取2010、2012、2014、2016、2018年共计五年的市场化指数作为市场化的代理变量，变量名称记为*mk*。

（三）其他控制变量

本研究分析影响农户贫困脆弱性和巩固脱贫攻坚成果的因素包括户主自身特征及家庭特征。由于本研究使用数据来源于2010—2018年中国家庭追踪调查（CFPS）数据，其对于"家庭"的定义是从成员间的经济依赖性出发，因此，本研究使用家庭的财务管理人作为该家庭的户主，以财务管理人的特征来描述家庭的户主特征。考虑到数据的完整性与可得性，选择的控制变量及其基本的统计描述见表6-2。

表6-2 控制变量定义说明

变量	变量名称	变量说明	平均值	最小值	最大值
fam	家庭规模	家庭中的人数	3.6229	1.000	13.000
work	户主工作状态	截至调查年份，户主的工作状态虚拟变量：在业=1，其余为0	0.7236	0.000	1.000
edu	户主受教育年限	将学历转化为最高受教育年限	5.2979	0.000	19.000
mar	户主婚姻状况	虚拟变量：已婚=1，其他=0	0.9093	0.000	1.000
age	户主年龄	调查年份减去户主出生年份	52.2221	17.000	88.000
gen	户主性别	虚拟变量：女=0，男=1	0.5349	0.000	1.000

/第五节/
实证结果及分析

一、基准回归

本研究的基准估计采用不同的估计方法，从全样本层面考察市场化对巩固脱贫攻坚成果的影响效应。首先，在不考虑内生性的条件下，对模型（23）进行普通OLS估计、面板随机效应（Random Effect，RE）估计和面板固定效应（Fixed Effect，FE）估计，同时进行1.9美元/天贫困线和3.1美元/天贫困线两个标准贫困脆弱性的估计，均采用以农户为聚类变量的聚类稳健标准误，估计结果见表6-3。

表6-3　基准回归——市场化与贫困脆弱性

变量	1.9美元/天贫困线标准			3.1美元/天贫困线标准		
	OLS	RE	FE	OLS	RE	FE
mk	−0.0083*** (−10.95)	−0.0083*** (−10.75)	−0.0637*** (−23.71)	−0.0182*** (−9.63)	−0.0297*** (−14.32)	−0.1220*** (−24.36)
fam	0.0226*** (26.00)	0.0226*** (36.70)	0.0206*** (20.06)	0.0470*** (25.7)	0.0465*** (26.81)	0.0460*** (26.72)
work	−0.0164*** (−6.32)	−0.0164*** (−7.15)	−0.0069** (−2.24)	−0.0281*** (−5.14)	−0.0293*** (−5.30)	−0.0070 (−1.18)
edu	−0.0027*** (−11.21)	−0.0027*** (−10.89)	−0.0015*** (−5.70)	−0.0044*** (−7.81)	−0.0036*** (−6.94)	−0.0032*** (−5.98)
mar	−0.0199*** (−5.16)	−0.0199*** (−5.63)	−0.0238*** (−4.28)	−0.0296*** (−4.11)	−0.0245*** (−3.35)	−0.0290*** (−2.94)
age	0.0011*** (11.45)	0.0011*** (11.99)	0.0013*** (7.01)	0.0017*** (8.69)	0.0018*** (8.57)	0.0027*** (7.39)
gen	0.0279*** (13.36)	0.0279*** (13.60)	0.0214*** (7.71)	0.0500*** (10.5)	0.0534*** (11.34)	0.0345*** (6.69)
常数项	0.0436*** (5.07)	0.0436*** (5.17)	0.3871*** (22.78)	0.1547*** (8.49)	0.2184*** (11.11)	0.7556*** (24.08)
R^2	0.2857	0.2847	0.1008	0.2737	0.2654	0.1163
N	4840	4840	4840	4840	4840	4840

注：1.括号内为t统计量。

2.*、**、***分别表示估计结果在10%、5%、1%的水平上显著，括号内为标准误。

从表6-3中的估计结果表明，不管是采用1.9美元/天贫困线还是采用3.1美元/天贫困线测算贫困脆弱性，核心解释变量市场化对巩固脱贫攻坚成果的影响系数均显著为负，即市场化发展能够显著降低农户贫困脆弱性，巩固脱贫攻坚成果。

可能的原因在于，市场化发展能够驱动减贫和帮扶机制不断优化，激励农户不断提升减贫的内生动力，形成可持续生计，对巩固脱贫攻坚成果产生积极影响。以面板固定效应（FE）模型的两个估计结果为例，市场化对农户低水平贫困脆弱性（1.9美元/天贫困线标准）的估计系数为-0.0637，即市场化指数每提升1%，农户的脆弱性将会显著降低6.37%；而市场化对农户高水平贫困脆弱性（3.1美元/天贫困线标准）的估计系数为-0.1220，即市场化指数每提升1%，农户的脆弱性将会显著降低12.20%，可见高水平脆弱性（3.1美元/天贫困线标准）估计系数绝对值明显高于低水平脆弱性（1.9美元/天贫困线标准）的估计系数绝对值，这表明市场化对缓解低水平和高水平农户贫困脆弱性均有积极效应，有利于巩固拓展脱贫攻坚成果，而且这种影响在高水平脆弱性上表现得更好。

此外，家庭规模对巩固脱贫攻坚成果的估计系数均显著为正，即家庭成员越多的农户，贫困脆弱性程度越高，巩固脱贫攻坚成果的难度越大，这是因为成员越多的家庭往往老人和小孩占比较高，也就越容易遭受未来负向冲击，从而加剧了巩固脱贫攻坚成果的难度。户主工作状态对巩固脱贫攻坚成果的估计系数显著为负，表明户主在业工作能够有效巩固脱贫攻坚成果，原因在于户主工作不仅能够直接增加家庭的收入水平，而且能够形成可持续生计进而缓解贫困脆弱性，提升脱贫稳定性。户主受教育水平对巩固脱贫攻坚成果的估计系数显著为负，表明户主人力资本水平的提升不仅有助于缓解农户贫困脆弱性，实现脱贫攻坚成果的巩固和拓展，而且能够有效降低贫困代际传递的可能性。户主婚姻状况对巩固脱贫攻坚成果的估计系数显著为负，即户主已婚能够有效降低农户贫困脆弱性，表明户主的婚姻赋予户主更多的家庭责任，激励其不断改善家庭发展能力来缓解贫困脆弱性，巩固脱贫攻坚成果。户主年龄对贫困脆弱性的估计系数显著为正，表明户主年龄越高的家庭，贫困脆弱性也越高，巩固脱贫攻坚成果的难度也越大，可能的原因在于高龄户主更偏好“安于现状”，内生发展动力不足。户主性别对巩固脱贫攻坚成果的估计系数也显著为正，表明男性户主的家庭具有更高的贫困脆弱性，这虽与常识相反，但也具有一定的道理，即与男性偏好“闯”相比，女性更偏好“稳”，因此，“女性当家”自然面临的负向冲击就比“男性当家”少，上述结论也就不难理解了。

二、内生性检验

基准估计可能会因变量间的反向因果、遗漏变量和测量误差等内生性问题导致估计结果出现偏误，本研究被解释变量巩固脱贫攻坚成果反映的是家庭未来面临负向冲击陷入贫困的可能性，而市场化指数则反映的是农户所在区域的市场发展状况，这两个不同时点上变量间的估计有助于缓解反向因果造成的内生性问题。但是遗漏变量和测量误差导致的内生性问题仍可能存在，比如可能遗漏影响巩固脱贫攻坚成果的其他因子以及偏好等不可观测因素的干扰。

因此，本研究采用考虑巩固脱贫攻坚成果动态特征和市场化影响滞后性特征的估计解决可能存在的内生性问题，即把被解释变量贫困脆弱性的一阶滞后项纳入核心解释变量进行动态估计，为便于比较，同时给出差分-广义矩估计（Difference Generalized Method of Moments，DIF-GMM）和系统-广义矩估计（System Generalized Method of Moments，SYS-GMM）的估计结果（表6-4）。可见两种标准贫困脆弱性一阶滞后项的估计系数均显著为正，而且高水平贫困脆弱性（3.1美元/天贫困线标准）的估计系数明显大于低水平贫困脆弱性（1.9美元/天贫困线标准）的估计系数，表明巩固脱贫攻坚成果存在显著的正向路径依赖，而且这种依赖效应在高水平贫困脆弱性（3.1美元/天贫困线标准）表现得更高。核心解释变量市场化对两种标准贫困脆弱性的估计系数均显著为负，同样，高水平贫困脆弱性（3.1/美元天贫困线标准）的估计系数明显大于低水平贫困脆弱性（1.9美元/天贫困线标准）的估计系数，这与基准估计结果相一致，表明考虑巩固脱贫攻坚成果动态特征和市场化影响的滞后性特征的内生性问题后，基准估计结果依然是可靠的。

表6-4　内生性检验——考虑贫困脆弱性动态特征和市场化影响的滞后性特征

变量	1.9美元/天贫困线标准		3.1美元/天贫困线标准	
	DIF-GMM	SYS-GMM	DIF-GMM	SYS-GMM
L.Vul	0.0951*** (5.49)	0.0917*** (6.27)	0.2340*** (10.02)	0.1660*** (8.12)
mk	−0.0211*** (−6.34)	−0.0275*** (−10.07)	−0.0352*** (−5.01)	−0.0380*** (−6.04)

续表6-4

变量	1.9美元/天贫困线标准		3.1美元/天贫困线标准	
	DIF-GMM	SYS-GMM	DIF-GMM	SYS-GMM
fam	0.0192*** (16.95)	0.0199*** (19.30)	0.0433*** (19.96)	0.0423*** (21.72)
work	0.0134*** (4.78)	0.0136*** (4.92)	0.0278*** (4.68)	0.0278*** (5.00)
edu	−0.0007*** (−3.60)	−0.0008*** (−3.92)	−0.0026*** (−5.19)	−0.0025*** (−5.42)
mar	−0.0187*** (−2.85)	−0.0287*** (−4.64)	−0.0304** (−2.40)	−0.0292** (−2.51)
age	0.0015*** (8.13)	0.0020*** (11.62)	0.0037*** (9.90)	0.0035*** (10.39)
gen	0.0036 (1.35)	0.0034 (1.29)	0.0055 (1.02)	0.0054 (1.08)
常数项	0.0656*** (2.73)	0.0919*** (4.51)	0.0466 (0.91)	0.0935* (1.93)
观测值	2904	3872	2904	3872

注：1.括号内为t统计量。

2.*、**、***分别表示估计结果在10%、5%、1%的水平上显著，括号内为标准误。

三、稳健性检验

基准估计结果可能因变量选择偏差和样本选择偏误的影响而偏离真实状况，为进一步考察基准估计结果的稳健性，本研究分别采取替换核心解释变量、替换被解释变量等方法进行稳健性检验。

首先，把核心解释变量市场化指数取对数进行估计，结果见表6-5第（1）、（4）列，不难看出，市场化指数取对数后对巩固脱贫攻坚成果的估计系数均显著为负，而且高水平脆弱性的估计系数绝对值显著大于低水平脆弱性的估计系数绝对值，即市场化发展能够显著缓解农户贫困脆弱性和巩固脱贫攻坚成果，这种缓解效应对高水平贫困脆弱性的影响更大，结论与基准估计结果相一致。

其次，采用非国有企业职工与国有企业职工人数之比（*sor*）作为市场化指数的代理变量进行估计，结果见表5第（2）、（5）列，发现替换市场化的指标后，对巩固脱贫攻坚成果的估计系数均显著为负。

同样，高水平脆弱性的估计系数绝对值显著大于低水平脆弱性的估计系数绝对值，这与基准估计结果相一致。再次，改变贫困脆弱性的测度方法，根据脆弱性指数以是否具有贫困脆弱性设置成0和1二值变量，采用Logit模型进行估计，结果见表6-5第（3）、（6）列。同样，市场化对巩固脱贫攻坚成果的估计系数均显著为负，高水平脆弱性的估计系数绝对值显著大于低水平脆弱性的估计系数绝对值，这进一步强化了本研究结论。

表6-5 稳健性检验

变量	1.9美元/天贫困线标准			3.1美元/天贫困线标准		
	（1）	（2）	（3）	（4）	（5）	（6）
mk			−0.0031* （−1.76）			−0.0506*** （−9.98）
lnmk	−0.3779*** （−24.07）			−0.7283*** （−24.61）		
sor		−0.0201*** （−25.39）			−0.0406*** （−25.69）	
fam	0.0212** （20.52）	0.0203*** （19.29）	0.0201*** （14.17）	0.0470*** （26.92）	0.0454*** （25.77）	0.1115*** （33.32）
work	−0.0068** （−2.19）	−0.0093*** （−2.88）	−0.0390*** （−7.68）	−0.0066 （−1.10）	−0.0100 （−1.64）	−0.0557*** （−4.02）
edu	−0.0015*** （−5.69）	−0.0031*** （−10.89）	−0.0018*** （−3.14）	−0.0032*** （−5.98）	−0.0065*** （−11.62）	−0.0100*** （−6.49）
mar	−0.0230*** （−4.09）	−0.0244*** （−4.33）	−0.0046 （−0.56）	−0.0276*** （−2.75）	−0.0320*** （−3.17）	−0.0958*** （−4.41）
age	0.0013*** （7.22）	0.0011*** （6.06）	0.0006*** （3.02）	0.0028*** （7.59）	0.0024*** （6.83）	0.0040*** （7.05）

续表6–5

变量	1.9美元/天贫困线标准			3.1美元/天贫困线标准		
	（1）	（2）	（3）	（4）	（5）	（6）
gen	0.0214*** （7.63）	0.0304*** （10.93）	0.0498*** （7.78）	0.0343*** （6.60）	0.0509*** （9.83）	0.1249*** （9.97）
常数项	0.6696*** （22.38）	0.1934*** （14.00）		1.3048*** （25.36）	0.4040*** （16.54）	
R^2	0.1276	0.1062		0.1424	0.1078	
N	4840	4840	4840	4840	4840	4840

注：1.括号内为t统计量。

2.*、**、***分别表示估计结果在10%、5%、1%的水平上显著，括号内为标准误。

四、异质性分析

为了进一步加深对市场化与巩固脱贫攻坚成果之间关系的认识，本研究进一步从区域异质性、经济发展水平异质性两个视角考察市场化影响巩固脱贫攻坚成果的边界条件。

（一）区域异质性

在计算贫困脆弱性的过程中发现，来自西部地区的样本数量较少，因此，区域异质性的分析将样本划分为东部和中西部两个子样本，其中，东部地区样本624户，中西部地区样本344户（见表6–6）。东部地区农户低水平贫困脆弱性指数从2010年的17.67下降到2018年的5.99，下降66.10%；高水平贫困脆弱性指数则从2010年的37.95下降到2018年的19.68，下降48.14%。中西部地区农户低水平贫困脆弱性从2010年的15.63下降到2018年的7.34，下降53.04%；高水平贫困脆弱性则从2010年的36.86下降到2018年的20.62，下降44.06%。

表6-6　2010—2018年中国农户贫困脆弱性变化差异

	样本	2010年	2012年	2014年	2016年	2018年
1.9美元/天贫困线标准	东部	17.67	10.11	8.91	8.05	5.99
	中西部	15.63	6.4	10.83	9.98	7.34
3.1美元/天贫困线标准	东部	37.95	27.13	23.42	20.73	16.98
	中西部	36.86	19.41	28.78	25.11	20.62
1.9美元/天贫困线标准	发达	22.64	12.31	8.42	7.54	5.15
	欠发达	16.09	8.25	9.77	8.93	6.67
3.1美元/天贫困线标准	发达	46.43	31.78	21.61	18.95	14.57
	欠发达	36.23	23.24	25.88	22.79	18.84

从表6-6中可以看出，农户贫困脆弱性的下降趋势在区域间均成立，即所有区域的脱贫攻坚成果均得到巩固和拓展，而且这种效应在东部样本中表现得更大。另外，除2010、2012年东部区域农户贫困脆弱性高于中西部区域外，2014—2018年均为中西部区域农户贫困脆弱性高于东部区域，说明东部家庭内生抵御外部冲击能力的优势更加明显。因此，本研究将增加区域虚拟变量（G）进行异质性估计，估计结果见表6-7第（1）、（2）、（5）、（6）列，发现市场化发展有利于巩固脱贫攻坚成果这一结论在东部样本和中西部样本中均得到证实，但影响效应的大小受区域禀赋条件的影响而存在显著的区域异质性，即市场化对巩固脱贫攻坚成果的积极效应，东部样本大于中西部样本，高水平贫困脆弱性的缓解效应大于低水平贫困脆弱性。

（二）经济发展水平异质性

考虑到市场化对巩固脱贫攻坚成果的影响也可能会因经济发展水平而存在差异，本研究进一步根据分省人均GDP的平均值将总样本划分为发达地区和欠发达地区，即将位于人均GDP高于平均值省份的农户划分为发达地区样本，将位于人均GDP低于平均值省份的农户划分为欠发达地区样本，得到发达地区样本128户，欠发达地区样本840户。发达地区农户低水平贫困脆弱性指数从2010年的22.64下降到2018年的5.15，下降77.25%；高水平贫困脆弱性指数则从2010年的46.43下降到2018年的14.57，下降68.62%。欠发达地区农户低水平贫困脆弱性指数从2010年的16.09下降到2018年的6.67，下降58.55%；高水平贫困脆弱性指数则从2010年的36.23下降到2018年的18.84，下降48.00%。

不难发现，农户贫困脆弱性的下降趋势和脱贫攻坚成果的巩固拓展在发达地区和欠发达地区均成立，而且下降幅度在发达地区表现得更大。同样，本研究将增加经济发展水平虚拟变量（*G*）进行异质性估计，估计结果见表6-7第（3）、（4）、（7）、（8）列，即市场化发展有利于巩固脱贫攻坚成果这一结论在发达地区和欠发达地区的估计中同样得到证实，但影响效应在欠发达地区发挥得更充分。这一结论的启示是，构建缓解贫困脆弱性和巩固脱贫攻坚成果必须充分发挥市场化的功能机制，进一步深化经济体制改革，加快中西部等欠发达地区的市场化发展进程，为巩固脱贫攻坚成果、全面推进乡村振兴培育新动能。

表6-7　异质性检验

变量	1.9美元/天贫困线标准				3.1美元/天贫困线标准			
	（1）	（2）	（3）	（4）	（5）	（6）	（7）	（8）
	东部	中西部	发达	欠发达	东部	中西部	发达	欠发达
*mk*G*	−0.0481***	−0.0248***	−0.0497***	−0.0589***	−0.0897***	−0.0510***	−0.0919***	−0.1144***
	(−7.05)	(−5.40)	(−4.07)	(−15.87)	(−7.46)	(−5.29)	(−4.52)	(−15.12)
fam	0.0198***	0.0203***	0.0193***	0.0214***	0.0445***	0.0454***	0.0435***	0.0475***
	(19.30)	(18.79)	(17.91)	(20.69)	(25.02)	(23.71)	(23.36)	(26.25)
work	−0.0142***	−0.0230***	−0.0229***	−0.0102***	−0.0214***	−0.0376***	−0.0377***	−0.0128**
	(−4.11)	(−6.61)	(−6.76)	(−3.08)	(−3.26)	(−5.71)	(−5.88)	(−2.01)
edu	−0.0013***	−0.0009***	−0.0010***	−0.0014***	−0.0026***	−0.0020***	−0.0020***	−0.0029***
	(−4.43)	(−3.06)	(−3.16)	(−4.97)	(−4.69)	(−3.36)	(−3.46)	(−5.25)
mar	−0.0128*	−0.0085	−0.0111*	−0.0154**	−0.0075	−0.0002	−0.0043	−0.0131
	(−1.82)	(−1.28)	(−1.67)	(−2.44)	(−0.59)	(−0.01)	(−0.36)	(−1.10)
age	0.0008***	0.0007***	0.0005**	0.0012***	0.0017***	0.0015***	0.0012***	0.0026***
	(3.81)	(2.96)	(2.31)	(6.46)	(4.27)	(3.46)	(2.79)	(6.87)

续表6-7

变量	1.9美元/天贫困线标准				3.1美元/天贫困线标准			
	(1)	(2)	(3)	(4)	(5)	(6)	(7)	(8)
	东部	中西部	发达	欠发达	东部	中西部	发达	欠发达
gen	0.0306***	0.0362***	0.0367***	0.0251***	0.0526***	0.0626***	0.0641***	0.0413***
	(9.92)	(11.90)	(12.24)	(8.51)	(9.06)	(10.85)	(11.18)	(7.50)
常数项	0.2109***	0.0509***	0.0752***	0.2788***	0.4083***	0.1180***	0.1538***	0.5560***
	(6.98)	(3.45)	(4.17)	(12.31)	(7.64)	(4.00)	(4.86)	(12.64)
R^2	0.0183	0.0708	0.0076	0.0645	0.0323	0.0576	0.0163	0.0557
N	4840	4840	4840	4840	4840	4840	4840	4840

注：1.括号内为t统计量。

2.*、**、***分别表示估计结果在10%、5%、1%的水平上显著，括号内为标准误。

五、机制检验——基于贫困主体内生动力的中介效应检验

为进一步从农户内生动力的视角识别市场化对巩固脱贫攻坚成果的影响机制，本研究以模型（24）为基础，以农户收入中与市场化相关度比较高的经营性收入和工资性收入作为中介变量，为避免异方差性，把两种收入均取对数进入估计模型，并采用stata的中介效应命令sgmediation进行回归，估计结果见表6-8。其中，步骤一的估计结果与基准估计结果保持一致；在步骤二中，市场化对工资性收入的估计系数为0.2906，对经营性收入的估计系数为0.1329，且均通过统计显著性检验，即市场化发展能够有效提升农户的工资性收入和经营性收入水平，而且这种增收效应在工资性收入上表现得更高；在步骤三中，市场化水平、工资性收入、经营性收入对巩固脱贫攻坚成果的估计系数均显著为负，则表明中介效应成立，即市场化能够赋能农户形成内生发展能力，提升家庭工资性收入和经营性收入水平，赋能脱贫攻坚成果的巩固拓展。

表6-8 机制检验——基于农户内生发展能力

被解释变量	步骤一		步骤二		步骤三			
	贫困脆弱性(1.9美元/天)	贫困脆弱性(3.1美元/天)	工资性收入(wi)	经营性收入(oi)	贫困脆弱性(1.9美元/天)	贫困脆弱性(3.1美元/天)	贫困脆弱性(1.9美元/天)	贫困脆弱性(3.1美元/天)
mk	-0.0083*** (-10.74)	-0.0182*** (-11.55)	0.2906*** (6.01)	0.1329*** (2.79)	-0.0072*** (-9.55)	-0.0163*** (-10.54)	-0.0079*** (-15.28)	-0.0174*** (-11.21)
wi					-0.0038*** (-17.00)	-0.0063*** (-13.80)		
oi							-0.0035*** (-10.35)	-0.0058*** (-12.53)
fam	0.0226*** (36.67)	0.0470*** (37.64)	0.8730*** (22.76)	0.4561*** (12.07)	0.0259*** (41.16)	0.0525*** (40.76)	0.0242*** (39.59)	0.0497*** (39.81)
$work$	-0.0164*** (-7.14)	-0.0281*** (-6.06)	0.3893*** (2.73)	2.3549*** (16.74)	-0.0149*** (-6.68)	-0.0257*** (-5.63)	-0.0081*** (-3.50)	-0.0142*** (-3.02)
edu	-0.0027*** (-10.88)	-0.0044*** (-8.71)	0.0420*** (2.7)	-0.0079 (-0.52)	-0.0026*** (-10.54)	-0.0041*** (-8.34)	-0.0028*** (-11.27)	-0.0045*** (-8.95)
mar	-0.0199*** (-5.63)	-0.0296*** (-4.12)	0.3920* (1.78)	0.1181 (0.54)	-0.0184*** (-5.36)	-0.0271*** (-3.85)	-0.0197*** (-5.68)	-0.0292*** (-4.12)
age	0.0011*** (11.98)	0.0017*** (9.17)	-0.0570*** (-9.83)	0.0106* (1.86)	0.0010*** (9.83)	0.0014*** (7.32)	0.0012*** (12.67)	0.0018*** (9.63)
gen	0.0279*** (13.59)	0.0500*** (11.99)	-0.2168* (-1.69)	-0.8289*** (-6.57)	0.0271*** (13.57)	0.0486*** (11.88)	0.0251*** (12.41)	0.0452*** (10.94)
常数项	0.0436*** (5.17)	0.1547*** (9.05)	4.3011*** (8.19)	-0.3309 (-0.64)	0.0600*** (7.28)	0.1820*** (10.78)	0.0425*** (5.15)	0.1529*** (9.08)
R^2	0.2857	0.2737	0.1573	0.0944	0.3260	0.3013	0.3189	0.2967
N	4840	4840	4840	4840	4840	4840	4840	4840

注：1.括号内为t统计量。

2.*、**、***分别表示估计结果在10%、5%、1%的水平上显著，括号内为标准误。

具体来看，以1.9美元/天贫困线标准计算的巩固脱贫攻坚成果（低水平贫困脆弱性）中，工资性收入中介效应检验的*Sobel*统计量为-5.67，伴随概率为0.0000，表明中介效应成立，其中，总效应中，中介效应占比13.31%，即市场化发展有利于巩固脱贫攻坚成果（低水平贫困脆弱性）的总效应中，有13.31%是通过增加工资性收入这一中介机制实现的；以3.1美元/天贫困线标准计算的巩固脱贫攻坚成果（高水平贫困脆弱性）中，工资性收入中介效应检验的*Sobel*统计量为-5.51，伴随概率为0.0000，表明中介效应成立，其中，总效应中，中介效应占比10.14%。以1.9美元/天贫困线标准计算巩固脱贫攻坚成果（低水平贫困脆弱性）中，经营性收入中介效应检验的*Sobel*统计量为-2.75，伴随概率为0.0060，表明中介效应成立，其中，总效应中，中介效应占比5.60%；以3.1美元/天贫困线标准计算的巩固脱贫攻坚成果（高水平贫困脆弱性）中，工资性收入中介效应检验的*Sobel*统计量为-2.73，伴随概率为0.0064，表明中介效应成立，其中，总效应中，中介效应占比4.30%。

可见，作用机制检验表明市场化能够激励农户提升内生发展能力，通过增加工资性收入和经营性收入缓解贫困脆弱性，有利于巩固脱贫攻坚成果，而且工资性收入的中介效应大于经营性收入的中介效应。这一结论的启示是，构建缓解贫困脆弱性、巩固脱贫攻坚成果的长效机制应该充分发挥市场的功能，拓宽农村居民的就业渠道，实现农户家庭工资性收入的超常规增长。

/ 第六节 /
本章小结

2020年，中国历史性解决了困扰中华民族几千年的绝对贫困问题，推动减贫进入巩固拓展脱贫攻坚成果的后扶贫时代，实践行动必然由反贫困转向反脆弱性。鉴于此，本研究立足中国“扶贫和扶志、扶智相结合”的特征事实，采用中国家庭追踪调查（CFPS）数据，以居民家庭贫困脆弱性作为巩固脱贫攻坚成果的代理变量，并将其与中国市场化指数进行匹配构建面板数据，从农户内生发展能力视角识别和检验市场化影响巩固脱贫攻坚成果的作用机制和经验证据。

研究发现：一是，不论是1.9美元/天标准的低水平贫困脆弱性还是3.1美元/天标准的贫困脆弱性，市场化的估计系数均显著为负，即市场化发展能够驱动减贫机制不断优化，激励农户不断提升减贫的内生发展能力，对缓解农户贫困脆弱性、巩固脱贫攻坚成果均有积极效应，而且对缓解高水平农户贫困脆弱性的效果更好，这一结论在考虑动态特征的内生性检验和多重稳健性检验后依然成立。二是，市场化对巩固脱贫攻坚成果的影响因区域禀赋和经济发展水平而存在显著的异质性特征，即市场化发展有利于巩固脱贫攻坚成果这一结论在东部样本和中西部样本、发达地区和欠发达地区的估计中均得到证实，但市场化对脱贫攻坚成果的巩固效应在东部样本和欠发达地区样本中发挥得更充分。三是，以农户工资性收入和经营性收入为内生发展能力代理变量的中介效应检验表明作用机制成立，即市场化能够赋能农户形成内生发展能力，提升家庭工资性收入和经营性收入水平进而缓解贫困脆弱性，巩固脱贫攻坚成果，而且工资性收入的中介效应大于经营性收入的中介效应。

本研究为中国市场化发展与巩固脱贫攻坚成果的关系提供了翔实的经验性证据，对实现共同富裕视域下缓解农户贫困脆弱性、巩固脱贫攻坚成果提供了有益思考。基于上述研究结论，从中国深化市场经济体制改革、巩固脱贫攻坚成果和全面推进乡村振兴的实践出发，提出以下政策启示：

第一，共同富裕视域下巩固脱贫攻坚成果需更加关注农户的贫困脆弱性问题，尽可能提升农户的内生发展能力，降低农户因受外部负向冲击而陷入贫困的可能性，尤其应立足共同富裕的本质要求，聚焦中西部地区、欠发达地区的脆弱性农户，充分发挥市场化机制在巩固脱贫攻坚成果中的作用，有效赋能脆弱性家庭形成可持续生计，巩固拓展脱贫攻坚成果。

第二，深化经济体制改革，提升农户参与市场的能力和水平。一方面，不断创新市场政策体系，通过顶层设计、政策引领、设施推动等方式优化市场环境，加快中西部地区、欠发达地区的市场化进程，构建城乡统一的市场化体系，为农户提供公平的市场机会；另一方面，要充分利用数字经济时代的新优势赋能农户提升内生发展能力，以市场需求为导向优化农户的培训方式和课程体系，在做好线下专项培训、专题培训、技术培训的同时充分利用线上培训平台开展“新农人”培训，拓展延伸农户技能培训的深度和广度，提升农户参与市场的能力和水平，以便为巩固脱贫攻坚成果继续发挥更大的贡献。

第三，以市场为导向深化农业供给侧结构性改革，借助数字经济和现代物流优势完善农产品市场贸易体系，采用线上线下相结合的方式推动农产品营销方式创新，拓宽农产品的价值实现渠道，激励农户不断创新农业生产经营方式，提升农户经营性收入水平和内生发展能力，形成可持续生计。第四，不断完善城乡一体的劳动力市场体系，结合农户发展实际和群体特征，利用“互联网+”、大数据、云计算等方式推动农村三产融合，不断加快新就业岗位创造，给农户提供更加充分的劳动就业信息，消除劳动力市场对农户的就业歧视，帮助农户顺利实现剩余劳动力的非农化就业，提高农户的工资性收入水平和内生发展能力，进而巩固拓展脱贫攻坚成果，推动农户在共同富裕的道路上取得实实在在的进展。

/ 第七章 /

农村新型集体经济赋能脱贫户生计转型——优势、机制与进路*

治国之道，富民为始。中国在历史性解决绝对贫困问题之后，巩固拓展脱贫攻坚成果的关键在于推动脱贫户生计从外力帮扶框架中提升自生发展能力（王建洪等，2020），实现脱贫户生计从“生存型”向“发展型”、从“单一型”向“多元型”的双重转型。农村新型集体经济不仅是政府组织产业扶贫、产业振兴的重要载体，也是贫困地区摆脱贫困走向共同富裕的重要内生性力量（丁忠兵，2020）。

2018年《中共中央 国务院关于打赢脱贫攻坚战三年行动的指导意见》就指出“制定实施贫困地区集体经济薄弱村发展提升计划，通过盘活集体资源、入股或参股、量化资产收益等渠道增加集体经济收入”，同样，在《乡村振兴战略规划（2018—2022年）》中也提出“发展新型农村集体经济”，《中华人民共和国国民经济和社会发展第十四个五年规划和2035年远景目标纲要》进一步提出“深化农村集体产权制度改革，完善产权权能，将经营性资产量化到集体经济组织成员，发展壮大新型农村集体经济”。从实践维度来看，贵州塘约村“再集体化”（张慧鹏，2017）、山东烟台“党支部领办合作社”（陈义媛，2020）等集体经济发展实践表明，农村新型集体经济已成为巩固拓展脱贫攻坚成果、全面推进乡村振兴的重要“抓手”，也成为习近平总书记“发展新型集体经济，走共同富裕道路”的生动注脚。

但不可否认这样一个事实，即农村新型集体经济赋能脱贫户生计转型虽然

* 本章核心部分载于《中国人口·资源与环境》，2023年第2期，第143-152页。

已被部分村域的发展所证实，然而在全国来看，尚未形成良好的发展格局。因此，在学理上厘清农村新型集体经济赋能脱贫户生计转型的内在机理，在实践上阐明农村新型集体经济赋能脱贫户生计转型的具体进路，具有重要的理论价值和实践意义。

/ 第一节 /
文献综述与问题提出

农村新型集体经济作为社会主义生产关系在中国农村的具体实践形态，其发展遵循了马克思主义集体所有制下“合作生产”的理论思想，是消除绝对贫困和推动脱贫户生计转型的强大动力，也是脱贫户走共同富裕道路的物质保障（习近平，2018）。因此，本研究的文献综述将从脱贫户生计转型、农村新型集体经济发展及其功能的研究展开，明晰本研究的创新之处。

一、关于脱贫户生计及其转型研究

生计作为“一种生活的手段或方式”，20世纪80年代被引入贫困治理领域（Chambers等，1992），“解决贫困人口生计”被联合国环境和发展大会作为消除贫困的主要目标，英国国际发展署提出的可持续生计分析框架被广泛应用于农村贫困治理领域，在解决农村贫困问题时开始关注生计问题（DID，1999）。以阿玛蒂亚·森为代表的能力贫困理论把“贫困”定义为社会生存、适应及发展能力的低下，因而实现贫困户的可持续稳固脱贫，就应该提高贫困户的可持续发展能力，这种能力亦称为“可行能力”，构成可持续生计分析框架的核心范畴（李明月、陈凯，2020）。根据这一框架，农户会根据自然环境与社会政策、家庭生计资本的变化对生计进行调整，表现为重新组合生计资本或者重新选择生计活动（Tsvegemed M等，2018；孙晗霖等，2019）。

因此，贫困户生计并没有一种固定的模式，而且总是根据生计资本、生态环境、社会政策的变化处于不断的调适过程之中，这种调试和转变的过程就是贫困户生计转型的过程（王娟等，2014）。在中国历史性解决绝对贫困问题之后，脱贫户面临的生计五边形（物质、人力、自然、社会、金融）空间向外扩张，工资性收入和经营性收入占比逐年上升，脱贫户自生发展能力稳步提高（中华人民共和国国务院新闻办公室，2021）。新时期巩固拓展脱贫攻坚成果应以促进包括脱贫户在内的全体农村居民的生计转型为根本导向，即推动脱贫户从外力帮扶框架中提升自生发展能力，实现生计向“发展型”和“多元型”转型（汪三贵、胡骏，2020；陆远权、刘姜，2020）。

二、关于农村新型集体经济发展及其功能研究

在马克思、恩格斯看来，消灭雇佣劳动制度和生产资料私有制，建立“一个集体的、以生产资料公有为基础的社会”[①]，是无产阶级彻底摆脱贫困的根本出路，“在这种社会制度下，一切生活必需品都将生产得很多，使每一个社会成员都能够完全自由地发展和发挥他的全部力量和才能”[②]。

遵循这一理论思想，农村集体经济成为中国共产党在农村工作中的立基之石（耿羽，2019），早在1931年就提出发展“农村集体经济”[③]，社会主义革命和建设时期经历了农业生产合作社和人民公社的发展探索，形成“三级所有、队为基础”的基本制度框架，进入改革开放和社会主义现代化建设新时期，逐步形成“家庭承包经营为基础、统分结合的双层经营体制”，探索出农村集体经济的多种有效实现形式（高鸣、芦千文，2019）。中国特色社会主义进入新时代以来，越来越多的农村走向新型集体经济的道路，但这并不是“走回头路”，而是土地集体所有制基础上的“再合作”，不仅符合生产力的发展要求，而且适应社会主义市场经济体制（张弛，2020），实现了“党的领导、共同富裕、农村土地集体所有制”的有机融合，破解了农户“动力”与“能力”的矛盾和农村经营“统”“分”困局，与赋能脱贫户生计转型、全面推进乡村振兴和实现共同富裕具有显著的契合性。加之农村新型集体经济作为内生于乡村社会“公有制”形式的经济组织，具有合作传统、组织基础和治理优势（孔祥智，2021），能够

① 中共中央 马克思 恩格斯 列宁 斯大林 著作编译局：《马克思恩格斯文集》（第3卷），人民出版社，2009，第433页。

② 中共中央 马克思 恩格斯 列宁 斯大林 著作编译局：《马克思恩格斯文集》（第1卷），人民出版社，2012，第302页。

③ 中共中央文献研究室：《建党以来重要文献选编（一九二一—一九四九）》（第八册），中央文献出版社，2011，第664页。

把包括贫困户在内的广大农户组织起来，让脱贫户有能力参与市场活动和对接国家资源，并将其内化为自我发展能力，赋能脱贫户生计转型（徐凤增等，2021）。

综上所述，在全面摆脱绝对贫困之后，推动脱贫户生计转型应纳入乡村振兴的总体框架，发展新型集体经济，走共同富裕道路（崔超，2021）。与已有文献相比，本研究具有以下两点边际贡献：一是，回归后脱贫时代巩固拓展脱贫攻坚成果这一现实问题，构建“赋权—增能—包容”的分析框架识别农村新型集体经济赋能脱贫户生计转型的内在机制，以期丰富农村新型集体经济和巩固拓展脱贫攻坚成果的研究视域。二是，农村新型集体经济能够把脱贫户组织起来对接“大国家”和“大市场”，形成自生发展能力，推动脱贫户生计转型，本研究将在实践上阐明农村新型集体经济赋能脱贫户生计转型的具体进路，为更好地发展农村新型集体经济、赋能脱贫户生计转型提供镜鉴参考。

/ 第二节 /
后脱贫时代脱贫户生计转型的特征事实

自中华人民共和国成立以来，贫困户的生计随着经济社会发展实践和扶贫政策框架的变化而变化，从决胜脱贫攻坚到全面建成小康社会，“精准脱贫户”面临的生计资本和政策框架发生了根本性的变化，脱贫户生计逐渐从以务农为主的“单一型”生计向以拥有抗风险冲击能力的“多元型”生计转型，从以解决温饱为核心的“生存型”生计向以实现可持续稳固脱贫的“发展型”生计转型。

一、从“单一型”生计向“多元型”生计转型

土地自古以来就是农户维持生计的基础和第一就业空间，中华人民共和国成立后，党和人民政府围绕农户的贫困问题，在全国开展轰轰烈烈的土地改革，全国无地或少地的3亿农民共分得约7亿亩土地（王小林，2019），1958年1月出台的《中华人民共和国户口登记条例》，明确将城乡居民区分为“农

业户口”和“非农业户口”，严格限制人口自由流动，广大农户被限制在土地上，绝大多数贫困户生计是以务农为主的“单一型”生计。改革开放后，随着乡镇企业的异军突起和规模庞大的民工潮的逐渐兴起，非农产业逐渐成为包括贫困户在内的广大农户的第二就业和增收空间，贫困户生计也逐渐从传统纯农业生产型向农业生产为主型、非农活动为主型转变（杨伦等，2019）。

在全面建成小康社会后，脱贫户面临的生计资本和制度环境发生了根本性的变化，乡村产业振兴和三产融合步伐不断加快，依托农业景观、乡村文化和生态环境，发展特色产业、乡村旅游、休闲农业等已成为主流趋势，脱贫户生计从以务农为主的“单一型”生计向以拥有抗风险冲击能力的“多元型”生计转型也成为必然趋势。

二、从“生存型”生计向“发展型”生计转型

贫困户在不同阶段面对的现实需求是不同维度、不同层面的。改革开放初期，面临吃不饱饭、经济低效、发展缓慢的实际，贫困户生计以解决温饱、维持基本生存为主要目标，伴随着经济高速增长和大规模开发式扶贫，贫困户生计也开始摆脱以解决温饱为核心的“生存型”生计，持续30年的“1978年贫困线标准”是按1978年价格每人100元为贫困线确定低水平的温饱型贫困标准，直到2008年以2000年价格每人865元为贫困线确定基本满足温饱的贫困标准（鲜祖德等，2016）。

党的十八大以来，提出决胜脱贫攻坚和全面建成小康社会，所有脱贫户完整达到了“两不愁三保障”的脱贫目标，极大拓展了生计资本边界，其中乡村基础设施建设和脱贫户住房安全拓展了物质资本的边界条件，教育扶贫提升了脱贫户的人力资本水平并阻断了贫困代际传递的可能，“两山论”的实践和生态扶贫拓展了脱贫户的财富边界，衔接脱贫攻坚与乡村振兴的制度框架改变了脱贫户面临的社会环境，普惠金融的发展拓展了脱贫户的信贷可及性。因此，后脱贫时代脱贫户面临的是容易返贫的脆弱性问题和发展不平衡不充分的相对贫困问题，生计也由以解决温饱的“生存型”生计向以实现可持续稳固脱贫的“发展型”生计转型。

/ 第三节 /
农村新型集体经济赋能脱贫户生计转型的新优势

脱贫户是通过打赢脱贫攻坚战达到“两不愁三保障”的脱贫目标，家庭年人均纯收入超过了当地农民的贫困线识别标准，实现“精准退出”的原贫困户，但如何让脱贫基础更加稳固、成效更可持续，必须完整解决好“扶上马送一程”中“送一程”的问题。农村集体经济作为在党的集中统一领导下建立的、以实现共同富裕为根本价值导向、集体成员通过合作与联合实现共同发展的一种经济形态，能够通过“再合作”的发展包容性把脱贫户组织起来对接“大国家”和“大市场”，对接“大国家”能够实现国家资源和政策的精准对接，并将其内化为自生发展能力；对接“大市场”能够提升脱贫户市场参与能力和水平，形成可持续生计。因此，发展壮大农村新型集体经济不仅是历史性解决绝对贫困的重要经验，而且在赋能脱贫户生计转型、全面推进乡村振兴中具有独特优势。

一、组织脱贫户对接“大国家”

中华人民共和国成立后，经过土地改革和农业合作化运动，依托生产大队、人民公社等把广大农户组织起来，不仅巩固了党和国家在农村工作的基础，而且极大地降低了国家与农户之间的交易成本，改善了农户的生产经营条件。改革开放后，家庭联产承包责任制的实施让农业生产重新回到小农户的组织形式，但没能很好地解决农业生产“统”的问题，农村经营陷入“统”“分”困局（李天姿、王宏波，2019）。在贫困地区，部分农村基层党组织软弱涣散，村民自治组织有名无实，所谓的集体经济组织早已名存实亡。

进入新世纪以来，党和国家推动的农业专业合作组织等新型农业经营主体的发展并未实现与小农户的有机融合，大量分散的脱贫户不仅无法表达自己的实际需求，也无力融入政府组织的大项目中，难以对接“大国家”（贺雪峰，2019）。加之绝大多数新型农业经营主体被大户和精英控制，成为套取国家补贴的假合作组织，导致分散的脱贫户难以对接国家巨大的扶贫资源，而且扶贫资源配置的“精英俘获”现象加剧了农村社会的分化（邢成举、李小云，2013）。

农村新型集体经济能够依托自身的组织基础和治理优势，把分散的脱贫户和一般农户组织起来，把分裂的农村社会重新整合起来，以合作与联合再造村社共同体对接国家资源和政策，实现组织再造基础上的赋权增能，可以有效解决“大国家”与“小脱贫户”之间交易成本过高和资源供需不匹配的问题，提高国家向农村转移资源的利用效率。党的十八大以来，中央财政专项扶贫资金投入从2013年的381亿元增加到2020年的1465亿元，累计达6600亿元，而且同期各级财政专项扶贫资金累计投入高达15980亿元，为打赢脱贫攻坚战、彻底消除农村绝对贫困提供了基础性支撑，但也导致农村形成巨大的扶贫资金资产存量，加之“脱贫不脱钩、脱贫不脱政策、脱贫不脱帮扶”的政策要求和乡村振兴战略的有序推进，国家将继续向农村转移大量资源。

以陕西临潼区为例，2021年全区投入各级财政衔接资金5715万元，采取“龙头企业+集体经济+产业+脱贫户”的模式发展壮大农村新型集体经济，19个脱贫村年经济收入全部超过5万元，带动脱贫户5395户。可见，在后脱贫时代用好这些资源的关键在于发挥基层党组织强有力的组织带动作用，发展壮大农村新型集体经济，把广大脱贫户组织起来对接国家资源和政策，并将其内化为自我发展能力，才能实现脱贫户生计转型，更好地“送一程”。

二、组织脱贫户对接“大市场”

根据马克思主义经典作家的理论，小农户作为“小块土地的所有者或租佃者——尤其是所有者，这块土地既不大于他以自己全家的力量通常所能耕种的限度，也不小于足以让他养家糊口的限度”[①]。在生产方式选择上，小农生产“既排斥生产资料的积聚，也排斥协作，排斥同一生产过程内部的分工，排斥对自然的社会统治和社会调节，排斥社会生产力的自由发展”[②]，这就决定了小农生产与先进的生产力无法相融，也直接导致农户陷入贫困。因此，传统小农生产的未来出路在于合作化，即在尊重小农意愿的前提下，通过示范和提供社会

① 中共中央 马克思 恩格斯 列宁 斯大林 著作编译局：《马克思恩格斯选集》（第4卷），人民出版社，2012，第358页。

② 中共中央 马克思 恩格斯 列宁 斯大林 著作编译局：《马克思恩格斯选集》（第2卷），人民出版社，2012，第298页。

帮助的方式改造传统小农。然而在脱贫攻坚之初，中国大多数贫困村的集体经济陷入空壳化，集体经济收入几乎为零，经过打赢脱贫攻坚战的部署和努力，2020年全国贫困村的村均集体经济收入超过12万元，集体经济实现了从无到有、从有到强的跨越式发展，极大地增强了村级组织自我保障和服务群众的能力。

在历史性消除绝对贫困后，推动脱贫户生计转型应纳入乡村振兴的整体框架，围绕“农业农村现代化”的现实要求和“大国小农”的国情、农情，充分发挥农村新型集体经济的组织和动员能力，通过“劳动联合”或“财产联合”，把脱贫户完整纳入集体经济的发展轨道，从而形成农业生产的组织化、规模化和机械化，这不仅符合农业产业结构升级和社会主义市场经济的发展要求，也实现了组织脱贫户对接“大市场”的要求，使得脱贫户在市场中的生存力和竞争力有效提升。

另外，农村新型集体经济的可持续发展能够为村级组织的正常运转和激活乡村沉睡资源提供物质保障，基层党组织、村委会（居委会）能够为脱贫户的生产生活提供更好的服务，进一步激发了脱贫户参与基层治理的积极性、主动性、创造性，也为提高村集体的组织和动员能力创造了优势条件。在曾深度贫困的新疆沙雅县，通过土地整理增厚集体经济“家底”，2020年，19个村、6253户拿到分红收入200.51万元，其中奥图拉库勒达西村通过土地平整新增3500亩耕地，集体经济“家底”达到230多万元，除改善居住生活环境等，还用到支持发展果树、蔬菜、花卉等高附加值农业经营中，带动脱贫户增收。可见，农村新型集体经济作为中国特色农业现代化的重要载体，能够组织脱贫户进行现代化的农业生产对接“大市场”，提升脱贫户参与市场的能力和水平，并将其内化为自我发展能力，实现生计转型。

/ 第四节 /

农村新型集体经济赋能脱贫户生计转型的内在机制

农村新型集体经济是在农村土地集体所有制基础上通过财产联合或者劳动联合，实现“再合作”的经济形态，能够把脱贫户组织起来对接“大国家”和

“大市场”，并嵌入科学适宜的自生发展能力培育机制，形成“赋权—增能—包容”的治贫框架，这不仅是中国消除绝对贫困的历史经验，也是后脱贫时代推动脱贫户生计转型、巩固拓展脱贫攻坚成果的必然选择（罗必良等，2021）。因此，从“赋权—增能—包容”的分析框架出发，识别农村新型集体经济赋能脱贫户生计转型的内在机制，对于更好地发展农村新型集体经济、推动脱贫户生计转型意义重大。

一、赋权——分享收益扶持脱贫户

传统的贫困理论谱系把贫困问题单纯理解为经济问题，强调收入平等对贫困治理的极端重要性。马克思主义政治经济学认为，在资本主义“资本雇佣劳动”的生产方式下，“劳动所生产的对象，即劳动的产品，作为一种异己的存在物，作为不依赖于生产者的力量，同劳动相对立”[①]。无产阶级作为物质产品的生产者，却被剥夺了物质产品的占有支配权，所有的产品都归资本家占有和支配，这样，“劳动为富人生产了奇迹般的东西，但是为工人生产了赤贫。劳动生产了宫殿，但是给工人生产了棚舍”[②]，可见，资本主义社会无产阶级贫困化的根源在于生产资料私有制及其衍生权利的缺失。阿玛蒂亚·森在《贫困与饥荒——论权力与剥夺》一书中明确指出贫困、饥饿以及社会不平等的根源在于“权力的丧失和剥夺”，即经济衰退和物资匮乏并不构成贫困产生的全部原因，在“食物生产富足”的经济繁荣时期，也可能存在因权利分配不均而引发严重的“饥荒”问题。因此，贫困治理必须赋予并保护人们的权利，在追求经济增长的同时重视权利的合理分配。

比如，湖北省京山市城畈村作为股份权能改革试点村，2016年开始推动集体资产股份权能改造，综合评估发现集体经营性资产达到1.57亿元，确定集体经济组织成员1815名，通过以户籍人口设置基本股、以家庭劳动耕种年限时长设置劳龄股，进一步考虑到集体经济发展、脱贫户等特殊人群的利益诉求，增设集体股、特殊股和贡献股，配置股份49116.5股，保障脱贫户能够从集体经营

① 中共中央 马克思 恩格斯 列宁 斯大林 著作编译局：《马克思恩格斯选集》（第3卷），人民出版社，2002，第267页。

② 中共中央 马克思 恩格斯 列宁 斯大林 著作编译局：《马克思恩格斯选集》（第3卷），人民出版社，2002，第269页。

性资产收入中分得红利（杨磊、王俞霏，2020）。

在巩固拓展脱贫攻坚成果的后脱贫时代，脱贫户对以土地为载体的集体资产的功能诉求已不再局限于保障生存，而是希望获得更多的发展权益，实现了从生存理性到发展理性的历史性转变，发展壮大农村新型集体经济必须保障脱贫户集体经济组织成员的权利，赋予脱贫户更多的财产权利，构建“多元赋权”的改革方案。

首先，农村新型集体经济“集体”属性的核心在于坚持农村基本经营制度，落实集体所有权，稳定农户承包权，放活土地经营权，不断探索农村土地集体所有的多种有效实现形式，科学确定集体成员身份，明晰农村集体资产归属，赋予脱贫户等集体成员更加充分的土地产权。其次，脱贫户在农村新型集体经济组织下通过“共同生产、统一经营”实现“劳动联合”，通过土地、资产、技术等入股实现“财产联合”，不仅赋予了脱贫户更加自由的择业权利和更加充分的市场参与权利，而且理顺了集体和个体的物质利益关系，形成了经济上的利益共同体。再次，农村新型集体经济能够把分散的脱贫户组织起来对接国家向农村巨大的资源投入，并通过集体成员权将其分解和量化，确认产权身份，为脱贫户分享收益和参与市场创造条件。因此，发展壮大农村新型集体经济能够赋予脱贫户更充分的农地产权、自由择业权和市场参与权，而且这些权利已被农村新型集体经济内化为可量化、可折算的经济利益，走出了“集体产权模糊论”的发展困局，建立了脱贫户和集体之间的利益联结机制，脱贫户有了稳定可持续的增收渠道，生计也向“发展型”转化。

二、增能——提升能力发展脱贫户

马克思主义政治经济学认为，无产阶级消除贫困的根本出路在于“剥夺剥夺者”，对于农业工人而言，“只有首先把他们的主要劳动对象，即土地本身从大农和更大的封建主的私人占有中夺取过来，转变为社会财产并由农业工人的合作社共同耕种，才能摆脱可怕的贫困”[①]，表明作为无产阶级之一的农户要彻底摆脱贫困，不仅需要“社会财产”的赋权，也需要“劳动联合”，其中蕴含着“提升能力”的减贫思想。同样，阿玛蒂亚·森赋权反贫困思想的实质就是

① 中共中央 马克思 恩格斯 列宁 斯大林 著作编译局：《马克思恩格斯选集》（第2卷），人民出版社，2009，第211页。

"赋予权力、使有能力"，舒尔茨进一步提出"能力贫困"假说，即农村贫困主要源于农户人力资本匮乏、健康状况低下、自由流动受阻等可行能力的剥夺，因此，引入现代生产要素改造传统农业，不仅要引入农业机械、优良种子、化肥等"物"的要素，还需要对农民进行人力资本投资，培养具有接受能力、能够运用新生产要素的"人"，而且"各种历史资料都表明，农民的技能和知识水平与其耕作的生产率之间存在着有力的正相关关系"①。

可见，巩固拓展脱贫攻坚成果，推动脱贫户生计转型必须围绕乡村振兴战略的目标要求，发展农村新型集体经济，提升脱贫户自生发展能力。比如，陕西汉中南郑区福成镇坚持党建引领，围绕"村村有集体积累，户户有产业覆盖，家家有增收渠道"的目标确定村集体优势主导产业，推行"党支部+合作社+脱贫户+农户"等合作模式，实现所有脱贫户利益联结全覆盖，脱贫群众累计分红收益300多万元，脱贫户稳定增收成果得到不断巩固拓展。

在赋权中增能，向贫困户提供更多的发展机会，是中国共产党领导百年减贫实践的核心线索（邓金钱，2022)。在绝对贫困治理阶段，国家主导的大规模资金、物质、人力等资源要素向农村大量集聚和叠加，在短时间内支撑农村贫困人口实现"两不愁三保障"的脱贫目标，但是重外力帮扶、轻内力提升的治理偏向导致脱贫户自生发展能力缺失，这就需要在巩固拓展脱贫攻坚成果阶段强化内生发展激励，提升脱贫户的生产技术能力、经营能力、合作能力（郭晓鸣、王蔷，2020)。农村新型集体经济多元赋权盘活了农村集体资产，通过优化配置内部生产性资源，不仅强化了脱贫户对各类产权的实施能力和市场参与能力，而且有效提高了脱贫户生计资本质量和生计转型能力。

另外，农村新型集体经济以"集体组织"支持的脱贫户技能培训、教育普及大大提升了脱贫户的人力资本水平，拓展了脱贫户的生计转型能力和生计空间。根据2021年4月25日中央农办、农业农村部发布的数据，自2016年农村集体产权制度改革开展试点以来，核清农村集体资产6.5万亿元、集体土地等资源65.5亿亩，确认集体成员9亿人，全国共有53万个村完成经营性资产股份合作制改革，导致脱贫户不再依附于土地且以农为生，从事"单一型"农业生产经营的脱贫户占比逐年下降，来自非农收入的比重逐年上升。可见，农村集体经

① 舒尔茨：《改造传统农业》，梁小民译，商务印书馆，1987，第136页。

济通过给脱贫户赋权，有效拓展了脱贫户的发展机会和生计空间，提升了脱贫户生计转型能力。

三、包容——机会均等富裕脱贫户

传统减贫的“涓滴理论”认为，贫困人口的收入会随着经济增长而增加，政府不需要制定针对贫困人口的扶贫政策，只需实现经济增长就能缓解贫困（Dollar等，2001）。但由于资本的“逐利”本性以及资本与劳动在生产过程中地位的异质性，市场主导的经济增长和社会财富的增加不仅难以解决贫困问题，还会出现严重的“两极分化”。20世纪80年代以来，世界各国经济发展实践也证明，经济财富的持续快速增长不仅没有向贫困人口“涓滴”，而且导致贫困状况更加恶化。为了更好地解决贫困问题，学术理论界开始寻找新的减贫理论，Chenery等（1974）提出的增长再分配模型，强调收入分配和经济增长目标一体化，成为“亲贫式增长”或“益贫式增长”的理论溯源。2000年世界银行提出“益贫式增长”，强调社会利益均等化。考虑到益贫式增长只侧重度量贫困人口收入增长的局限，2007年亚洲开发银行提出“包容性增长”，旨在通过消除权利贫困和社会排斥，实现机会均等，这是治理包括收入、健康、教育、社保等多维度贫困问题的前提和基础（黎蔺娴、边恕，2021）。“包容性发展”作为一种更具人文关怀的贫困治理理念，把包容性增长的内涵边界进一步拓展，更加强调公平、全面和共享，在贫困治理中突出机会平等和参与公平，从而实现成果共享，这一理念也始终贯穿于中国贫困治理的伟大实践之中（黄承伟、徐丽萍，2012）。

安徽长丰县吴山镇立足本地特色实施集体资产收益项目，发展各类设施大棚种植产业，探索出集生产、销售和技术“三位一体”的经营模式，解决了脱贫户、监测户的就近就业问题，而且以“老弱病残”无劳动能力为参考依据，开发公益性岗位，实行不同档次的分红，带动脱贫户稳定增收。

农村新型集体经济的发展包容性不仅实现了“物的联合”，而且在党的领导下实现了“人的联合”，在解决绝对贫困向治理相对贫困的衔接过渡期，发展农村新型集体经济与实现脱贫户生计转型存在内在一致性。

首先，农村新型集体经济的发展包容性在党的领导下能够牢牢掌握利益分配的主动权，不仅能够对接国家和社会注入的巨大资源，而且能够把土地和产业增值收益留在集体和脱贫户手中，脱贫户可以根据集体成员资格享受股金和返利，还可以在集体经济中务工、按劳计酬，拓宽脱贫户的增收渠道。其次，农村新型集体经济的发展包容性在组织方式上可通过土地置换、集体赠股、设置公益岗等方式，把脱贫户完整纳入集体经济的发展轨道上来，让脱贫户能够公平分享集体经济发展红利，实现生计转型。再次，脱贫户“组织起来”能够大大降低社会治理、养老、养小的成本，而且农村新型集体经济的发展包容性能够改善农村医疗救助、生活救济、互助养老、教育补助等公共服务的供给状况和服务水平。最后，后脱贫时代推动脱贫户生计转型需要更加关注体面生活和精神富足，将“包容”的维度进一步拓展，农村新型集体经济的发展包容性能够赋予脱贫户机会更加公平、参与权更加有保障的制度环境，保障脱贫户有更多选择的机会和获得幸福的权利，推动脱贫户生计转型。

/ 第五节 /
农村新型集体经济赋能脱贫户生计转型的实践进路

后脱贫时代发展壮大农村新型集体经济能够把脱贫户组织起来对接“大国家”和“大市场”，通过“赋予权力、提升能力、包容性参与”赋能脱贫户生计向“多元型”生计和“发展型”生计转型。然而，现阶段全国农村新型集体经济的发展尚未形成良好的发展格局，只有约40%的行政村建立了集体经济组织，超过70%的村集体经济年收入不足5万元（解学智，2020）。在中国特色社会主义市场经济条件下，发展壮大农村新型集体经济不能通过行政命令、“归大堆”的方式强制推广，正如马克思强调的那样：“不是采用暴力，而是通过示范和为此提供社会帮助。”（黄延信，2021）因此，只有顺应脱贫户对美好生活的新企盼，理顺农村新型集体经济赋能脱贫户生计转型的逻辑关系，打通“堵点”，补齐“断点”，才能更好地发展壮大农村新型集体经济，赋能脱贫户生计转型，把脱贫户完整纳入共同富裕的发展道路。

一、创新农村新型集体经济的组织领导体系，保障“组织”赋能

中国经济社会发展的历史成就充分证明“做好中国的事情，关键在党”，党组织在农村领导核心地位的弱化和集体经济的空壳化，是导致农村发展滞后和农户陷入贫困的一个重要原因。后脱贫时代，巩固拓展脱贫攻坚成果、推动脱贫户生计转型，必须在党的领导下不断创新农村新型集体经济的组织领导体系，把包括脱贫户在内的广大农户组织起来，更好地对接国家资源投入和参与市场竞争，只有这样，才能走好农业合作化的道路，赋能脱贫户生计转型。

首先，党能够统领一切、协调各方，发挥好村党组织对农村新型集体经济的领导核心作用，在党组织（村党支部）的基础上建立农村新型集体经济组织，才能确保中央政令畅通、决策落地生根，实现党的领导和农村新型集体经济发展的高度融合，确保农村新型集体经济“姓公不姓私”，最大限度地维护脱贫户的利益。其次，选准配强党组织（村党支部）领导班子，通过“稳”“培”“引”选择头脑活、懂经营、会管理、责任心强的优秀人才进入村“两委”和农村新型集体经济组织的领导班子，全面提升农村基层党员干部的综合能力和领导农村新型集体经济发展的能力，走“能人”带动脱贫户转型发展的路子。再次，发展壮大农村新型集体经济，必须把加强和改善党的领导作为根本任务，赋予脱贫户更加充分的集体经济收益分配权，把基层党组织建设成带领脱贫户走向共同富裕的坚强战斗壁垒。

二、创新农村新型集体经济的宣传示范体系，强化“认知”赋能

中华人民共和国成立后，党和国家领导的农业合作化运动旨在通过互助合作，把不同农户组织起来集体发展经济，不是发展集体经济[47]。赋能脱贫户生计转型的农村新型集体经济不是“一大二公”，而是在党的领导下遵循入社自由、权责清晰、利益共享的原则，在“确权”基础上通过合作与联合，将脱贫户和一般小规模农户组织起来实现共同发展的经济组织，这与人们理解的传统集体经济有着本质区别。因此，后脱贫时代推动农村新型集体经济赋能脱贫户生计转型，必须创新农村新型集体经济的宣传示范体系，推动思想观念上的“赋能”。

首先，从理论上讲清楚发展壮大农村新型集体经济不是走回头路，而是在

党的领导下建立在“确权”基础上的集体经济组织，能够真正赋予脱贫户权利，提升脱贫户能力，让老弱病残也都能有保障，是引领脱贫户实现共同富裕的治本之策。其次，通过对相关领导干部和村“两委”领导班子组织集体培训、网络培训进行农村新型集体经济政策宣讲，充分利用广播电视、数字网络以及新媒体等宣传农村新型集体经济的发展意义、优惠政策、组织方式、先进典型，提高党员干部和群众对农村新型集体经济的政策知晓度。再次，用好农村新型集体经济改革发展成功案例，强化“示范引领”，农村新型集体经济作为推动脱贫户生计转型、实现乡村振兴的重要抓手，涌现出一批“典型案例”，如贵州塘约村的“再集体化”、山东烟台“党支部领办合作社”等，要进一步放大典型案例的示范引领效应，让脱贫户看到实实在在的收益，激发脱贫户参与农村新型集体经济的积极性。

三、创新农村新型集体经济的制度供给体系，实现“政策”赋权

农村新型集体经济作为巩固拓展脱贫攻坚成果、全面推进乡村振兴的重要“抓手”，从实践上来看，全国已有约40%的行政村建立了集体经济组织，而且在赋能脱贫户生计转型方面有很多成功探索；从政策支持上看，《中华人民共和国民法典》和《中华人民共和国乡村振兴促进法（草案）》中均明确了农村新型集体经济组织独特的法人地位和独立的市场主体地位，为发展壮大农村新型集体经济创造了良好的制度环境。但也应该看到，当前支持农村新型集体经济发展的制度供给不足和政策资源碎片化问题，因此，为更好地赋能脱贫户生计转型，必须创新农村新型集体经济的制度供给体系，凝聚政策支持合力。

首先，完善农村新型集体经济组织的规章制度，明确政府、村“两委”以及集体经济组织的职能边界和成员权利，强化农村新型集体经济的市场主体地位。其次，发挥财政金融的政策引领作用，撬动整合各类涉农资金，设立农村新型集体经济发展专项资金，探索建立农村新型集体经济发展的制度化资金投入体系。再次，把发展壮大农村新型集体经济纳入乡村振兴的制度框架，将农村新型集体经济发展与特色产业发展、文化传承创新、生态环境保护等各类政策有机衔接起来，探索建立农村新型集体经济发展的综合性政策支持体系。

四、创新农村新型集体经济的要素投入体系，实现“资源”赋权

农村基本经营制度是党在农村政策的立基之石，发展壮大农村新型集体经济必须在坚持土地集体所有的基础上将包脱贫户和一般小规模农户组织起来，优化生产要素组合，不断创新农村新型集体经济的要素投入体系，在党的领导下实现资源使用的内外结合、共同赋权。

首先，坚持农村土地农民集体所有和稳定的土地承包关系，深化农村集体产权制度改革，把明晰产权作为发展农村新型集体经济的起点，持续推进集体经营性资产股份合作制改革，赋予脱贫户更加充分的财产权，明确的权属关系将激发脱贫户推动生计转型的内生动力。其次，发挥农村新型集体经济的组织动员优势，能够在更大范围激活乡村沉睡资源，整合脱贫户小而散的资源，优化村域内资源配置，改善土地、水利、交通等农业生产经营条件，延长农业产业链，为推动脱贫户生计转型注入更多动力。再次，发挥农村新型集体经济对接“大国家”的优势，国家在打赢脱贫攻坚战中，向农村投入的资源存量，以及全面推进乡村振兴中，进一步注入的资源增量，只有农村新型集体经济才能对接和用好这些资源，并将其内化为脱贫户生计转型的内生动力。最后，农村新型集体经济的发展既要用好资本，也要约束资本，只有在党的领导下以规范有序和互利共赢方式引入金融资本和社会资本，才能既容纳资本进入农村，给集体经济发展注入活力，又利用党在集体经济组织中的领导优势维护脱贫户的利益。

五、创新农村新型集体经济的生产经营体系，实现“模式”增能

党的十八大以来，随着决胜脱贫攻坚战的决策部署和农村集体产权制度改革的不断推进，许多贫困村新型集体经济实现了从无到有、从有到强的跨越式发展，农村新型集体经济的实现形式也呈现出多样化趋势。2022年印发的《“十四五”推进农业农村现代化规划》提出“深化农村产权制度改革，丰富集体所有权、农户承包权、土地经营权的有效实现形式”，为创新农村新型集体经济的生产经营体系创造了良好的政策条件。

因此，推动农村新型集体经济发展有效赋能脱贫户生计转型应该充分用好政策机遇，秉持“因地制宜、因村制宜”的发展原则，依托村域产业特色和禀

赋优势把脱贫户组织起来，发展壮大农村新型集体经济。具体来看，在集体经济初始禀赋好、有产业优势的村域，应围绕农业现代化、农村三产，融合发展组织化联结、专业化生产、市场化运营的产业主导型集体经济；在没有集体资产、发展产业难度大的村域，应鼓励多种运作方式，通过成立土地股份合作社投资入股龙头企业，吸引外出务工经商能人带资金、带项目回乡创业，发展入股分红型集体经济；有文化资源优势和自然资源优势的村域，应该在党组织（村支部）的领导下围绕乡村全域旅游、农业生产经营发展生产服务型集体经济。另外，必须用好政府资源进村、乡村全面振兴等政策机遇，进一步完善农村道路交通、农田水利等基础设施建设，为创新农村新型集体经济的生产经营体系，更好地提升脱贫户自生发展能力创造良好的“硬”环境。

六、创新农村新型集体经济的动力培育体系，实现“市场”增能

农村新型集体经济是在坚持农村基本经营制度的基础上，把脱贫户和一般小规模农户组织起来对接“大市场”，适应了生产力的发展要求和中国特色社会主义市场经济的需要，是在承认脱贫户等个体与集体权属关系基础上面向市场的“合作生产”，提升了集体经济组织的可持续发展能力和“脱贫户”个体的市场参与能力，对形成推动脱贫户生计转型的市场化机制具有重要意义。

首先，完善了农村产权制度和要素市场化配置机制，健全了农村土地经营权流转体系和农村集体经营性建设用地入市制度，赋予了农村集体资源资产完整的市场交易权，明晰了农村新型集体经济的权属关系和独立的市场主体地位。其次，根据《中华人民共和国民法典》关于农村集体经济组织取得法人资格的规定要求，借鉴现代企业制度和管理办法，在“政经分开”“折股量化”的制度框架下健全农村新型集体经济组织的法人治理模式，建立村“两委”领导班子和集体经济组织领导班子“双向进入”机制，完善股东会、董事会、监事会制度，提升农村新型集体经济的市场参与能力和水平。再次，把脱贫户组织起来的农村新型集体经济作为独立的市场主体，改善了单个脱贫户在市场中的弱势地位，提升了脱贫户在农业生产资料获取、农产品销售以及务工工资等方面的议价能力，为实现脱贫户生计转型创造了良好的市场环境。

七、创新农村新型集体经济的联合管理体系，实现“利益”包容

农村新型集体经济通过“劳动联合”和“财产联合”把脱贫户组织起来，以差异化的“确权”实现了脱贫户个体与集体之间的利益联结，赋予脱贫户等集体成员以收益权为核心的各种财产权利，走出了集体经济产权虚化和集体收益“精英俘获”的困局，增强了脱贫户与一般农户之间、个体和集体之间的利益关联。

首先，农村新型集体经济是在坚持集体所有制前提下的“确权”，将集体成员权以股份合作制等形式具体化，明确了集体成员的资格身份，形成了一套集体和个体产权互认、共融的联合管理体系，使之真正实现可流动、可增值，以此维护脱贫户的利益，赋能脱贫户生计转型。其次，发展壮大农村新型集体经济必须坚持“共同富裕”的发展目标，尽可能把脱贫户完整纳入集体经济发展轨道，通过优化股权比例设置、集体收益分红等方式确定集体成员的持股份额，开发公益性岗位，建立起一套倾向于保障脱贫户利益的产权执行体系，防止农村新型集体经济被大户控制或者垄断，警惕“精英俘获”现象的出现。再次，优化农村新型集体经济收益在普通个体、管理干部以及村集体的分配机制，脱贫户等普通个体获得“工资+分红”，管理干部获得“工资+绩效奖金”，村集体获得“企业上缴经营收益+土地等集体股权收益”；另外，村集体的集体收益将用于改善村域基础设施、社会保障、公共服务等，以此支撑脱贫户生计转型，不断满足脱贫户日益增长的美好生活需要。

下　编

乡村振兴与城乡融合发展

/ 第八章 /

新时代乡村振兴
——学习习近平关于乡村振兴的重要论述*

“农，天下之大业也”，中华民族历来重视农业农村。

中华人民共和国成立以来，农业生产条件持续改善，农业基础地位不断加强，农村建设成效显著，乡村面貌焕然一新。然而，新时代城乡发展不平衡和农村发展不充分已然成为全面建成小康社会的最大约束，坚持城乡融合共享发展与乡村振兴，成为加快推进“三农”现代化的必然选择。

党的十八大以来，习近平总书记立足当前中国城乡关系和“三农”实际，提出新时代“乡村振兴战略”，做出了一系列经典论述，推动新时代乡村工作在理论、实践、制度等方面不断创新，成为新时代做好“三农”工作的“总抓手”（韩俊，2018），标志着“三农”直接成为现代化的对象和重点（洪银兴，2017）。习近平乡村振兴发展理论是新时代马克思主义政治经济学城乡关系理论中国化的最新成果，是新时代中国特色社会主义政治经济学理论体系的核心要件之一，为推动中国农业、农村和农民现代化提供了根本指引和基本遵循，也为世界解决农村问题贡献了中国智慧和中国方案（陈野、王平，2018）。

* 本章核心部分载于《上海经济研究》，2019年第10期，第36–45页。

/ 第一节 /
文献综述与问题提出

习近平在党的十九大报告中把乡村振兴提升到国家发展战略的高度进行部署，是新时代对城乡关系的新认识和农村发展战略的新定位（王立胜等，2018），深刻回答了“为什么实施、如何实施乡村振兴”这一重大时代课题，具有鲜明的方法论特色（杨谦、孔维明，2018）。自党的十九大以来，乡村振兴成为许多学者关注的焦点，但大多文献都聚焦于内涵解读和实施路径。蒋永穆（2018）基于新时代中国社会主要矛盾的变化，把乡村振兴的内涵归纳为“七个转向”。黄祖辉（2018）认为要以党的十九大精神为统领，准确把握中国乡村振兴战略的内涵、目标任务以及推进路径。姜长云（2018）进一步提出推进乡村振兴应坚持的重大战略导向。

新时代乡村振兴战略作为社会主义新农村建设的升级版，是回归并超越“乡土中国”、建设现代经济体系的新引擎和全面建成小康社会的重大战略举措，必须牢牢把握城乡融合发展和农业农村优先发展两大原则（范建华，2018；叶兴庆，2018）。江维国和李立清（2018）认为，乡村振兴是新时代乡村工作的顶层设计，为创新基层乡村治理创造了新机遇，并设计了具体的创新路径。然而，刘守英和熊雪锋（2018）认为制度供给滞后是新时代实施乡村振兴战略的最大制约，乡村振兴战略的有效落地必须创新“强化活化”乡村的制度供给和城乡融合的体制机制。朱建江（2018）以改革开放以来中国农村发展为基础，系统分析了习近平关于乡村振兴的重要论述。

综上所述，已有相关研究从习近平新时代乡村振兴战略的内涵解读和实施路径方面进行了卓有成效的探索，对习近平乡村振兴发展论述的缘起、践行的研究鲜有文献涉猎，这恰恰构成本研究研究的逻辑起点。有别于已有文献，本研究从习近平乡村振兴发展的系列论述出发，构建“缘起—内涵—理论贡献与实践旨归”的分析框架，系统梳理习近平乡村振兴发展的缘起，采用政治经济学“思辨法”归纳习近平乡村振兴发展的主要内容、理论贡献，以期为新时代破解城乡发展不平衡、农村发展不充分的矛盾，正确认识和积极践行习近平乡村振兴发展论述提供理论参考。

/第二节/
乡村振兴的理论与实践缘起

马克思主义政治经济学城乡关系理论是习近平乡村振兴发展生成的理论逻辑起点，中国优秀传统农耕文明是习近平乡村振兴发展生成的历史文化基础。习近平乡村振兴发展是马克思主义政治经济学城乡关系理论与中国传统优秀农耕文化的完美结合，是习近平立足中华人民共和国成立以来城乡发展的历史演进，是对新时代城乡关系的理论思考，这与习近平深入乡村、扎根农民的“三农”情怀是分不开的。

一、理论逻辑起点——马克思主义城乡关系理论

城乡关系理论是马克思主义政治经济学理论体系的重要组成部分。马克思在《德意志意识形态》中强调：“一个民族内部的分工，首先引起工商业劳动同农业劳动的分离，从而也引起城乡的分离和城乡利益的对立。”[①]“分工已经比较发达，城乡直接的对立已经产生。”[②]生产力和生产关系的矛盾运动使得社会分工不断加深，代表城市利益的商业资本和代表乡村利益的劳动资本之间的对立逐渐凸显。“但是工业集中化的趋势并没有就此停止，人口也像资本一样地集中起来；……于是村镇变成小城市，小城市变成大城市”[③]，城市是在乡村的发展中诞生并逐渐生长的，乡村不断滋养着城市。可以说“一切发达的、以商品

① 中共中央 马克思 恩格斯 列宁 斯大林 著作编译局：《马克思恩格斯选集》（第1卷），人民出版社，2012，第147-148页。

② 中共中央 马克思 恩格斯 列宁 斯大林 著作编译局：《马克思恩格斯选集》（第1卷），人民出版社，2012，第149页。

③ 中共中央 马克思 恩格斯 列宁 斯大林 著作编译局：《马克思恩格斯选集》（第1卷），人民出版社，2009，第406页。

交换为中介的分工的基础，都是城乡的分离”[①]，“它贯穿着文明的全部历史直至现在”[②]。城乡分离和对立是个人屈从于分工最鲜明的反映，对社会政治、经济、文化产生了深远的影响，固化了资本与劳动所隶属的“商业财富”和“土地财富”。马克思指出“城乡之间的对立只有在私有制的范围内才能存在”[③]，资本主义生产资料的私人占有是资本主义城乡对立的制度根源，但从历史的角度来看，城乡分离和对立是人类社会发展的进步（白永秀、王颂吉，2014）。

随着社会生产力水平的极大提高和社会生产方式的演进，城乡关系必然由对立走向融合。马克思指出，城乡融合需满足两个条件：一个是社会条件，即消灭资本主义生产资料私有制，建立社会主义公有制；另一个是物质条件，即高度发展的社会生产力，“大工业在全国的尽可能均衡地分布是消灭城市和乡村分离的条件”[④]。恩格斯在《论住宅问题》中进一步论证了“消灭城乡对立不是空想，不多不少正像消除资本家与雇佣工人的对立不是空想一样，消灭这种对立日益成为工业生产和农业生产的实际要求，……人们只有在消除城乡对立后才能从他们以往历史所铸造的枷锁中完全解放出来”[⑤]。马克思、恩格斯从历史辩证的角度科学地揭示了城乡从“同一、对立到融合”的逻辑规律，并指出“城乡关系一改变，整个社会也跟着改变”[⑥]。

二、历史文化基础——中国优秀传统农耕文化

中国传统文化中，关于农事节气、天人合一、大道自然、耕读传家等思想是习近平乡村振兴发展论述的历史基础和文化基因。《周易·乾文言》中强调“与天地和其德，与日月和其明，与四时和其序”，在华夏先民看来，人与自然

① 马克思：《资本论》（第1卷），人民出版社，2004，第408页。

② 中共中央 马克思 恩格斯 列宁 斯大林 著作编译局：《马克思恩格斯选集》（第1卷），人民出版社，2012，第184页。

③ 中共中央 马克思 恩格斯 列宁 斯大林 著作编译局：《马克思恩格斯选集》（第1卷），人民出版社，2012，第184页。

④ 中共中央 马克思 恩格斯 列宁 斯大林 著作编译局：《马克思恩格斯选集》（第3卷），人民出版社，2012，第684页。

⑤ 中共中央 马克思 恩格斯 列宁 斯大林 著作编译局：《马克思恩格斯选集》（第3卷），人民出版社，2012，第264-265页。

⑥ 中共中央 马克思 恩格斯 列宁 斯大林 著作编译局：《马克思恩格斯选集》（第1卷），人民出版社，2012，第237页。

和合有序是耕读活动的精髓。此外，中国传统儒家思想也从人与自然的关系中阐释了农耕文明，《孟子·梁惠王章句上》中写道："不违农时，谷不可胜食也；数罟不入洿池，鱼鳖不可胜食也；斧斤以时入山林，材木不可胜用也。"

人与自然的关系是传统农耕文明的灵魂，是对人与自然之间物质交换过程的深刻认识。家庭是传统农耕文明的载体，随着工业化的发展，农耕文化受到强烈冲击，首先表现在农村人口大规模流入城市，中国农民从"恋土"到"离土"的转变，使得农耕文化的传承失去其赖以维系的基础并随着城镇化的不断推进而濒临瓦解。如果农村连种地的人都没有了，靠谁来传承农耕文化呢？习近平乡村振兴发展论述强调了"乡土文化的根不能断，农村不能成为荒芜的农村、留守的农村、记忆中的故园"①。

"观其流泉，度其隰原，彻田为粮"是《诗经·大雅》中精耕细作的农耕思想，其对于新时代现代化乡村建设提供了路径指引。然而，随着资源环境约束不断收紧，退耕还林、退牧还草等制度的实施，人地关系日益紧张，人口的增长和耕地的减少成为新时代制约农业发展的桎梏。传承农耕文明就必须把农业生产力从耕地的束缚中解放出来，充分利用一切现代化技术在现有的耕地上精耕细作，推动农业现代化。睦邻友好、勤俭持家、热情好客、淳化民风等中华民族传统美德无一不在农耕文明中体现，"村中闻有此人，咸来问讯""余人各复延至其家，皆出酒食"是古诗文中对乡村热情好客、民风淳朴的历史写照。"国无德不兴，民无德不立"，习近平总书记深刻认识到在农村社会中，人们大多有"生于斯，死于斯"②的熟人社会特征，提出乡村德治是建设农村精神文明的突破口，这是对传统农耕文明的时代创新。

三、实践演进的理论升华——中华人民共和国成立以来城乡关系演进与时代之需

中华人民共和国成立以来，城乡关系随着国家发展战略的演变不断进行调整，总体上呈现出从"分割走向融合"的历史轨迹，带有浓厚的改革烙印（张海鹏，2019），为加速实现由落后的农业国向现代工业国的转变，国家采取优先

① 中共中央文献研究室：《十八大以来重要文献选编》（上），中央文献出版社，2014年，第682页。

② 习近平：《论坚持全面深化改革》，中央文献出版社，2018年，第409页。

发展重工业的战略方针，这一阶段农业的作用是为工业发展提供资本积累。为了最大限度地攫取农业剩余，为城市工业发展提供资金支持，一方面，政府制定了从工农产品价格“剪刀差”到农产品统购统销直至人民公社的政策体系，按计划严格配置城乡资源，如蔡昉和林毅夫（2003）研究发现，改革开放之前，由于工农产品价格“剪刀差”的存在，农业向工业的贡献高达6亿～8亿元人民币；另一方面，随着农业与工业二元发展模式的建立，1958年1月9日，全国人民代表大会常务委员会第九十一次会议通过《中华人民共和国户籍登记条例》，严格限制农村人口流入城市，城乡二元经济结构开始形成并逐渐固化，农民与土地紧紧地捆绑在一起，工农、城乡差别在重工业优先发展的制度安排中趋于恶化。

1978年改革开放成为中国城乡关系转变的历史节点，城乡关系呈现出从破冰到融合的演进轨迹，经济体制改革率先在农村展开并逐渐倒逼城市领域改革，安徽“小岗村”生产责任“大包干”打响了家庭联产责任制改革的“第一枪”。1981年中央一号文件首次明确了生产责任制，彻底将农民从人民公社制度中解放出来，农民生产积极性空前高涨，农业生产力得到迅速发展。1978—1984年间农业产出增长高达125.39%（姚洋，2008），与此同时，政府提高农产品收购价格并加大对农产品的财政补贴，农民收入大幅度提升，这一时期由于农村改革的强势推进，城乡分割的二元关系趋于缓和。1984年《中共中央关于经济体制改革的决定》明确提出“坚决系统地进行以城市为重点的整个经济体制改革”，改革的重心由农村转向城市，国有企业改革极大地解放和发展了城市生产力，激励了城镇职工的生产积极性，拓展了城市居民的收入空间，城市经济增长对劳动力需求不断增大，加之户籍制度松动，政府不断放宽劳动力流动限制，促使劳动力、资本等生产要素向城市集聚。与此同时，农村乡镇企业的发展迅速，《中国农民工问题研究总报告》指出，1983—1988年间，乡镇企业累计转移剩余劳动力6300万人，截至1994年，乡镇企业职工数超过全国国有企业职工总数，占农村劳动力总量的27%，农民收入持续增加，城乡关系向好。另外，这一时期中央政府对农村的财政投入持续下降，尤其是1994年分税制改革之后，中央政府对农村的公共服务投入基本为零，直接导致农村地区水利、公路、教育、通信等基础设施建设举步维艰，而且农民负担持续加重（胡书东，2003），城乡关系再度分离。

进入21世纪，中国经济持续高速增长，城乡关系成为经济发展的瓶颈，政府开始对城乡关系进行重点调整。2002年党的十六大把“统筹城乡经济社会发展”明确为解决城乡关系的根本指南；2003年党的十六届三中全会进一步明确“统筹城乡发展”；2004年中央经济工作会议提出构建“以工促农、以城带乡”的城乡发展路径；2005年党的十六届五中全会确定了“建设社会主义新农村”的重要战略，中国城乡关系进入新阶段。自2004年起，中央一号文件连续15年聚焦“三农”，并逐渐建立了“工业反哺农业、城市支持农村和多予少取放活”的发展方针。一方面，这一时期政府对农村和农业的直接投入不断加大，深化财政体制改革向纵深推进，农村公共事业得到快速发展；另一方面，进一步深化户籍制度改革，逐步消除城乡要素流动的制度障碍，大力推动城镇化建设。

中国特色社会主义进入新时代以来，“三农”问题成为全党工作的重中之重。2012年党的十八大明确了“加大统筹城乡发展力度，加快完善城乡发展一体化体制机制”，走城乡融合发展之路，形成“以工促农、以城带乡、工农互促、城乡一体”的新型工农、城乡关系。2017年党的十九大指出“当前中国社会的主要矛盾已转化为人民日益增长的美好生活需要和不平衡不充分的发展之间的矛盾”，其中城乡发展不平衡成为矛盾的主要方面，主要表现在城乡收入差距绝对值还在不断扩大（李实，2018），农村基本公共服务落后，农民社会保障制度不完善，城乡福利差距依然很大，户籍等制度鸿沟依然存在。“三农”作为建设社会主义现代化强国最关键的“基础”，却成为全面建成小康社会最突出的“短板”，习近平总书记立足中国“三农”实际，创造性地提出了乡村振兴战略并发表了一系列重要论述，是中国特色社会主义城乡关系理论的最新成果，成为实现城乡融合共享发展的根本指南。

四、执政期间的创新探索——习近平的人生阅历与“三农”情怀

1968—1975年，习近平在陕北七年的知青岁月是习近平乡村振兴发展论述的起点，在梁家河，习近平深入农民，了解农村，敢想敢做敢担当，带领农民修沼气池、办铁业社、种植烤烟、治理河桥……切身实地地为农民解决生产生活问题，把自己看作“黄土地的儿子”。习近平七年的知青岁月，在与那些“面朝黄土背朝天”、挣扎在生存边缘的农民朝夕相处中，树立了“为老百姓办实

事”的人生理想，奠定了乡村振兴发展论述最初的人民情怀。1982—1985年，习近平在河北正定县工作期间，指出农业发展要大搞农工商，走农业和工商业综合经营的道路，要将农村建设成为优良传统、先进思想、现代文明的集合体，并深刻认识到农业农村只有在生态系统协调的基础上，才能实现稳定而迅速的发展，这一时期是习近平乡村振兴发展论述的萌芽阶段。1985年6月，习近平到闽东提出“在农业上，要‘靠山吃山唱山歌，靠海吃海念海经’，稳住粮食，山海田一起抓，发展乡镇企业”[①]，同时，在农村党组织及精神文明建设方面提出一系列思考并付诸实践，这一时期是习近平乡村振兴发展论述的发展阶段。

2006年，习近平在浙江省建设社会主义新农村专题研讨会上指出“统筹城乡最根本的是要消除城乡二元结构，形成以工促农、以城带乡、城乡互动、共同进步的发展格局”[②]，相继提出了“新型农业现代化”“城乡统筹”及“绿水青山就是金山银山”等重要观点，这是习近平乡村振兴发展论述的形成阶段。可见，习近平乡村振兴发展论述是习近平在深入人民、扎根农村的人生阅历和执政经历中的理论思考和实践创新，具有深刻的“三农”情怀和人民印记。

/ 第三节 /
乡村振兴的理论内涵体系

新时代乡村振兴战略是习近平以马克思主义城乡关系理论为指导，借鉴中国优秀传统农耕文明，对中华人民共和国成立以来城乡发展的经验总结和理论思考，是新时代加快农村发展、改善农民生活、推动城乡融合发展的“总抓手”，具有丰富的理论内涵，可以从乡村振兴之基、乡村振兴之本、乡村振兴之魂、乡村振兴之擎、乡村振兴之核等五个方面理解和把握习近平乡村振兴发展的主要内容及其体系。

---

① 习近平：《摆脱贫困》，福建人民出版社，1992，第6页。

② 中央农村工作领导小组办公室：《习近平总书记“三农”思想在浙江的形成与实践》，《人民日报》2018年1月21日第1版。

一、产业振兴，是乡村振兴之基

产业振兴，是解决农村一切问题的基本前提和物质保障。从社会主义新农村建设的“生产发展”到新时代乡村振兴战略的“产业兴旺”，体现了社会对农业产业优化升级的新企盼。新时代乡村产业振兴必须以加快培育壮大农村优势产业为载体，进一步解放、发展和保护农业社会生产力，增强农业经济活力，夯实乡村振兴的物质基础。

乡村产业振兴主要包括：一是加快农业发展现代化步伐，逐步改变农业是“四化同步”短腿的状况，把“质量兴农、绿色兴农”贯穿于农业供给侧结构性改革的全过程，“构建现代农业产业体系、生产体系、经营体系，不断提高我国农业的综合效益和竞争力”①。二是通过三产融合、“接二连三”，延长现代农业产业链、利益链、价值链，“把现代信息技术引入农业产加销各个环节，发展乡村休闲旅游、文化体验、养生养老、农村电商等”②，优化农村产业结构，创新利益分配方式，让农民合理分享全产业链增值收益，这是习近平在基层工作期间对农业问题的深刻思考和创造性总结。三是农业生产必须坚持绿色引领，因地制宜发展优势特色产业，推广节水、节肥、节药的农业生产技术，推进畜禽养殖废弃物处理和资源化，发展生态循环农业，实现农业标准化清洁生产，更好保障农畜产品安全，走乡村产业振兴的绿色化之路。

二、人才振兴，是乡村振兴之本

新时代乡村振兴要靠人才，也必须依托人才。改革开放以来，中国经济持续高速增长和城镇化快速发展，与农村大量青壮年劳动力涌入城市密切相关，这也导致乡村长期处于“贫血”“失血”状态，农村出现大面积“空心化”现象。如果不扭转人才等要素向城市单向聚集的状况，乡村振兴就是空中楼阁，因而新时代乡村振兴必须引导人才等要素向农村流动，为乡村振兴注入新动能。

乡村人才振兴主要包括：一是加快培育新型职业农民和农业经营主体，优化农业从业者结构，核心是“富裕农民、提高农民、扶持农民，让农业经营有

---

① 习近平：《论坚持全面深化改革》，中央文献出版社，2018，第400页。

② 中共中央党史和文献研究院：《习近平关于“三农”工作论述摘编》，中央文献出版社，2019，第100页。

效益，让农业成为有奔头的产业，让农民成为体面的职业，让农村成为安居乐业的美丽家园”[①]。二是把“城归”人口当成实现乡村振兴战略的重要支点，通过农村产业振兴，吸引农民工等人员返乡创业，尊重“城归”人口在乡村振兴中的主体地位和创造性（林亦平、魏艾，2018）。三是打好“乡情牌”，念好“引才经”，逐步探索做好制度安排，让农村机会能够吸引人才，农村环境能够留住人才，培养一支懂农业、爱农村、爱农民的“三农”工作队伍，鼓励各类人才“上山下乡”投身新时代乡村振兴战略的实践中。

三、文化振兴，是乡村振兴之魂

乡村振兴，既要塑型，也要铸魂。新时代乡村振兴战略把“乡风文明”作为主要内容，必须走乡村文化兴盛之道，传承发展提升农耕文明，构筑乡村振兴之魂。中国传统农耕文明和诚信重礼的乡风民俗都是中华文化的鲜明标签，都承载着华夏文明的基因密码和思想智慧。“弘扬社会主义核心价值观，保护和传承农村优秀传统文化，加强农村公共文化建设，开展移风易俗，改善农民精神风貌，提高乡村社会文明程度”[②]，是新时代中国特色乡村文化振兴的基本原则和目标。

习近平强调乡村文化振兴，必须以社会主义核心价值观为引领，对优秀传统乡土文化深入挖掘、继承、创新，培育乡土文化人才，把保护传承和开发利用结合起来，实现传统优秀文化和现代文明的有机融合，赋予乡村文化新的时代内涵。鼓励新时代文艺工作者立足“三农”进行文化创作，培育农民乐于参与的群众性文化活动，推出具有浓郁乡村特色、充满正能量的优秀作品，以农民群众喜闻乐见的方式推动文化下乡，不断满足农民的精神文化需求，提升农民的精神风貌。文化振兴作为乡村振兴之魂，物质文明和精神文明必须“两手抓”，“培育文明乡风、良好家风、淳朴民风”[③]，让新时代的农村充分体现乡村特点和乡土风貌，留得住青山绿水，记得住乡愁。

---

① 中共中央文献研究室：《十八大以来重要文献选编》（上），中央文献出版社，2014，第678页。

② 中共中央党史和文献研究院：《习近平关于“三农”工作论述摘编》，中央文献出版社，2019，第22页。

③《中共中央 国务院关于实施乡村振兴战略的意见》，《人民日报》2018年2月5日第1版。

四、生态振兴，是乡村振兴之擎

新时代乡村建设从“村容整洁”到“生态宜居”，生态振兴成为乡村振兴的内在要求。改革开放以来，经济社会的快速发展积累了十分严重的生态环境问题，“老百姓意见大、怨言多，生态环境破坏和污染不仅影响经济社会可持续发展，而且对人民群众健康的影响已经成为一个突出的民生问题，必须下大力气解决好”①。改革开放以来，社会生产力的快速发展和超常规的经济增长给新时代生态振兴提供了良好的物质基础和现实条件，要满足人民日益增长的美好生活需要，生态振兴就应该而且必须成为乡村振兴的题中之义。以绿色发展引领乡村振兴是新时代“三农”工作的一场深刻革命，必须坚持人与自然和谐共生的原则，“守住生态保护红线，推动乡村自然资本加快增值，让良好生态成为乡村振兴的支撑点”②。

习近平关于乡村生态振兴的论述内容丰富，主要包括：一是扩大退耕还林、还草还牧，有序推进耕地、牧场、河湖轮作轮休，让河流逐渐恢复生命，流域重现生机；二是加强农业生产的面源污染治理，推行农业标准化清洁生产，推动化肥、农药使用量零增长，创新农业生产技术，加快推进农作物秸秆和畜禽养殖废弃物资源化利用；三是推动农业农村发展和农民生活的绿色化转型，构建绿色低碳循环的农业产业体系和空间布局体系，走乡村绿色发展之路，改善农村人居环境，让农村再现山清水秀、天蓝地绿。

五、组织振兴，是乡村振兴之核

新时代乡村建设从“管理民主”到“治理有效”，组织振兴成为乡村振兴的重要保障与领导核心。现阶段实施乡村振兴战略在其本质上就是城乡物质利益格局的调整和变迁，导致“西方工业化国家在二三百年里围绕工业化、城镇化陆续出现的城乡社会问题，在我国集中出现了”③。因此，新时代乡村组织振兴

① 中共中央党史和文献研究院：《习近平关于“三农”工作论述摘编》，中央文献出版社，2019，第109页。

② 习近平：《论坚持全面深化改革》，中央文献出版社，2018，第403页。

③ 中共中央文献研究室：《十八大以来重要文献选编》（上），中央文献出版社，2014，第680页。

必须以建立和完善党的基层组织为核心，重视化解乡村内部矛盾，优先保障和改善农村民生问题，创新乡村治理体系，走乡村善治之路。

习近平关于乡村组织振兴的论述内容丰富，主要包括：一是乡村振兴必须强化农村基层党组织的领导作用，采取有效措施整顿软弱涣散的乡村党组织，选好配强农村党组织书记，提升党领导的科学化水平，把基层党组织建设成为乡村振兴的领导核心和坚强壁垒；二是在党委统揽全局的治理结构中，推动社会治理和服务重心下移，创新村民自治的有效实现形式，通过乡村“自治、法治、德治”有机融合，优化新时代乡村振兴的治理结构体系；三是提高预防化解乡村内部矛盾的能力和水平，处理好政府和群众利益之间的关系，严厉打击农村黑恶势力，正视农民群众各方面的利益诉求，做到发现在早、防范在先、处置在小，防止乡村社会矛盾的蔓延升级。

/ 第四节 /
乡村振兴的理论贡献与实践旨归

习近平乡村振兴发展是新时代马克思主义政治经济学城乡关系理论中国化的最新成果，是习近平新时代中国特色社会主义经济思想的理论体系之一，推动乡村工作在理论、实践、制度等方面不断创新，蕴含着重要的理论贡献、实践和政策价值。

一、乡村振兴的理论贡献

党的十八大以来，习近平总书记立足当前中国城乡关系和“三农”实际，在党的十九大报告中把“乡村振兴”上升到国家战略高度，明确新时代中国特色乡村发展的战略定位，推动了马克思主义城乡关系理论的创新和发展，丰富了中国特色社会主义城乡关系理论体系，不仅指引了新时代乡村振兴实践，助力全面建成小康社会，也为世界广大发展中国家正确处理城乡关系、解决乡村问题贡献了中国智慧。

（一）丰富了中国特色社会主义城乡关系理论

习近平乡村振兴发展是对马克思主义城乡关系理论的继承和创新，突出“城乡融合发展”和“农业农村优先发展”两大主题，突出党的领导作用，突出“发展为了人民”的根本立场，开拓了新时代马克思主义政治经济学新境界，丰富了中国特色社会主义城乡关系理论，为新时代中国乡村振兴战略实践提供了根本指南，理论贡献主要表现为以下三个方面：其一，共享共富是习近平乡村振兴发展的核心，现阶段城乡发展差距不断扩大的趋势没有根本扭转，城乡二元经济结构并没有根本改变。新时代“三农”依然是全面建成小康社会的“短板”，只有坚持共享共富的发展理念，坚持乡村振兴战略，才能实现城乡融合共享发展，助力全面建成小康社会。其二，新时代乡村振兴必须强化基层党组织建设，改善和加强党的领导，创新乡村治理，提升基层党组织在乡村振兴战略实践中的战斗力和凝聚力。其三，根据新时代城乡发展实际，坚持以人民为中心的发展立场，创造性地提出乡村振兴战略，形成了系统的中国特色社会主义城乡关系理论，必将推动中国“三农”实现全面现代化。

（二）为世界解决乡村问题贡献了中国智慧

习近平乡村振兴发展为破解新时代城乡发展不平衡、农村发展不充分的矛盾提供了理论和实践指导，而且为世界发展中国家正确处理城乡关系、推动乡村现代化贡献了中国智慧和中国方案。以习近平同志为核心的党中央积极参与全球治理，不断创新外交理念与实践，提出构建“人类命运共同体”的战略构想，在国际树立负责任大国的形象。中华人民共和国成立以来，城乡发展的历史性变革充分展示了中国“集中力量办大事”的制度优势，为世界解决乡村问题贡献了中国智慧。中国是一个农业大国，新型城镇化无论如何发展也无法完全容纳数量庞大的进城农民，中国的“三农”问题无疑也是世界问题。习近平乡村振兴发展为世界解决乡村问题提供了中国经验；中华人民共和国成立以来，对城乡发展的创新探索和成效为世界解决乡村问题提供了中国方案，这也足以证明中国特色社会主义的制度优势和中国共产党领导的政治优势。习近平乡村振兴发展为世界解决乡村问题做出了“中国示范”，为世界各国解决本国乡村问题提供了中国方案，为全球城乡融合共享发展贡献了中国智慧，构建“人类命运共同体”的倡议逐渐成为中国引领时代潮流和人类文明进步方向的鲜明旗帜。

二、乡村振兴的实践旨归

新时代破解城乡发展不平衡、不协调、不充分矛盾，必须正确理解习近平乡村振兴发展理论蕴含的重要实践和政策价值，即表现为夯实乡村振兴的物质基础、明确乡村振兴的价值依归、构筑乡村振兴的社会合力、强化乡村振兴的组织保障以及培育乡村振兴新动能等五个方面。

（一）坚持农业农村优先发展和三产融合，夯实乡村振兴的物质基础

中华人民共和国成立以来，中国农村面貌发生了根本性的变化，但“农业还是‘四化同步’的短腿，农村还是全面建成小康社会的短板”[①]。乡村振兴作为新时代做好“三农”工作的总抓手，必须坚持农业农村优先发展和三产融合，加快推进“三农”现代化，夯实乡村振兴的物质基础。

首先，加快推行农业标准化清洁生产，培育壮大农村优势产业，基于农村现有资源和禀赋条件，选择特色产业和特色产品，把现代农业作为实施乡村振兴战略的发展方向和重中之重。其次，完善农业支持保护制度，促进农村第一、二、三产业融合发展，延伸农业产业链，优化农业产业结构和经济结构，加快形成现代农业产业体系、生产体系、经营体系，提升农业发展质量和水平。第三，完善农村土地“三权分置”制度和农业支持保护制度，健全农业社会化服务体系，加快土地流转，培育家庭农场、专业种养大户、新型农业合作社等多种形式的新型农业经营主体，发展多种形式的适度规模经营。第四，农村优先发展必须遵循乡村建设规律，做到科学规划和从容建设，各地要依据党中央的顶层设计，因地制宜、精准施策，做好符合区域发展的规划方案和实施计划，聚焦阶段任务，设置时间表和任务书，打造各具特色的现代版“富春山居图”。

（二）坚持增进民生福祉的发展目标，明确乡村振兴的价值依归

“人民对美好生活的向往，就是我们的奋斗目标”[②]，增进民生福祉是新时代中国特色经济社会发展的根本目的。中国作为发展中的农业大国，不管城镇化发展到什么程度，依然有相当大规模的农村人口，乡村振兴必须顺应亿万农民对美好生活的向往，把改善和提高广大农民群众的生活水平作为根本的价值

① 中共中央文献研究室：《十八大以来重要文献选编》（上），中央文献出版社，2014，第658页。

② 中共中央党史和文献研究院：《习近平扶贫论述摘编》，中央文献出版社，2018，第3页。

取向，进一步解放和发展农村社会生产力，形成“以工促农、以城带乡、工农互惠、城乡一体的工农城乡关系”[①]。

首先，新时代乡村振兴必须走城乡融合发展之路，农民进城还是大趋势，这就要求创新体制机制和制度体系，加快农村转移人口“市民化”进程，实现基本公共服务常住人口全覆盖，让农民进城进得放心、留得安心。其次，农民现代化是乡村振兴的重要目标之一，不仅要关注进城农民的现代化，还要关注留在农村的居民的市民化，这就要求把城镇居民的发展机会和基础设施向农村拓展，增加农村高质量教育、医疗、文化等公共产品和公共服务的供给，让不进城的农民能够就地享受城市文明。再次，新时代乡村振兴必须坚持精准扶贫精准脱贫的“精准方略”，把扶贫同扶志、扶智相结合，坚决打赢脱贫攻坚战，确保农村贫困人口共享发展成果，与全国人民一道进入小康社会。

（三）坚持农民主体和多主体参与，构筑乡村振兴的社会合力

新时代中国特色乡村振兴战略必须尊重农民的主体地位，形成“农民主体、政府主导、市场引领、社会参与”的乡村振兴主体格局，构筑乡村振兴的社会合力。

第一，坚持农民主体就是调动广大农民的积极性和创造性，支持农民群众探索创新乡村振兴的方式方法，把农民培育成乡村振兴的主体力量，加快形成乡村振兴可持续的内生动力。第二，坚持乡村振兴中“政府主导”作用，中央政府做好顶层设计，各级地方政府应该按照顶层设计的要求，立足区域要素禀赋，通过政策引导和资金支持，创新乡村振兴的实施方式和工作计划，把《中共中央 国务院关于实施乡村振兴战略的意见》落到实处。第三，发挥市场在乡村振兴中的基础性作用，通过产权有效激励和要素自由流动引导各类市场主体，尤其是涉农企业通过投资“三农”、推动农村三产融合引领小农融入现代农业，形成小农户与现代农业有机衔接的市场引领机制。第四，建立和完善乡村振兴战略的社会参与机制，优化考核与激励机制，鼓励和引导企事业单位、高校与科研机构、社会团体组织和志愿者参与乡村振兴，凝聚乡村振兴的社会合力。

---

① 中共中央党史和文献研究院：《习近平关于“三农”工作论述摘编》，中央文献出版社，2019，第36页。

（四）加强和改善党对“三农”的领导，强化乡村振兴的组织保障

党管农村工作是中国革命和建设的优秀传统，农村党支部在农村各项工作中居于领导核心地位，“办好农村的事情，实现乡村振兴，关键在党”[①]。新时代实施乡村振兴战略，必须加强和改善党对“三农”工作的领导，提高党组织全面领导农村工作的能力和水平，把农村党组织打造成为宣传党的主张、贯彻党的决定、领导基层治理、团结带领农民群众实现乡村振兴战略的坚强壁垒。

第一，各级党委要加强和改善对“三农”工作的领导，深入乡村调查研究，切忌浮于表面、流于形式，真实了解农民对乡村振兴的诉求和期盼，把农业农村优先发展的要求落到实处。第二，乡村振兴要落实责任到人，优化考核激励制度，实施五级书记抓乡村振兴的工作机制，确保乡村振兴“在干部配备上优先考虑，在要素配置上优先满足，在资金投入上优先保障，在公共服务上优先安排”[②]。第三，完善农村基层干部选拔任用制度，通过大学生村官、“三支一扶”等方式优化农村基层党组织带头人队伍，培养优秀的农村基层党组织书记，提升党领导的科学化水平。第四，建立和完善以农村基层党组织为核心、农民为主体、各类社会组织协同参与的乡村治理格局，创新农村基层社会治理，为新时代乡村振兴创造和谐稳定的社会环境。

（五）深化农业供给侧结构性改革，培育乡村振兴新动能

新时代农业主要矛盾已经由总量不足转变为结构性矛盾，乡村振兴必须深化农业供给侧结构性改革，坚持贯彻落实“创新、协调、绿色、开放、共享的新发展理念”，培育农业农村发展新动能，走质量兴农、绿色兴农的现代农业发展之路。

第一，以市场需求为导向，立足区域比较优势调整和完善农业生产结构和产品供给结构，把增加优质绿色农产品供给放在突出位置，提高农业全要素生产率，不断提升农业综合效益。第二，以现代科技为支撑，加快转变农业发展方式，增加财政对农业科研的支持力度，创新体制机制推动科研成果转化为现

① 中共中央党史和文献研究院：《习近平关于“三农”工作论述摘编》，中央文献出版社，2019，第190页。

② 中共中央党史和文献研究院：《习近平关于“三农”工作论述摘编》，中央文献出版社，2019，第191页。

实的生产力，通过绿色化和科学化推进种植业结构性调整和农产品标准化生产，开创新时代农业发展新局面。第三，以健全市场机制为目标，把农业补贴向改善生产条件、生态环境、助农增收的“绿箱”政策倾斜，提升农业补贴的指向性和精准性，完善农业支持保护制度。第四，以家庭农场和农民合作社为抓手，培育新型农业经营主体和服务主体，通过“互联网+”搭建现代农业发展平台和现代农业产业园区，促进农户经营和现代农业发展的有效衔接。

/ 第九章 /
中国式现代化视域下小农户与现代农业有机衔接

习近平总书记在党的二十大报告中提出“以中国式现代化全面推进中华民族伟大复兴”，并将其界定为新时代新征程中国共产党的使命任务，作为人类文明新形态的中国式现代化，是人口规模巨大的现代化，是全体人民共同富裕的现代化。全面实现中国式现代化的难点在农村、重点在农民，必须直面中国农业经营主体是由分散独立经营的2.2亿个小农户组成的特征事实。

/ 第一节 /
问题提出

“务农重本，国之大纲。”中华人民共和国成立以来，党和国家积极探索实现农业现代化的路径问题，核心是立足人多地少、大国小农的特征事实，正确处理小农经济与现代农业的关系问题（叶敬忠等，2018）。改革开放前，受马克思主义“小农必然衰亡论”的指导，通过政府主导的集体化和组织化方式消灭小农经济，确立了“一大二公”的农业现代化蓝图，然而由于超越了当时的生产力水平和经济社会承载力，逐渐成为农业生产力发展的桎梏。1978年确立了以农村家庭联产承包责任制为基础的农村基本经营制度，确立了小农家庭经营的基础性地位，农业生产经营单位从集体化的人民公社恢复到小农经济状态，亿万小农户逐渐成为中国最广泛、最重要的农业生产经营主体。随着中国特色社会主义市场经济体制的确立，农业经营主体逐渐呈现出小农户与新型农业经营主体多元并存的格局（张晓山，2017），但关于小农户存续，学界存在两种不同的价值论调：一种论调将小农经济与现代农业对立起来，主张消灭小农经济（赵磊，2005）；另一种论调肯定小农的价值，认为小农经济现代化是中国特色农业现代化的重要组成部分（贺雪峰，2013）。新时代党和国家清醒地认识到小农户是现代农业发展的重要主体（郎秀云，2019），小规模家庭经营依然是中国长期农业生产经营的主要方式，短期内不可能把它完全消灭，进一步创造性地在党的十九大报告中指出“实现小农户和现代农业发展有机衔接”，在乡村振兴战略和城乡融合发展实践中赋予小农户新的时代价值和地位。2019年中共中央、国务院从国家战略全局的高度部署，出台《关于促进小农户和现代农业发展有机衔接的意见》。

伴随“实现小农户和现代农业发展有机衔接”这个时代命题的提出，亟须重新检视中国特色农业现代化进程中小农户的价值定位及其与现代农业的关系问题。张慧鹏（2019）从现代农业分工体系重新审视了马克思主义小农经济理论，厘清了大生产没有消灭小农户的理论逻辑基础。姜安印和陈卫强（2019）从历史、社会和当代三重视角对小农户的存在价值进行审视，进一步分析了小农户存在的客观依据及其现实合理性。现阶段小农户内含着不可切割的现代元素，与传统农业下的小农户有着截然不同的属性，农业生产经营活动主要面向市场和社会需求，这必然导致小农户面临更多的风险和不确定性（邓大才，2013；郭庆海，2018）。站在新时代这个新的历史方位，城乡融合发展与乡村振兴必须准确把握小农户的发展趋势，引导其与新型农业经营主体建立有效的利益联结机制（王乐君等，2019），关键在于探索一种激励相容的合约方式，实现农户受益和企业保持竞争力的双赢（何宇鹏、武舜臣，2019）。孔祥智和穆娜娜（2018）认为，中国要在小农户的基础上实现农业现代化，应继续坚持农村基本经营制度，逐步完善面向小农户的农业社会化服务体系。进一步地，苑鹏和丁忠兵（2018）基于重庆梁平的例证分析了小农户与现代农业有机衔接的实践模式，陈义媛（2019）则从黑龙江国有农场对衔接模式进行了考察。

可见，已有研究对小农户的价值定位及其与现代农业有机衔接方面进行了卓有成效的探索，成为本研究的理论镜鉴和逻辑起点。本研究聚焦于小农户与现代农业有机衔接的逻辑理路与实践取向，主要创新点如下：一是重新检视新时代小农户存在的生产力基础及其与现代农业有机衔接的理论溯源；二是从新时代农业农村现代化和乡村振兴战略的实践出发，厘清小农户与现代农业有机衔接的逻辑必然和时代价值；三是探索新时代小农户与现代农业有机衔接的治理理路和实践取向，以期为新时代正确认识和把握“实现小农户和现代农业发展有机衔接”的理论价值和实践取向提供参考。

/ 第二节 /
新时代小农户与现代农业有机衔接的理论缘起

中华人民共和国成立以来的农业发展以改造小农和小农经济为主要特征，经历了从“集体统一经营”到“家庭承包、统分结合”的经营体制，尽管多种类型的新型农业经营主体快速发展，但农民家庭经营的小规模生产活动仍将是中国农业生产领域的基本现实（贺雪峰，2018）。因而新时代中国特色农业现代化必须坚持马克思主义“小农经济论”，借鉴其他学派关于“小农”理论的有益成分，立足当代中国乡村振兴实践重新审视小农户的价值定位，厘清新时代小农户与现代农业有机衔接的理论溯源。

一、马克思主义“小农经济论”的再认识

马克思主义经典作家采用阶级分析法系统论述了农民的阶级属性和小农经济的命运。随着资本主义生产关系的确立，“以前的中间等级的下层，即小工业家、小商人和小食利者、手工业者和农民——所有这些阶级都降落到无产阶级的队伍里来了”[①]，然而在资本主义的生产关系中，农民阶级具有两重性，一般不会以自己的名义来维护自己阶级的利益，却把城市无产阶级看作自己的天然同盟者和领导者（项继权、贺鲁帅，2019）。马克思、恩格斯把小农界定为“小块土地的所有者或租佃者——尤其是所有者，这块土地既不大于他以自己全家的力量通常所能耕种的限度，也不小于足以让他养家糊口的限度”[②]，这就决定

① 中共中央 马克思 恩格斯 列宁 斯大林 著作编译局：《马克思恩格斯选集》（第1卷），人民出版社，2012，第408页。

② 中共中央 马克思 恩格斯 列宁 斯大林 著作编译局：《马克思恩格斯选集》（第4卷），人民出版社，2012，第358页。

其与先进的生产力无法相容，小农生产“既排斥生产资料的积聚，也排斥协作，排斥同一生产过程内部的分工，排斥对自然的社会统治和社会调节，排斥社会生产力的自由发展”[①]。因此，马克思强调“我们的小农，同过了时的生产方式的任何残余一样，在不可挽回地走向灭亡”[②]，并科学阐述了小农经济的未来出路在于合作化，“由联合的劳动者来经营大规模的农业，只有在这种巨大规模下，才能应用一切现代工具、机器等等，从而使小农明显地看到通过联合进行大规模经营的优越性”[③]，强调把小农的私人生产和私人占有变为合作社的生产和占有，用合作社改造传统小农。但是对小农的合作化改造必须尊重小农的意志，“不是采用暴力，而是通过示范和为此提供社会帮助”，马克思也强调“我们预见到小农必然灭亡，但是我们无论如何不要以自己的干预去加速其灭亡”[④]。

可见，马克思主义“小农经济论”不仅论断“小农必然走向灭亡”，而且描绘了未来社会农业发展的蓝图，成为无产阶级革命和社会主义国家正确对待小农经济的基本指南。但必须强调的是，“马克思主义是实践的理论”，新时代中国正确对待小农经济需要把马克思主义“小农经济论”与中国“三农”实践相结合，遵循生产关系必须适应生产力的客观规律（甘路有，2020），在实践中继承、创新和发展马克思主义“小农经济论”，开辟马克思主义农业经济理论新境界。

二、其他学派“小农经济论”的有益成分

与马克思主义“小农终结论”形成鲜明对比的是小农稳固论在历史长河中的亘古长青，大概可分为两种价值论调：一是社会主义国家（苏联）的实体主义学派，主要代表人物是恰亚诺夫，主张小农在合作的基础上实现一体化经营；

① 中共中央 马克思 恩格斯 列宁 斯大林 著作编译局：《马克思恩格斯选集》（第2卷），人民出版社，2012，第298页。

② 中共中央 马克思 恩格斯 列宁 斯大林 著作编译局：《马克思恩格斯选集》（第4卷），人民出版社，2012，第359页。

③ 中共中央 马克思 恩格斯 列宁 斯大林 著作编译局：《马克思恩格斯选集》（第3卷），人民出版社，2009，第331页。

④ 中共中央 马克思 恩格斯 列宁 斯大林 著作编译局：《马克思恩格斯选集》（第4卷），人民出版社，2012，第370页。

二是资本主义国家的形式主义学派，主要代表人物是舒尔茨，主张以新要素投入实现对传统农业的改造（陈健、苏志豪，2019）。新时代正确对待小农经济，实现小农户与现代农业的有机衔接，必须以博大的胸怀借鉴其他学派“小农经济论”的有益成分。

恰亚诺夫以“劳动—消费均衡论”为基础，提出家庭经营在农业中具有相对“优越性”的理论创见，并阐释了小农天生的弱质性和缺陷，提出未来农业发展是合作制与“纵向一体化经营”相结合，“只有以这样的形式，它才能同农业生产有机地结合起来，才能达到适当的深度与广度”。在革命前的俄国和所有的资本主义国家，合作社无非是小商品生产者在资本主义社会条件下寻求苟延残喘的一种生存方式，但在社会主义社会，情况就完全不同了，小农从一个社会阶层转变成了新社会经济制度的基础之一，即“在新的情况下，正是由于其高度的纵向一体化和集中，合作社体系通过它的中心同国家经济的领导机构结合在一起。这样，合作社就从资本主义社会中小商品生产者为求生存而创立的一种简单手段变成了社会主义生产体系的主要组成部分之一”①，而且这种组织方式也能够与生产集中和工业化相连接。因此，恰亚诺夫主张农业纵向一体化经营必须采取合作化方式将小农组织起来，提升农业生产的组织化程度和企业化水平，进而实现农业现代化。

资本主义国家形式主义学派的代表人物舒尔茨认为，传统农业之所以无法成为经济增长的源泉，“简单说就是供给者不能廉价地生产收入流的来源，以保证诱使需求者去购买任何一种新的（追加的）来源”②。因而对传统农业的改造必须创建一套完整的制度体系，能够驱动国家投资和供给可以使农业收入流向价格下降的现代农业生产要素，引导农民接受新的生产要素进行农业生产，这就需要从现代农业生产要素的供给和需求两个方面着手。一方面，现代生产要素的供给需要政府或其他非营利企业立足本国农业生产的要素禀赋和基础条件进行创新研发，供给能够满足传统农业改造的现代要素，进而经过专门的组织部门将它分发出去；另一方面，现代生产要素的需求应该立足农民的“经济人”特征，只有这些现代生产要素真正有利可图时，才可能被接受。另外，新的生产要素不仅包括农业机械、优良种子、化肥等“物”的要素，还包括具有接受

① 恰亚诺夫：《农民经济组织》，中央编译出版社，1996，第268页。

② 舒尔茨：《改造传统农业》，商务印书馆，1987，第61页。

能力、能够运用新生产要素的“人”，这就需要对农民进行人力资本投资，而且“各种历史资料都表明，农民的技能和知识水平与其耕作的生产率之间存在着有力的正相关关系”[①]。可见，改造传统农业必须从供给侧和需求侧创造条件引进现代生产要素，但对农民的人力资本投资处于关键与核心地位，这也决定了改造传统农业的长期性和历史性。

三、新时代中国特色“农业现代化”理论新拓展

中华人民共和国成立70多年来，农村经济发展取得巨大成效，但并未改变“大国小农”的基本特征事实，改革开放以来的农村基本经营制度，确立了小规模家庭经营的基础性地位。因此，新时代中国特色的农业现代化理论必须把马克思主义“小农经济论”与具体的中国“三农”实践相结合，借鉴其他关于“三农”理论的有益成分，为推进农业农村现代化提供理论指南。主要有以下三个方面的新拓展：

一是小农地位论。农村基本经营制度是党的农村政策的基石，赋予农民家庭在集体土地承包经营中的法定主体地位，这也导致“人均一亩三分地、户均不过十亩田的小农生产方式，是我国农业发展需要长期面对的现实”[②]，小农生产在相当时期内依然是农业生产经营的基本力量。这就要求中国特色的农业现代化必须重新审视小农户的价值定位，积极培育新型农业经营主体发展多种形式的适度规模经营，以周到便利的社会化服务把小农生产引入现代农业发展轨道，在小农生产的基础上推进中国特色农业现代化进程。

二是产业融合论。新时代巩固和完善农村基本经营制度，要顺应农民意愿，保障粮食生产能力和农民利益，创新农村基本经营制度的多种有效实现形式，丰富农村第一、二、三产业融合发展模式。把现代信息技术引入农业生产的各环节和全过程，推动农产品加工业优化升级，引导社会资本和工商资本下乡兴办现代农业企业，创新农村基本经营制度的多种有效实现形式，激活乡村特色旅游和文化体验功能，大力发展新型集体经济，让小农经济通过产业融合走向现代化。

三是利益共享论。新时代小农户与现代农业有机衔接的核心就是构建小农

① 舒尔茨：《改造传统农业》，商务印书馆，1987，第136页。

② 习近平：《论坚持全面深化改革》，中央文献出版社，2018，第398页。

户与现代农业的利益联结机制，让小农户切实分享到农业现代化的好处。改革开放以来，广大农民在没有改变农户家庭经营基础性地位的条件下，在实践中创造了诸如专业大户、家庭农场、股份合作等多种新型农业经营形式，不仅丰富了农村基本经营制度的内涵，而且极大地推动了中国特色农业现代化进程。因此，新时代推动农业现代化必须构建小农户与现代农业共享农业全产业链收益的制度体系，“不能富了老板、丢了老乡，要通过就业带动、保底分红、股份合作等多种形式，让农民合理分享全产业链增值收益”[①]。

/第三节/

新时代小农户与现代农业有机衔接的逻辑必然

新时代实现“两个一百年”奋斗目标，最艰巨最繁重的任务在农村，而且农业是“四化同步”短腿的情况依然没有明显改观。实现小农户与现代农业的有机衔接是新时代党和国家立足“大国小农”的基本特征事实，以马克思主义“小农经济论”为指导，借鉴其他学派“小农经济论”理论的有益成分，为实现中国特色农业现代化提出的理论创见，核心在于巩固和完善农村基本经营制度，正确处理好扶持小农户家庭经营与发展多种形式的适度规模经营的关系，在小农户经营的基础上实现农业现代化（阮文彪，2019）。

一、巩固和完善农村基本经营制度的重要举措

中华人民共和国成立70年来，党和国家立足国情、农情不断创新“三农”工作的体制机制，创造性地设计了农村基本经营制度、打好脱贫攻坚的“精准方略”、新时代乡村振兴战略等一系列体制机制和政策体系，农业、农村发展取得了历史性的成就（唐忠，2018）。新时代推进农业现代化，必须尊重农民意愿和维护农民权益，正确处理好农民和土地的关系，立足“家家包地、户户务农”的实际，完善“三权分置”的制度体系，落实农户家庭的承包权，加快土地经

① 中共中央党史和文献研究院：《习近平关于“三农”工作论述摘编》，中央文献出版社，2019，第100页。

营权流转，发展“家庭承包+”的农业经营形式，积极培育专业大户、家庭农场等新型农业经营主体，把股份制、股份合作制与“集体所有，统一经营”结合起来，创新农村基本经营制度的多种实现形式，“加快构建以农户家庭经营为基础、合作与联合为纽带、社会化服务为支撑的立体式复合型现代农业经营体系”[①]，把小农生产引入现代农业发展的轨道，形成小农户之间、小农户与新型农业经营主体之间合作经营与利益共享的可持续发展模式，赋予农村基本经营制度新的时代内涵和更加充满持久的制度活力，构筑实现新时代中国特色农业现代化的制度基础。

二、实现中国特色农业现代化的必然选择

改革开放以来，中国特色农业现代化建设成果丰硕，为新时代赢得全局工作发挥了重要作用。现阶段，培育新型农业经营主体，发展多种形式的适度规模经营，必须认识到小农户依然是中国农业生产最基本的组织形式，在传承中华优秀农耕文化、保障农村社会和谐等方面都至关重要，这必然导致家庭经营和小农生产方式是中国实现农业现代化需要长期面对的现实，不能忽视经营自家承包耕地的普通农户仍占大多数的基本农情。

因此，中国特色农业现代化要正确处理好小农户和新型农业经营主体的关系，把小农户引入现代农业发展轨道，实现“发展农业规模经营要与城镇化进程和农村劳动力转移规模相适应，与农业科技进步和生产手段改进程度相适应，与农业社会化服务水平提高相适应”[②]，推动家庭经营、集体经营、合作经营、企业经营共同发展，把现代农业生产要素引进传统小农的生产经营方式，提升小农生产的经营组织化程度和抗风险能力，推动提高农业生产集约化、标准化、绿色化水平，让农民自主选择他们满意的经营方式，推动小农户与其他新型农业经营主体一道走向现代化，共同分享现代化成果。

① 中共中央党史和文献研究院：《习近平关于“三农”工作论述摘编》，中央文献出版社，2019，第51页。

② 中共中央党史和文献研究院：《习近平关于“三农”工作论述摘编》，中央文献出版社，2019，第56页。

三、推动乡村振兴战略实践的客观要求

新时代党和国家立足国情、农情，顺应亿万农民对美好生活向往新企盼，做出实施乡村振兴战略的重大战略决策，是中华人民共和国成立以来党和国家“三农”工作一系列方针政策的继承和发展（邓金钱，2019）。“大国小农”的中国不管城镇化发展到什么程度，依然有几亿农村人口生活在农村，小农户仍是乡村建设和治理的基础，既要加快补齐农业农村发展和民生短板，着力解决农民群众最关心、最直接、最现实的利益问题，又要把亿万农民群众塑造成实施乡村振兴战略最重要的主体，让农民在共建共享中获得实实在在的获得感、幸福感、安全感。“现如今，乡村不再是单一从事农业的地方，还有重要的生态涵养功能、令人向往的休闲观光功能、独具魅力的文化体验功能”①，小农户精耕细作和家庭经营构成中国独特的农业生产方式和农民生活方式，在新时代实现乡村振兴和“三农”现代化方面都具有独到的价值和作用。

因此，乡村振兴战略的实践必须尊重和发挥小农户的主体地位，把科学技术和人力资本等现代要素引入小农生产，从根本上改变传统落后的生产经营方式，不仅让农业生产能够满足现代化进程中人民日益增长的对农产品量和质的需要，而且让亿万农村居民能够享受现代城市文明（洪银兴，2017），为新时代乡村振兴战略凝聚广泛的群众力量，培植乡村振兴可持续的内生动力。

四、“以人民为中心”发展理念的价值依归

“发展为了人民，这是马克思主义政治经济学的根本立场”②，新时代党和国家确立了“以人民为中心”的发展思想，旨在做出更有效的制度安排，实现发展成果由人民共享，使全体人民朝着共同富裕的方向稳步迈进。党的十八大以来始终把解决好“三农”问题摆在发展的突出位置，做出如期打赢脱贫攻坚战的决策部署，把维护农民群众利益、促进农民共同富裕作为根本的价值依归。小农户作为乡村治理和发展基础，必须坚持农业农村优先发展，恪守“实现共

① 中共中央党史和文献研究院：《习近平关于“三农”工作论述摘编》，中央文献出版社，2019，第99页。

② 中共中央文献研究室：《十八大以来重要文献选编》（下），中央文献出版社，2018，第4页。

同富裕，一个也不能掉队”“全面建成小康社会，一个也不能少”的根本原则，通过富裕农民、提高农民、扶持农民，提升小农户的组织化程度和生产经营水平。

具体表现为：一是以提高种地集约经营、规模经营、社会化服务水平为核心，提升农业生产经营效益，促进农民收入持续较快增长，实现农民富裕；二是以培养有文化、懂技术、会经营的新型农民为核心，提高农民科学素养和综合素质，让农民有意愿和能力在农业生产经营活动中引入现代生产要素，实现提升农民；三是以创造良好的务农环境、强化对农业的支持保护为核心，提升农业生产的抗风险能力，实现扶持农民。总之，实现小农户与现代农业的有机衔接、增加农民收入和提升农民获得感是关键，也是新时代“以人民为中心”发展理念的价值依归。

/ 第四节 /
新时代小农户与现代农业有机衔接的治理理路

中华人民共和国成立以来，农业生产经营方式逐渐走向多元化，“三权分置”改革进一步创新了农村基本经营制度的具体实现形式，呈现出“集体所有、家庭承包、多元经营”的基本特征，农业经营体系更加立体化、多元化（黄茂兴、叶琪，2019），小农户与多种新型农业经营主体并存成为实现中国特色农业现代化必须直面的特征事实。新时代实现小农户和现代农业有机衔接，必须明确土地承包关系长期不变的政策要求，采取科学的治理理路，把小农生产引入现代农业发展轨道。

一、政府主导和市场驱动相结合

中华人民共和国成立以来，党和国家根据时代需求调整城乡关系，这也导致农业经营方式的多元化变迁是在“政府主导”下演进的。新时代把社会主义市场经济体制明确为社会主义基本经济制度，这是党和人民的伟大创造，旨在充分发挥市场在资源配置中的决定性作用和更好地发挥政府的作用，这就要求实现小农户与现代农业有机衔接必须坚持政府主导和市场驱动相结合的治理理路。

从政府主导来看，就是在坚持巩固和完善农村基本经营制度的前提下创新制度供给、加强示范引领，通过政策扶持健全农业社会化服务体系，鼓励农民群众因地制宜、循序渐进地创新经营方式，实现小规模农户与现代农业发展的有机衔接。从市场驱动来看，就是完善农村产权制度，健全农村要素市场化配置机制，激活乡村沉睡资源和内生动力，推动资本、人才、土地、技术等现代生产要素下乡，突出抓好农民合作社和家庭农场两类新型农业经营主体，把现代要素引入传统农业生产经营活动，提升小农户的组织化和现代化程度，实现与现代农业发展的有机衔接。

二、统筹推进和协调发展相结合

新时代实现乡村振兴必须坚持家庭经营在农业生产中的基础性地位，统筹兼顾培育新型农业经营主体和扶持小农户的关系，创新和完善“三权分置”政策体系，鼓励土地承包经营权在公开市场流转，引导小农户融入专业大户、家庭农场、专业合作社等新型经营主体的生产体系，允许农民以土地经营权入股发展农业产业化经营，分享农业现代化成果。然而，创新农业生产经营体系，必须把握好土地经营权流转、集中、规模经营的度，按照宜大则大、宜小则小的原则发展农业适度规模经营，而且“改变分散的、粗放的农业经营方式是一个较长的历史过程，需要时间和条件，不可操之过急，……在这个问题上，我们要有足够的历史耐心”[①]。

因此，必须坚持统筹推进和协调发展相结合的治理理路，放活土地经营权，推动土地有序流转，创新农业经营体系，让农民根据自身意愿选择自己满意的经营方式，实现小农户与专业大户、家庭农场、专业合作、股份合作等多种经营方式协同共享发展，改善小农户的农业生产基础设施条件，拓展小农户的增收空间，不断提高农业经营效率和现代化水平。

---

① 习近平：《论坚持全面深化改革》，中央文献出版社，2018，第259-260页。

三、顶层设计和因地制宜相结合

实现小农户与现代农业有机衔接是党和国家立足“大国小农”的现实国情、农情，为实现中国特色农业现代化的发展目标，顺应亿万农民新企盼做出的重大战略决策。党的十九大报告提出“实现小农户和现代农业有机衔接”的理论创见，明确了新时代小农户的价值定位及其在推动中国特色农业现代化进程中的基础性地位，并出台《关于促进小农户和现代农业发展有机衔接的意见》(2019)，成为新时代正确处理小农户与现代农业有机衔接的顶层设计，必须进一步从国家层面精准研判乡村振兴战略实践中小农户与现代农业有机衔接的历史态势，择机编制《小农户与现代农业有机衔接发展规划》，强化规划引领，为全面推进小农户与现代农业有机衔接做好顶层设计和阶段性谋划，从国家层面部署重大工程、重大计划、重大行动。

然而，必须直面的是中国各地农业资源禀赋差异很大，不是所有的地方都适合集中连片规模经营，加之各种新型农业经营主体和经营方式都各有特色和优势，不能片面追求一个模式、一个标准，要鼓励农民结合各地区的资源禀赋结构和新型农业经营主体的异质性特征，积极探索不同类型经营主体的发展空间和适应性路径，创新小农户分享现代农业发展成果的多种有效形式。

四、尊重意愿与权益保护相结合

实现小农户与现代农业有机衔接是推动乡村振兴战略的客观要求，亿万农民群众是乡村振兴战略的关键主体和内生动力，家家包地、户户务农是现阶段许多地方农业发展的真实写照，这也决定了中国农业现代化必须是小农基础上的现代化。在坚持农村基本经营制度和尊重农民意愿的前提下，通过示范引领流转土地经营权和发展适度规模经营，创新制度供给，把小农户“三权”收益有效落实，让农户充分享有生产经营自主权的土地增值收益分配权，成为土地适度规模经营的积极参与者和受益者。但必须明确的是，农业生产方式和农村经济体制改革必须坚守不能损害农民利益的底线，对工商企业承包农户耕地，要设置严格的准入门槛，防止土地过度集中到少数人手里，防止一些工商资本承包农户耕地后改变土地用途进行非农建设，对“十八亿亩红线”和国家粮食安全产生不利影响。

另外，按规划严格实行土地用途管制政策，坚持稳定现阶段土地承包关系，进一步创新“三权分置”改革的制度供给，健全公开规范的土地流转市场，不断探索农村土地集体所有制的多种有效实现形式，适度放活宅基地和农民房屋使用权，切实尊重农民意愿和维护农民权益，严格禁止资本下乡利用农村宅基地建设别墅大院和私人会所。

/ 第五节 /
新时代小农户与现代农业有机衔接的实践取向

“实现小农户和现代农业发展有机衔接”是以习近平同志为核心的党中央立足国情、农情提出的科学理论创见，明确了小农户的价值定位，赋予中国特色农业现代化新的内涵，2018、2019年中央一号文件均对此做出明确的部署，并于2019年出台《关于促进小农户和现代农业发展有机衔接的意见》。站在新时代这个新的历史方位，实现小农户和现代农业有机衔接，改变农业是“四化同步”短腿的状况，必须准确把握强化组织保障、夯实制度基础、培植内生动力、完善支撑体系和实现利益共享的实践取向。

一、加强和改善党对“三农”的领导，强化组织保障

坚持党的领导是中国特色社会主义制度的最大优势，党的十九届四中全会进一步强调坚持和完善党的领导制度体系，把党的领导落实到国家治理各领域、各方面、各环节。党管农村工作是我们的传统，中华人民共和国成立以来，农村发展的实践证明，“办好农村的事情，实现乡村振兴，关键在党”[①]，新时代各级领导干部要大兴调查研究之风，倡导求真务实精神，多到农村去走一走，多到农民家里去看一看，真正把握农民生产生活中遇到的实际问题，了解农民的新诉求和新企盼，正确处理好扶持小农户和培育新型农业经营主体的关系，提升各级党委领导“三农”工作的能力和水平。农村党支部在农村各项工作中

① 中共中央党史和文献研究院：《习近平关于“三农”工作论述摘编》，中央文献出版社，2019，第190页。

居于领导核心地位，实现小农户与现代农业有机衔接，必须抓住健全乡村组织体系这个关键，加强农村基层党组织带头人队伍和党员队伍建设，培养一支懂农业、爱农村、爱农民的农村工作队伍，把农业农村优先发展、城乡融合发展以及乡村振兴的要求落到实处。乡村党支部要配备好领导班子，深化村民自治实践，引导小农户参与合作经济组织和产业化经营，最终走向共同富裕。

二、巩固和完善农村基本经营制度，夯实制度基础

新时代坚持党和国家的农村政策，最基本的就是坚持农村基本经营制度，发展多种形式的农业适度规模经营，这也是实现小农户和现代农业有机衔接、推动乡村振兴战略实践的制度基础。根据其新的时代内涵和实践需要，包括以下三点：一是坚持农村土地农民集体所有。中国农村改革的重大理论和实践创新就是家庭联产承包责任制，这种制度安排明确界定了土地所有权归集体、承包经营权归农户的权属安排。新时代坚持巩固和完善农村基本经营制度，深化农村经济体制改革，必须尊重农民保留土地承包权、流转土地经营权的意愿，绝对不能动摇农村土地集体所有制的基础性地位，应进一步创新土地“三权分置”的制度供给和流转管理服务方式，为发展农业适度规模经营创造条件。二是坚持家庭经营的基础性地位。家庭联产承包责任制明确界定农民家庭是集体土地的法定经营主体，赋予家庭经营在农业生产中的基础性地位。近年来，广大农民在实践中虽创造了多种多样的农业经营体系，但并未改变“家家包地、户户务农”的小规模家庭经营的基础性地位和农民家庭经营的土地承包地位，因而实现小农户与现代农业的有机衔接，必须坚持集体承包权属于农民家庭，在此基础上创新土地流转方式和管理服务。三是坚持稳定的土地承包关系。实现小农户与现代农业的有机衔接必须紧紧抓住新时代深化农村改革的主线，尊重农民意愿，审慎稳妥处理好农民和土地的关系，保持现有土地承包关系长久不变。“党中央决定，农村土地第二轮承包到期后再延长三十年”[①]，将土地承包关系稳定期延长到75年，这就要求落实好“三权分置”的重大创新，完善相关制度安排，让农民吃上“定心丸”，协同推进小农户与现代农业实现有机衔接。

① 习近平：《论坚持全面深化改革》，中央文献出版社，2018，第398页。

三、尊重农户主体地位和首创精神，培植内生动力

亿万农民群众既是新时代实现中国特色农业现代化的直接对象，也是实现乡村振兴的关键主体，实现小农户与现代农业有机衔接必须尊重小农户的主体地位和首创精神，支持小农户探索创新有机衔接的方式方法，引导小农户树立主体意识，激发他们融入现代农业发展的积极性，加大内生动力的培植力度。具体来讲包括两个方面：一是实现小农户与现代农业有机衔接必须尊重小农户的主体地位。“大国小农”的国情、农情和农村基本经营制度决定了农民家庭经营的基础性地位和小农户在乡村振兴中的关键主体地位，对小农户的扶持项目和扶持活动必须紧扣小农户发展的现实需要，协同开展小农户发展能力提升工程、小农户组织化发展工程、小农户社会服务体系健全工程等，充分调动小农户融入现代农业发展的积极性，变“要我融入”为“我要融入”。二是要重视小农户在实现与现代农业有机衔接中的首创精神，把外在扶持和内生动力的培植结合起来，改变简单给钱、给物的扶持方式，多采用项目示范引领、总结推广成功典型等做法，用小农户最喜闻乐见的方式进行宣传和带动，激励和引导小农户探索创新衔接的方式方法，培植实现小农户与现代农业有机衔接的内生动力。

四、健全城乡融合发展的体制机制，完善支撑体系

城市和乡村是互促互进、共生共存的。中华人民共和国成立以来，党和国家对城乡关系的把握是完全正确和富有成效的。现阶段城乡关系发生深刻变革，城乡融合发展的新格局正在形成，实现小农户与现代农业有机衔接的支撑体系初具雏形。新时代建立健全城乡融合发展的体制机制和政策体系，让小农户平等参与现代化进程，共同分享现代化成果。

具体来讲，包括三个方面的要求：一是加快构建新型农业经营体系。在坚持和完善农村基本经营制度的基础上，允许小农户以土地等要素入股发展农业产业化经营，通过“三权分置”和土地流转发展专业大户、家庭农场、专业合作社等多种经营方式，让小农户共享农业全产业链收益。二是赋予农民更多的财产权利，拓展小农户的增收空间。不管城市怎么发展，大量农民留在农村从事家庭经营依然是中国城乡发展的基本特征事实，这就要求创新制度供给，维

护小农户的土地承包经营权，保障小农户的集体经济收益权，慎重推进农村“三权”抵押、转让试点，拓宽小农户的增收空间，提升小农户的发展能力。三是推进城乡要素平等交换和公共资源均衡配置。以新型城镇化和乡村振兴战略为两大抓手，清除阻碍要素下乡的各种障碍，保障农民工同工同酬，公平分享土地增值收益，吸引资本、技术、人才下乡，实现城乡人口有序流动、产业有序集聚的共享发展新格局。

五、创新农业经营体系和衔接方式，实现利益共享

小农本身是多元性社会生产关系集合的范畴，小农户与现代农业有机衔接必然是在充分发挥小农户和各类新型农业经营主体积极性的基础上，创新农业经营体系和衔接方式，健全小农户与各种经营主体、龙头企业的合作运行机制，培育更具市场竞争力的小农户组织主体，让小农户能够分享现代农业中的价值。

近年来，广大小农户在创新农业经营体系方面进行了卓有成效的实践探索和创新，在坚持农村基本经营制度的基础上创造了诸如专业种养大户、家庭农场、农业产业化经营等多种多样的新形式，基本形成了粮食等大田作物“社会化服务耕种+家庭成员日常管理”的经营模式。但与中国特色农业现代化的发展相比仍存在较大差距，这就需要进一步健全小农户与各类新型农业经营主体的合作运行机制，引导农户和专业合作社、农业龙头企业签订稳定的合作协议，通过“互联网+小农户”“小农户+社会组织”“小农户+专业合作社”“小农户+农业龙头企业”等多种衔接方式，支持小农户将生产要素折资入股现代农业企业获取收益，建立农户和现代农业的利益联结体系，既使小农户能够稳定获取现代农业收益，又使现代农业能够保持经营竞争力，确保在中国特色农业现代化进程中小农户能够公平分享成果，让小农户有更多的获得感、幸福感。

/ 第十章 /

返乡创业试点政策与乡村振兴——基于县域视角*

城乡关系是人类社会发展最基本的关系形态，国家的现代化进程也是城乡关系不断调整和重塑的过程。中华人民共和国成立以来，尤其是改革开放以来，城乡关系发生了翻天覆地的变化，传统城乡二元结构开始松动，城乡发展差距显著缩小，城乡融合发展新格局正加快形成。新时代新征程全面推进乡村振兴，成为做好“三农”工作、破解城乡发展不平衡和乡村发展不充分问题的重要“抓手”。

从党的十九大首次提出“乡村振兴战略”，到2021年《中华人民共和国乡村振兴促进法》正式实施，再到党的二十大进一步强调“扎实推动乡村产业、人才、文化、生态、组织振兴”，逐步构建起乡村振兴的制度框架和政策体系，《乡村振兴战略规划实施报告（2018—2022）》指出实施乡村振兴战略的首个五年规划目标任务顺利完成，农业农村发展迈上新的台阶。然而，正如习近平总书记强调的那样：“全面实施乡村振兴战略的深度、广度、难度都不亚于脱贫攻坚，要完善政策体系、工作体系、制度体系，以更有力的举措、汇聚更强大的力量，加快农业农村现代化步伐，促进农业高质高效、乡村宜居宜业、农民富裕富足。”

* 本章核心部分载于《中国人口科学》，2024年第1期，第51-66页。

/第一节/
文献综述与问题提出

农民工等群体返乡创业是中国经济发展过程中出现的一种独特现象（黄祖辉等，2022）。改革开放以来，亿万农民离开农村进入城市务工，农民工不仅对中国经济增长的贡献率达到7.93%（程名望等，2018），而且为乡村发展带来了人力资本、物质资本与社会资本的积累和创造（李朝晖、李安，2013）。20世纪90年代，部分地区就出现了“返乡创业潮”（程春庭，2001）。

党的十八大以来，为了应对全球经济下行和实现经济高质量发展，中国加快产业结构转型升级，大量传统产业被挤出，农民工因自身人力资本提升缓慢导致工作技能无法适应新兴产业需求，从而就业空间一再被挤压（曹宗平，2019），大量农民工基于生存、自我发展或自身价值的实现选择返乡创业（朱红根、康兰媛，2013）。2015年国务院印发《关于支持农民工等人员返乡创业的意见》，国家发展改革委同有关部门在2016年2月、2016年12月、2017年10月分三批遴选341个返乡创业试点县域，开展支持农民工等人员返乡创业试点工作，极大地激发了农民工等群体返乡创业热情，加之“大众创业、万众创新”的政策引领，形成了多层次、多样化高质量的返乡创业发展格局，不仅整合了农村的各类要素资源，而且对带动农民就地就近就业、促进乡村振兴起到了巨大的推动作用。这带给我们的思考是，中国特色的返乡创业试点政策能在多大程度上促进乡村振兴？具体的理论逻辑与作用机制是什么？本章将致力于回答这个问题。

从现有研究成果来看，涉及返乡创业试点政策与乡村振兴及其二者关系的文献，主要分为以下三个方面：

一是乡村振兴战略的相关研究，包括乡村振兴战略提出的背景研究（Tang等，2023）、乡村振兴的内涵界定（王佳宁，2017；贺雪峰，2017）以及理论贡献（范建华、邓子璇，2023）等。乡村振兴作为新时代中国特色“三农”发展战略体系的重要组成部分，是破解农业农村农民问题，促进农业发展、农村繁荣、农民增收的治本之策（张怀英，2018；张挺等，2018）。目前，关于乡村振兴的定性研究覆盖乡村振兴战略的目标任务及其实施路径（黄祖辉，2018；王云华，2019）、乡村振兴战略的典型模式和困境（杨磊、徐双敏，2018）、乡村振兴战略的若干维度观察（郭晓鸣，2018）等。在定量研究方面，主要包括两类：一类是利用乡村振兴发展评价指标体系对乡村振兴发展水平进行定量测度（吕承超、崔悦，2021；毛锦凰，2021）；另一类是乡村振兴对巩固脱贫攻坚成果（郝晓薇等，2019；申云等，2019；孙玥等，2022）、提高农民创业与返乡就业（Reichert等，2014；石丹淅、王轶，2021；姜姝，2021）以及推动乡村经济可持续发展（曾润喜、莫敏丽，2021）等的研究。

二是返乡创业的相关研究，包括返乡创业的政策背景（Wang，2022）、影响因素（张建民等，2023）等。决定个体创业与否的因素主要有个体特质（Folmer等，2010）、社会环境（Nee，1992）、家庭结构（杨婵等，2017）等。李文安（2003）认为农民工在打工生涯中获得了技能、积累了资金、开拓了视野，这使得农民工产生了回乡创业的动机，形成了乡村特有的农民工进城与回流并存的现象。汪三贵等（2010）实证验证了人力资本和社会资本直接影响返乡农民工的创业意愿和创业行为，即高等教育、职业培训、社会网络、人际关系等都能显著影响返乡农民工的创业热情。李晓静等（2022）实证检验了提升数字素养能够显著促进返乡农民工创业，因此，大力提升农民的数字素养非常必要。朱红根（2012）的研究同样证实，政策资源获取对返乡农民工的创业实践具有重要影响。

三是返乡创业试点政策的经济效应研究。农民工返乡创业能够吸纳农村剩余劳动力，通过创业带动就业，也有利于农村城镇化与县域经济发展（辜胜阻、武兢，2009）。王轶和刘蕾（2022）实证研究发现，农民工返乡创业显著缩小了农民收入差距，促进了农村的共同富裕。谢韶光（2011）研究认为，农民工返乡创业推动了乡镇企业的发展，加快了城乡之间的全要素交流，提高了欠发达地区的资源配置效率。赵联飞（2021）认为，农民工返乡创业促进了以工补农、以城带乡，推动形成工农互促、城乡互补、协调发展、共同繁荣的新型工农城乡关系，加快了城乡融合发展。庄晋财等（2023）认为，农民工返乡创业推动了中国乡村从“打工经济”向“创业经济”转型，从“城乡非均衡”向“城乡一体化”转型，从“依赖全球产业链”向更加重视“城乡产业内循环”转型。伴随着返乡创业试点政策的实施，从县域经济增长视角研究返乡创业试点政策逐渐进入学者的研究视野。李波等（2023）利用中国县域面板数据实证，发现了返乡创业试点政策显著地促进了县域产业结构升级。罗明忠等（2023）的研究发现，返乡创业试点政策可通过提升县域产业结构的合理化和高级化水平，进而可推动农民的收入增长。何宜庆等（2023）通过多期双重差分法证实，返乡创业试点政策通过促进农民创业、带动非农就业与增进农民要素收入三种机制促进了农民增收。除此之外，汤龙等（2023）还发现返乡创业试点政策通过吸引更多的资本、劳动等优质要素向乡村回流，继而推动了农民增收。

综上，对已有文献的梳理不难发现，诸多学者围绕乡村振兴、返乡创业等问题进行了卓有成效的探索，但鲜有文献系统考察返乡创业试点政策对乡村振兴的影响效应及其作用机制，这为本研究提供了理论借鉴和逻辑起点。因此，有别于已有研究，本研究聚焦县域这个全面推进乡村振兴的主战场，将在以下几个方面做出新尝试，也构成本研究可能的边际贡献：第一，基于2011—2020年中国2045个县域面板数据展开分析，弥补了以往文献只停留在省级和地级市层面或选取县域样本时间过于滞后的缺陷。第二，将返乡创业试点政策的实施作为一项准自然实验，利用多期双重差分模型构建县域、时间层面的倍差，检验返乡创业试点政策对乡村振兴的影响效应，能够整体上解决数据的内生性问题，提高本研究结论的准确性。第三，本研究从县域产业结构升级效应、市场经济机会拓展效应和农村集体经济发展效应的新视角考察返乡创业试点政策影响乡村振兴的作用机制，拓展了已有文献的研究视域，为更好地实施返乡创业政策、全面推进乡村振兴提供了有效的证据支撑。

/第二节/
政策背景与理论分析

一、政策背景

政策试点是具有中国特色的治国理政实践方法，先行试点，然后推广的做法兼顾了中国各地的区域禀赋差异。2015年3月的《政府工作报告》首次提出“大众创业、万众创新”，掀起了“大众创业”“草根创业”的潮流。为支持农民工、大学生等群体返乡创业，促进乡村百业兴旺，2015年6月，国务院出台《关于支持农民工等人员返乡创业的意见》，这被视为国家层面推动农民工等群体返乡创业的第一份政策文件，初步构建起返乡创业的体制机制和政策支持体系，并于2016年2月、2016年12月以及2017年10月分三批遴选341个县域开展返乡创业试点工作（表10-1），对激发创业热情、繁荣乡村产业、促进乡村振兴提供了良好的政策支撑。截至2022年底，全国返乡创业人员数量累计达到1220万人，且平均每个创业主体可以带动6～7个本地农民就近就业（常钦，2023）。

表10-1　返乡创业试点县遴选时间与数量分布

获批批次	获批时间	获批数量及其区域分布				
		总数量	东部	中部	西部	东北
第一批	2016年2月	90	19	25	38	8
第二批	2016年12月	116	20	35	53	8
第三批	2017年10月	135	21	44	59	11
合并		341	60	104	150	27

受益于信息技术和数字经济的快速发展，叠加《鼓励农民工等人员返乡创业三年行动计划纲要（2015—2017年）》《关于支持返乡下乡人员创业创新促进

农村一二三产业融合发展的意见》《关于进一步推动返乡入乡创业工作的意见》和《关于推动返乡入乡创业高质量发展的意见》等政策红利，返乡创业试点政策在实践中效果明显，不仅培育了经济社会发展新动力，而且不断催生高质量发展新动能。另外，返乡创业试点政策以其固有的灵活性、探索性已广泛渗透到乡村振兴的各个领域。2015年起，国家发展改革委将返乡入乡创业典型成功案例汇编成册，成为各级政府开展返乡创业工作的重要决策参考资料。

以河南省为例，汝州市主动开展亲情招商，提供“保姆式”招商服务，培育机绣纺织产业集群；平舆县利用白芝麻原产地的种植规模及产量在全国遥遥领先的优势，进行产品深加工，培育出康博汇鑫、蓝天芝麻小镇等驰名品牌；光山县摸索出“电商+产业+服务”模式，将光山十宝、老家镇平、原本卢氏等60多个网货品牌推向市场；鹿邑县则重点打造毛刷产业，其化妆刷创业孵化园成为河南省创业孵化基地，集聚了化妆刷特色生产街区、羊毛衫创业孵化园、化妆刷特色小镇等。

二、理论分析与研究假说

党的十九大报告首次提出“实施乡村振兴战略”，全面建成小康社会后，习近平总书记指出全党“三农”工作重心历史性转向进一步巩固拓展脱贫攻坚成果，接续推动脱贫地区发展和乡村全面振兴（习近平，2019）。《中华人民共和国乡村振兴促进法》指出“产业兴旺、生态宜居、乡风文明、治理有效、生活富裕”是乡村振兴的总体要求，新时代全面推进乡村振兴，核心是抓好“人、地、钱”三个关键（叶兴庆，2018），这与返乡创业目标具有显著的契合性（王轶、熊文，2018）。根据城乡二元经济结构理论，乡村发展长期滞后于城镇的一个重要原因是乡村缺乏产业支撑，返乡创业支持政策能够吸引在异地就业、就学的潜在创业群体带着知识、技能、资本、技术等经济性要素返乡创业，吸引人力资本、现代化生产要素向乡村集聚，赋能农业“接二连三”，加快乡村三产融合，推动产业兴旺。

随着发展方式的绿色化转型，有利于生态环境保护的返乡创业项目更容易获得政策和资金支持，激励返乡创业者去选择符合乡村生态宜居要求的绿色产业，并致力于建设生态宜居型乡村。乡风文明和治理有效作为全面推进乡村振兴的重要内容，需要有一批高素质的人才去引领和示范，而返乡创业者大部分来自优秀农民工、大学生以及退伍军人等群体，拥有较好的行为规范，可以在乡村通过言传身教、示范引领带动身边群体向上向善，推动乡风文明建设，提高乡村治理水平。乡村振兴中，生活富裕的关键是实现农民收入可持续增长，而返乡创业能够带动当地农民就地就近就业，拓宽了农民的增收致富渠道，成为解决农民生活富裕最直接的方式。基于这一分析，本研究提出假说一：返乡创业试点政策能够显著推动乡村振兴。

进一步地，本研究从产业结构升级效应、经济机会拓展效应和集体经济发展效应三个视角分析具体的作用机制。

一是，产业结构升级效应。产业振兴是解决乡村一切问题的前提，也是乡村全面振兴的基础和关键。从历史实践来看，农业自古以来就作为乡村发展的基础和农民维持生计的第一就业空间。改革开放以来，“家庭联产承包责任制”的实施导致农业生产呈现分散化和小部门化趋势，加之乡村非农产业发展不足，产业门类不全，长期导致乡村发展滞后，难以吸引高质量人才投身乡村、服务“三农”（高帆，2021）。返乡创业试点政策启动以来，在政策红利和财政金融等的支持下，各类人才、资金、现代技术等生产要素开始从城市向乡村流动（武汉大学国家发展战略智库课题组，2022），引导资源在更大范围内有效配置，并与当地的禀赋优势、乡土特色结合，助力乡村发展多种形式的适度规模经营，延长农业产业链条，不仅把农业引入现代化的发展轨道，而且在乡村引入工业和服务业，催生了直播电商、数字文旅、休闲农业、认养农业、乡村旅游等新业态，赋能农业“接二连三”，推动乡村产业结构由第一产业占优势的“农业主导型”向第二、三产业占优势的“非农主导型”演化和升级。产业结构升级提升了农业与第二、三产业的关联度，通过产业交叉、融合、渗透等形式不断发掘农业新功能、新价值，吸引更多有志之士返乡创业，优化产业链、价值链、知识链、供应链的城乡布局，为全面推进乡村振兴奠定了产业基础。另外，乡村产业结构升级能够激活更多要素，吸引并留住人才，拓宽农民增收渠道，开展多元文化活动，推动乡村全面振兴。根据《中国乡村振兴产业融合发展报告（2022）》的数据，截至2021年9月，全国在乡创业创新人数达到3150万，已经成为县域产业结构升级、农民就业增收和乡村经济发展的重要支撑。因此，本研究提出假说二：返乡创业试点政策可通过产业结构升级效应推动乡村振兴。

二是，经济机会拓展效应。城乡二元体制的长期存在，限制了生产要素在城乡之间的自由流动，城市偏向型的发展模式使得乡村长期处于发展边缘，农业生产的弱质属性也导致农业比较收益在全产业体系中处于劣势地位，导致市场经济机会向“三农”领域延伸和拓展受到制度和“三农”禀赋的约束，加之家庭联产承包责任制赋予小农户在中国农业生产经营中的主体性地位，分散经营的小农户难以对接“大市场”，长期导致乡村成为现代化的“短板”。政府支持农民工等群体返乡创业改变了农村外出劳动力“城乡”就业创业的成本-收益函数，推动形成“返乡创业潮”（魏滨辉等，2023）。从要素流动来看，政府支持的返乡创业打破了城乡区域封闭的小市场和内部小循环，促进商品要素资源在城乡之间、乡村之间的更大范围内有效配置，推动城乡之间、乡村之间形成专业化分工、社会化生产新格局，为全面推进乡村振兴提供了良好的要素支撑。从市场参与来看，政府支持的返乡创业能够将市场经济思维直接嵌入创业过程，带来县域商业模式创新，农民以及各类新型农业经营主体可根据市场导向生产高品质特优农产品，根据农业生产经营的现实需求购买工业品等生产资料以及社会服务，利用各类创业平台实现“农产品上行”和“工业品下行”渠道畅通，提升乡村的市场触达能力和获取市场资源的能力，为推动乡村全面振兴提供了市场化动能。从乡村振兴成效来看，不仅乡村产业振兴需要市场，而且市场在乡村生态资源价值转化、人居环境治理、乡风文明建设、农民生活富裕等方面的作用不可或缺，全面推进乡村振兴不仅需要不断拓展市场经济机会，还要构建市场化赋能乡村振兴的长效机制（黄祖辉等，2021）。截至2020年10月，全国返乡创业试点地区共计创办市场主体约225万个，为强化地方市场意识和推进乡村振兴做出了重要贡献。据此，本研究提出假说三：返乡创业试点政策可通过市场经济机会拓展效应推动乡村振兴。

三是，集体经济发展效应。农村集体经济是中国特色社会主义基本经济制度的重要组成部分，也是政府组织产业扶贫、产业振兴的重要载体，构成全面推进乡村振兴的重要内生性力量（丁忠兵，2020）。然而由于改革开放以来制度变迁的“去集体化”，导致当前大多数农村集体经济陷入空壳化，难以满足全面推进乡村振兴和扎实推进共同富裕的现实需要（邓金钱，2023）。从政策实践来看，政府支持的返乡创业政策与新型集体经济发展政策具有时间相叠、过程相通、目标相融的契合性。2015年国务院出台《关于支持农民工等人员返乡创业的意见》，并于2016年启动政策试点，同样，2016年中共中央、国务院发布《关于稳步推进农村集体产权制度改革的意见》，明确了农村集体经济组织的市场主体地位。在政策导向和资金支持的双重激励下，返乡创业者更倾向于以多种形式创办农民专业合作社、家庭农场等农村集体经济组织，以多种形式参与农村集体经济组织改革，探索出农村集体经济的多种有效实现形式，消除集体经济“空壳村”、改善集体经济“薄弱村”取得了显著成效（高鸣、芦千文，2019）。农村集体经济的发展壮大可以把小农户组织起来对接“大市场”和“大国家”，通过资源整合重组推动农业现代化并带动非农产业发展，赋能乡村产业兴旺和农民生活富裕。从生态宜居和乡风文明来看，集体经济发展为完善农村基础设施配套、打造舒适人居环境、推动乡风文明建设提供了物质财富基础。另外，通过吸收返乡创业者担任农村集体经济“带头人”和乡村振兴“领头雁”，引导返乡创业者积极参与乡村党组织建设和村民自治组织建设，推动乡村治理有效。可见，农村集体经济能够从产业兴旺、生态宜居、乡风文明、治理有效、生活富裕等层面全面推进乡村振兴。据此，本研究提出假说四：返乡创业试点政策可通过集体经济发展效应推动乡村振兴。

/ 第三节 /
实证策略与数据说明

一、实证策略

返乡创业试点政策作为国家推动乡村振兴的顶层设计，为本实证研究提供了重要的准自然实验。为了寻找返乡创业试点政策影响乡村振兴的经验证据，本研究构建如下的交叠双重差分模型：

$$rural_{it} = \gamma_0 + \gamma_1 entre_{it} + \sum_{j=1}\gamma_j control_{ijt} + \eta_i + \delta_t + \varepsilon_{it} \tag{1}$$

其中，i表示样本截面单元，t表示样本时间单元，$rural$表示乡村振兴的代理变量。$entre$为本研究关注的返乡创业试点政策的虚拟变量，具体为$entre_{it}$ =

$treat_i \times post_t$；$treat$ 表示入选返乡创业试点县虚拟变量（入选则赋值为1，未入选则赋值为0）；$post$ 为时间虚拟变量（入选前赋值为0，入选后赋值为1）；$entre$ 的估计系数 γ_1 则为本研究所关注的焦点，即返乡创业试点政策对乡村振兴的影响效应。$control$ 为一组影响乡村振兴的其他控制变量；η_i 代表样本个体固定效应，即县域层面不随时间变化的禀赋特征；δ_t 代表时间固定效应，即控制了全国层面的宏观因素；ε_{it} 为与时间、地区无关的残差项。

二、指标选择

（一）被解释变量——乡村振兴

党的二十大报告指出"扎实推动乡村产业、人才、文化、生态、组织振兴"，对乡村振兴的内涵做出全面概括，根据《中华人民共和国乡村振兴促进法》对乡村振兴的总体要求，徐雪和王永瑜（2022）从产业兴旺、生态宜居、乡风文明、治理有效、生活富裕五个维度对中国省域乡村振兴水平做出了评价。

然而，本研究下沉到县域这个全面推进乡村振兴的主战场，考虑到数据可得性，参照已有研究，同样从产业兴旺、生态宜居、乡风文明、治理有效、生活富裕五个维度选取十个指标构建县域乡村振兴指标体系，采用熵权法计算县域乡村振兴指数，为了数据可比，将其乘以100作为被解释变量（表10–2）。

表10–2　乡村振兴评价指标体系及其权重系数

一级指标	二级指标	指标解释	单位	权重
产业兴旺	三产融合程度	产业融合系数	–	0.0003
	农业发展水平	第一产业增加值/国内地区生产总值	%	0.0989
生态宜居	污染物排放量	二氧化碳排放量	吨	0.0047
	医疗卫生条件	医疗卫生机构床位	个	0.1865
乡风文明	教育资源水平	普通中学在校学生数	人	0.1916
	文化服务水平	公共图书馆总藏量	千册	0.1892
治理有效	基层民主组织	村民委员会个数	个	0.1750
	政府干预能力	一般公共预算支出/国内地区生产总值	%	0.0762

续表10-2

一级指标	二级指标	指标解释	单位	权重
生活富裕	农村居民收入	农村居民人均可支配收入	元	0.0759
	城乡收入差距	城乡居民收入比	%	0.0017

（二）核心解释变量——返乡创业试点政策

基于国家发展和改革委员会网站公布的返乡创业试点县名单，结合试点启动年份，统一对2045个县设置政策虚拟变量，生成试点政策交互项来表征，变量名称记为*entre*。

（三）控制变量

为了准确揭示返乡创业试点政策对乡村振兴的影响效应，获得更加稳健的估计结果，参照已有研究，选择人口规模、社会消费规模、对外贸易水平、金融发展水平、财政自给率、互联网使用水平、社会福利水平七个控制变量。其中，人口规模采用县域年末总人口的对数值来衡量，社会消费规模采用社会消费品零售总额的对数值测度，对外贸易水平采用县域实际利用外资的对数值测度，金融发展水平采用年末金融机构各项贷款余额与国内生产总值的比值衡量，财政自给率采用政府财政一般公共预算支出与政府财政一般公共预算收入的比值测度，互联网使用水平采用县域宽带接入用户数的对数值来计算，社会福利水平采用各种社会福利收养性单位床位数的对数值来计算。值得注意的是，部分变量的最小值为0，因此，在原变量序列观测值的基础上加1，再取对数进入估计模型。

（四）机制变量

为了准确揭示返乡创业试点政策对乡村振兴影响的作用机制，获得更加可靠的经验证据，参照已有研究，选取了以下机制变量：

1.县域产业结构升级（*upgrading*）

本研究从产业结构高级化这个维度表征县域产业结构升级，具体的测度方法参考付凌晖（2010）的做法。首先，根据县域历年三次产业增加值构造一组三维向量：将每个产业的增加值占GDP的比重作为该三维空间向量的一个分量，设该三维向量为X_0=（$X_{1,0}$，$X_{2,0}$，$X_{3,0}$）；然后，分别计算X_0与产业由低层次到

高层次排列的向量 X_1=（1，0，0），X_2=（0，1，0），X_3=（0，0，1）的夹角 θ_1、θ_2、θ_3：

$$\theta_j = \arccos\left(\frac{\sum_{i=1}^{3}\left(X_{i,j} \cdot \mathrm{X}_{i,0}\right)}{\sum_{i=1}^{3}\left(X_{i,j}^2\right)^{1/2}\sum_{i=1}^{3}\left(X_{i,0}^2\right)^{1/2}}\right) \tag{2}$$

$$W = \sum_{k=1}^{3}\sum_{j=1}^{k}\theta_j \tag{3}$$

其中，j=1、2、3，W 为产业结构高级化指数，其值越大，表明该县的产业结构高级化水平越高。

2. 市场经济机会（*opportunity*）

本研究参考郑秀峰等（2019）的做法，选择用第二、三产业从业人数占总就业人数的比重来测度，以此来表征当地非农就业机会，即县域市场经济机会的多寡。

3. 农村集体经济发展（*collective*）

采用县域农民专业合作社注册数量度量新型农村集体经济的发展程度，主要数据来源于“天眼查”，天眼查提供了农民专业合作社的注册成立信息，共获得 60.47 万条数据。进一步根据农民专业合作所处的地理位置，结合注册时间、注册资本将其按照县域进行匹配并整理成县域面板数据，变量名为 *collective*。

三、数据来源与描述性统计

由于县域数据获取的限制，以及考虑到数据的完整性与时效性，本研究整理了 2011—2020 年中国 2087 个县的原始数据。部分数据缺失严重的县被剔除，数据缺失值小于 30% 的县通过线性插值法补充完整。经过数据处理后，最终保留 2045 个县的 20450 个观测值。除返乡创业试点政策的数据来自中华人民共和国国家发展和改革委员会网站外，其余所有数据均来源于《中国县域统计年鉴》、各省（自治区、直辖市）统计年鉴、各市统计年鉴、县级公报等。各变量的描述性统计如表 10-3 所示。

表 10-3 变量的描述性统计

变量名称	样本量	均值	标准差	最小值	最大值
乡村振兴	20450	10.199	4.120	2.602	42.463
返乡创业试点政策	20450	0.069	0.254	0	1
人口规模	20450	3.539	0.926	0.693	5.697
社会消费	20450	12.640	1.405	6.458	16.754
对外贸易	20450	7.634	1.141	0.693	13.518
金融发展水平	20450	0.684	0.452	0.008	14.477
财政自给率	20450	6.373	8.297	0.117	156.830
网络基础设施	20450	10.861	0.712	5.165	15.555
社会福利水平	20450	6.668	1.315	0.693	10.326
产业结构升级	20450	6.276	0.386	4.852	8.310
市场经济机会	20450	0.804	0.114	0.192	0.998
农村集体经济发展	20450	1.899	1.508	0.693	7.325

/ 第四节 /
实证结果分析

一、平行趋势检验

交叠双重差分估计的一个前提是试点县（处理组）与非试点县（控制组）在返乡创业试点政策实施之前应具有相同的趋势性，即所有县域乡村振兴发展水平的变化趋势不存在显著的差异性。因此，在进行基准回归之前，本研究借鉴 Beck 等（2010）的研究，构建如下估计模型检验处理组和控制组的平行趋势。

$$rural_{it} = \gamma_0 + \gamma_1 entre_{it}^{-4} + \cdots + \gamma_9 entre_{it}^{4} + \sum_{j=1}\gamma_j control_{ijt} + \eta_i + \delta_t + \varepsilon_{it} \tag{4}$$

其中，$entre_{it}^{0}$表示i县t年被选为返乡创业试点县的当年，$entre_{it}^{-c}$是i县t年被选为返乡创业试点县前第c年的时间哑变量（c=1，2，3，4），$entre_{it}^{j}$表示i县t年被选为返乡创业试点县后第j年的时间哑变量（c=1，2，3，4），其余变量同式(1)。为了更直观地展示平行趋势检验结果，图10-1报告了参数的估计值及其变化趋势（横轴表示返乡创业试点政策前后各期，纵轴为相应的估计系数和置信区间）。不难发现，返乡创业试点政策实施前，入选示范县和未入选示范县乡村振兴发展水平的估计系数均不显著异于0，满足平行趋势假设。而在试点政策实施之后的第3期，入选示范县和未入选示范县乡村振兴发展水平的估计系数显著异于0。这表明返乡创业试点政策的政策冲击虽然存在滞后性，但在长期实践中能显著促进乡村振兴。

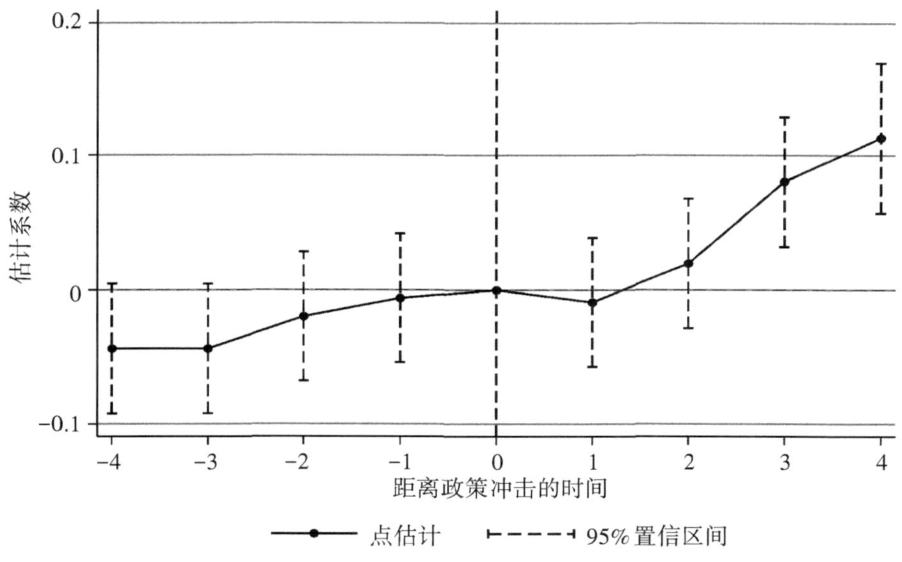

图10-1　平行趋势检验

二、基准回归分析

改革开放以来，中国经济运行具有非均衡的特征属性，加之各地区区位环境、资源禀赋和发展阶段的差异，使得数字返乡创业对乡村振兴的影响可能会存在县域和时间差异，因此，本研究以交叠双重差分模型为基础，采用双向固定效应模型进行基准估计，用以矫正因个体和时间而造成的异质性因素。表10-4报告了具体的估计结果。

表10-4 基准估计结果

变量	模型1	模型2	模型3	模型4
返乡创业试点政策	1.598***	0.736***	0.598***	0.478***
	(21.94)	(9.27)	(7.42)	(6.27)
人口规模		−0.264	−0.152	0.044
		(−1.61)	(−0.94)	(0.28)
社会消费		1.670***	1.406***	0.834***
		(29.02)	(21.05)	(11.14)
对外贸易			−0.007	0.007
			(−0.27)	(0.32)
金融发展水平			1.000***	0.721***
			(6.24)	(5.50)
财政自给率			0.020***	0.017***
			(7.12)	(6.47)
网络基础设施				1.050***
				(11.04)
社会福利水平				0.033
				(1.42)
常数项	10.088***	−10.030***	−7.834***	−12.815***
	(1999.23)	(−9.53)	(−7.05)	(−11.24)
县域固定效应	是	是	是	是
时间固定效应	是	是	是	是

续表10-4

变量	模型1	模型2	模型3	模型4
观测值	20450	20450	20450	20450
R-squared	0.063	0.265	0.313	0.364

注：1.括号内为t统计量。

2.*、**、***分别表示估计结果在10%、5%、1%的水平上显著，括号内为标准误。

首先，不论是否包含控制变量，返乡创业试点政策对乡村振兴的估计系数在1%的显著性水平下均为正，这表明实施返乡创业试点政策显著地推动了乡村振兴。可能的原因在于返乡创业政策的实施不仅提升了乡村的资源配置效率，能够促进农村集体经济发展，推动县域产业结构升级，而且创造了更多的就业岗位，实现了以创业带动就业，从而成为乡村振兴的重要推动力。根据农业农村部的监测数据，有87%的返乡入乡创业创新项目把经营场所设置在乡镇及以下，70%的返乡入乡创业创新项目具有带动农民就业增收的效果，其中一个返乡创业创新项目平均可吸纳6.3人稳定就业、17.3人灵活就业。这一结论的政策启示是，积极落实返乡创业的政策要求，充分利用新乡贤、农民工、大学生和退役士兵等的创业精神、政治能力与社会资本，引领大众返乡创业，助力乡村振兴。

其次，从控制变量的估计系数分析，人口规模对乡村振兴的估计系数符号存在非一致性，而且不具有统计显著性，即县域人口规模对全面推进乡村振兴不存在显著影响，可能的原因在于乡村“空心化”问题，即县域15～39岁的人常住乡村的比例不断下降，人口规模的扩张更多依赖老龄农民工的“回流”，难以支撑乡村振兴的现实需要。社会消费规模对乡村振兴的估计系数均显著为正，这表明全面推进乡村振兴必须挖掘县域消费潜力，发展县域消费市场。县域对外贸易水平、县域社会福利水平对乡村振兴的估计系数不具有统计显著性，即县域实际利用外资和社会福利的水平并未对乡村振兴产生显著性影响。县域金融发展水平对乡村振兴的估计系数均显著为正，这表明县域金融机构是乡村振兴发展的“蓄水池”，能够提供更多的金融服务和信贷机会，推动乡村振兴，因而必须大力发展县域传统金融、数字金融，推动普惠金融下乡，提升农民对现代金融产品的使用能力，激发返乡群体的创业潜能。县域财政自给率对乡村振兴的估计系数显著为正，这表明县域财政对上级的依赖有利于乡村振兴，这是由于这种依赖更多的是对专项转移支付的依赖，这种资金专款专用，依赖程度越高意味着获得的专项转移支付越多，也就越能够促进县域乡村振兴。互联网使用水平对乡村振兴的估计系数显著为正，这表明提高县域互联网使用水平，把数字技术和平台向“三农”嵌入是乡村振兴的重要推动力，这一结论也符合“数商兴农”的实践经验和理论逻辑。

三、稳健性检验

基准回归结果可能受变量选择偏差和样本选择偏误的影响而偏离真实状况。为进一步考察基准回归结果的稳健性，本研究使用替换被解释变量、安慰剂检验、倾向匹配得分检验、剔除其他政策的影响等方法进行稳健性检验。

（一）替换被解释变量

新时代新征程，县域作为连接城乡的纽带和全面推进乡村振兴的主战场，王奇等（2021）在检验电子商务发展对乡村振兴的影响研究中，将地区经济发展水平作为乡村振兴的代理变量，参考这一做法，本研究以县域人均生产总值的对数值作为乡村振兴的代理变量进行稳健性检验。另外，考虑到实现农民收入可持续增长是全面推进乡村振兴、扎实推进农民农村共同富裕的核心任务（林万龙、纪晓凯，2022），因而本研究选择县域农村居民人均可支配收入的对数值作为乡村振兴的代理变量再进行估计（表10-5）。

表10-5　稳健性检验——替换被解释变量

变量	乡村振兴——人均产值的对数	乡村振兴——农民收入的对数
返乡创业试点政策	0.124***	0.069***
	（12.02）	（7.11）
人口规模	−0.235***	−0.131***
	（−11.84）	（−6.51）
社会消费	0.739***	0.410***

续表10-5

变量	乡村振兴——人均产值的对数	乡村振兴——农民收入的对数
	(100.84)	(28.65)
对外贸易	-0.027^{***}	-0.015^{***}
	(-6.97)	(-3.86)
金融发展水平	0.272^{***}	0.151^{***}
	(35.76)	(6.35)
财政自给率	0.003^{***}	0.001^{***}
	(5.04)	(2.99)
网络基础设施	0.622^{***}	0.346^{***}
	(86.56)	(18.30)
社会福利水平	0.050^{***}	0.028^{***}
	(13.54)	(7.69)
常数项	0.665^{***}	0.588^{***}
	(3.58)	(3.17)
县域固定效应	是	是
时间固定效应	是	是
观测值	20450	20450
R-squared	0.910	0.784

注：1.括号内为t统计量。

2.*、**、***分别表示估计结果在10%、5%、1%的水平上显著，括号内为标准误。

从表10-5中的估计结果表明，以县域人均生产总值和农村居民人均可支配收入的对数值作为乡村振兴代理变量后，返乡创业试点政策对乡村振兴的估计系数符号与显著性水平均与基准估计结果一致，即返乡创业能够显著促进乡村振兴这一基准回归的结论具有可靠性。

（二）安慰剂检验

为排除不可观测的遗漏变量所导致的估计偏误，本研究借鉴Li等（2016）的做法进行安慰剂检验。具体而言，采用随机、不重复的随机抽样方法，在样本中随机抽取与返乡创业试点县相同数量的县作为伪处理组，其他县作为对照组，重新对式（1）进行回归。遵循这一做法，本研究在基准估计的样本中随机产生307个县作为伪返乡创业试点县，再进行交叠双重差分估计，从而产生一个伪的影响效应。重复上述过程500次，从而产生500个估计系数，这些估计系数的分布如图10-2所示（横轴表示随机处理所得的估计系数，纵轴表示随机迭代500次形成的概率分布）。

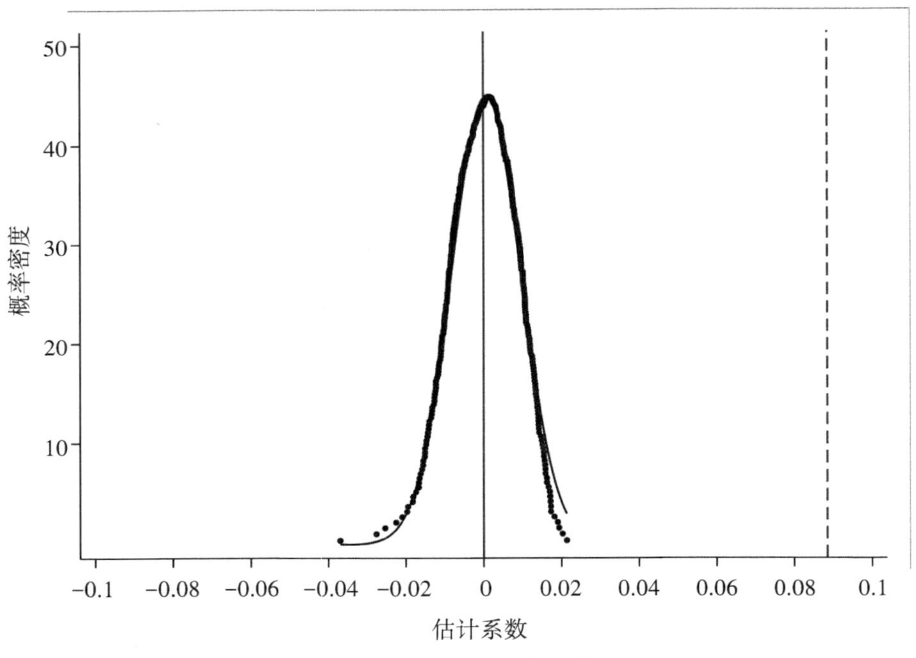

图10-2　安慰剂检验

估计结果表明，返乡创业试点政策对乡村振兴的估计系数落在0的附近，服从正态分布，且基准估计结果与该概率分布图无交点，也即基准估计结果几乎未受遗漏变量的影响，进一步强化了本研究基准回归估计结果的可靠性。

（三）倾向匹配得分检验

为缓解样本选择偏误可能形成的内生性问题，本研究首先采用Rosenbaum

等（1983）提出的倾向得分匹配法（Propensity Score Matching，PSM）对样本重新进行匹配，然后再进行交叠双重差分估计。具体地，以本研究全部控制变量作为匹配变量，进行Logit回归并计算倾向得分，然后采用一对一最邻近匹配方法进行匹配，最后使用匹配后的样本进行交叠双重差分估计，估计结果见表10-6的PSM-DID部分。

表10-6　稳健性检验——PSM与剔除其他政策的影响

变量	PSM-DID（模型5）	剔除原国家级贫困县	剔除电子商务进农村综合示范县	剔除信息进村入户工程试点县
返乡创业试点政策	0.516***	0.328***	0.562***	0.483***
	（12.05）	（3.27）	（5.24）	（6.11）
人口规模	0.048	−1.095***	0.374*	0.004
	（0.58）	（−5.99）	（1.85）	（0.03）
社会消费	0.901***	0.516***	1.052***	0.829***
	（29.55）	（6.67）	（9.85）	（10.84）
对外贸易	0.008	−0.117**	−0.005	0.012
	（0.49）	（−2.06）	（−0.19）	（0.53）
金融发展水平	0.778***	0.361***	0.708***	0.708***
	（24.57）	（3.85）	（4.09）	（5.37）
财政自给率	0.018***	0.014***	0.029***	0.017***
	（8.09）	（6.05）	（7.24）	（6.53）
网络基础设施	1.134***	0.816***	0.942***	1.019***
	（37.89）	（10.25）	（7.36）	（10.68）
社会福利水平	0.035**	−0.015	0.054*	0.031
	（2.27）	（−0.53）	（1.94）	（1.36）
常数项		−1.660	−15.716***	−12.312***
		（−1.37）	（−11.01）	（−10.64）

续表10-6

变量	PSM-DID（模型5）	剔除原国家级贫困县	剔除电子商务进农村综合示范县	剔除信息进村入户工程试点县
县域固定效应	是	是	是	是
时间固定效应	是	是	是	是
观测值	20425	12470	15605	19838
R-squared	0.937	0.339	0.335	0.359

注：1.括号内为t统计量。

2.*、**、***分别表示估计结果在10%、5%、1%的水平上显著，括号内为标准误。

从表10-6中可以看出，采用倾向得分匹配后的交叠双重差分估计中，返乡创业试点政策对乡村振兴的估计系数显著为正，即返乡创业能够显著促进乡村振兴，进一步印证了本研究基准估计结果的稳健性。

（四）剔除其他政策的影响

为更精准地识别返乡创业试点政策对乡村振兴的影响效应，必须尽量排除其他政策对乡村振兴的干扰。返乡创业试点政策发轫于2016年和2017年，本研究考虑了同一时期中国政府推行的其他几项支农惠农政策：其一，2015—2020年，中国政府实施了人类减贫史上最伟大的脱贫攻坚工程，所有国家级贫困县实现了“摘帽”，也消除了中华大地上的绝对贫困问题。本研究考虑剔除了所有的原国家级贫困县，因为832个原国家级贫困县中有34个县不在原样本中，所以实际剔除了798个县。其二，2014—2020年，中国财政部、商务部为了推进电商赋能乡村共同富裕，实施了电子商务进农村综合示范县政策。借助于互联网的普惠性，电子商务政策在中国乡村发展迅猛，本研究通过剔除所有的电子商务进农村综合示范县排除了以上政策的影响。其三，2014—2015年，中国农业部为了推进数字乡村建设，实施了“信息进村入户”工程。“信息进村入户”工程试点县共116个，其中有17个县不在样本中，实际剔除99个县。

表10-6报告了稳健性检验的估计结果，不难看出，在剔除脱贫攻坚政策、电子商务进农村以及“信息入户”等政策后，返乡创业对乡村振兴的估计系数仍然显著为正，充分证明返乡创业能够显著促进乡村振兴这一结论的稳健性。

四、作用机制检验

前文的实证结果表明，返乡创业试点政策能够有效促进乡村振兴的这一结论是稳健可靠的，但具体的作用机制还缺乏经验性证据。为此，根据理论分析和研究假说，本研究从产业结构升级、经济机会拓展和集体经济发展三个渠道，检验返乡创业试点政策助力乡村振兴的作用机制。

首先，考察返乡创业试点政策对机制变量（*jizhi*）的影响效应，即返乡创业是否促进县域产业结构升级，是否拓展更多市场经济机会以及推动农村集体经济发展。其次，再把返乡创业试点政策与产业结构升级、市场经济机会以及集体经济发展的交叉乘积项纳入估计模型，分别进行回归。本研究具体做法参考刘瑞明等（2018）的研究，构建如下估计模型：

$$jizhi_{it} = \gamma_0 + \gamma_1 entre_{it} + \sum\nolimits_{j=2}\gamma_j control_{ijt} + \eta_i + \delta_t + \varepsilon_{it} \tag{5}$$

$$rural_{it} = \gamma_0 + \gamma_1 entre_{it} + \gamma_2 entre_{it}{*}jizhi_{it} + \sum\nolimits_{j=3}\gamma_j control_{ijt} + \eta_i + \delta_t + \varepsilon_{it} \tag{6}$$

估计结果如表10–7所示。第一，返乡创业试点政策对产业结构升级的估计系数显著为正，这表明返乡创业政策的实施显著推动县域农业产业“接二连三”，延长农业产业链条，推动县域产业融合，提升了县域产业结构高级化水平。进一步把返乡创业试点政策及其与产业结构升级的交叉乘积项纳入估计方程后得到的估计系数均显著为正，因而可以认为推动产业结构升级是返乡创业试点政策助力乡村振兴的作用机制之一。第二，返乡创业试点政策对市场经济机会的估计系数显著为正，把返乡创业试点政策及其与市场经济机会的交叉乘积项纳入估计方程后得到的估计系数同样显著为正，表明返乡创业政策能够有效连接市场，给乡村群体拓展更加充分的市场经济机会，助力乡村振兴，即拓展市场经济机会是返乡创业试点政策助力乡村振兴的作用机制之二。第三，返乡创业试点政策对农村集体经济的估计系数显著为正，即该政策能够显著推动农村集体经济发展，壮大乡村振兴的内生性力量。再把返乡创业试点政策及其与农村集体经济发展的交叉乘积项纳入估计方程后得到的估计系数也显著为正，因而可以认为推动农村集体经济发展是返乡创业试点政策助力乡村振兴的作用机制之三。本研究的假说全部得到经验性证明。

表 10-7　机制检验

变量	产业结构升级		市场经济机会		集体经济规模	
	模型6	模型7	模型6	模型7	模型6	模型7
返乡创业试点政策	0.055***	2.301*	0.006***	1.487***	0.024***	1.469**
	(6.15)	(1.80)	(2.60)	(4.60)	(5.93)	(2.56)
返乡创业试点政策×机制变量		0.435**		1.221***		0.866*
		(2.17)		(3.14)		(1.76)
人口规模	−0.071***	0.024	0.008	0.062	−0.026**	0.029
	(−2.79)	(0.15)	(1.37)	(0.81)	(−2.15)	(0.18)
社会消费	0.198***	0.832***	0.040***	0.837***	0.095***	0.832***
	(22.53)	(11.11)	(20.08)	(29.65)	(21.67)	(11.11)
对外贸易	−0.011***	0.007	0.002**	0.007	−0.006***	0.007
	(−3.05)	(0.29)	(2.22)	(0.50)	(−3.80)	(0.29)
金融发展水平	0.068***	0.716***	−0.017***	0.719***	0.012	0.716***
	(4.82)	(5.48)	(−5.02)	(24.51)	(0.95)	(5.48)
财政自给率	0.002***	0.017***	−0.001***	0.016***	0.000	0.017***
	(2.62)	(6.47)	(−5.89)	(8.02)	(0.56)	(6.48)
网络基础设施	0.136***	1.050***	0.003	1.050***	0.070***	1.050***
	(13.44)	(11.05)	(1.36)	(37.88)	(10.45)	(11.05)
社会福利水平	−0.007**	0.033	0.001	0.032**	−0.003**	0.033
	(−2.33)	(1.42)	(1.25)	(2.23)	(−2.10)	(1.43)
常数项	2.621***	−12.710***	0.237***	0.062	0.376***	−12.734***
	(17.48)	(−11.15)	(6.62)	(0.81)	(4.24)	(−11.18)
县域固定效应	是	是	是	是	是	是
时间固定效应	是	是	是	是	是	是

续表10-7

变量	产业结构升级		市场经济机会		集体经济规模	
	模型6	模型7	模型6	模型7	模型6	模型7
观测值	20450	20450	20450	20450	20450	20450
R-squared	0.423	0.364	0.158	0.944	0.339	0.364

注：1.括号内为t统计量。

2.*、**、***分别表示估计结果在10%、5%、1%的水平上显著，括号内为标准误。

五、异质性检验

（一）返乡创业对乡村振兴的影响效应是否存在区域差异

考虑到中国县域之间在要素禀赋、人口规模、产业基础等方面存在着显著差异，按照已有文献划分方法，本研究将整体样本划分为东部、中部、西部和东北四个子样本，实证探究返乡创业试点政策影响乡村振兴的区域差异，估计结果如表10-8所示。

表10-8　异质性检验——基于分区域的估计

变量	基于分区域				基于是否贫困县	
	东部样本	中部样本	西部样本	东北样本	贫困县	非贫困县
返乡创业试点政策	0.386**	0.290**	0.561***	0.434*	0.555***	0.328***
	(2.18)	(2.31)	(4.51)	(1.93)	(5.40)	(3.27)
人口规模	1.439***	0.103	−0.824***	−0.689	0.422**	−1.095***
	(2.76)	(0.25)	(−3.53)	(−1.34)	(1.98)	(−5.99)
社会消费	1.410***	1.160***	0.711***	−0.113	1.063***	0.516***
	(7.06)	(8.69)	(7.58)	(−0.52)	(9.46)	(6.67)
对外贸易	0.058**	−0.078	−0.047	−0.186***	0.029	−0.117**
	(2.01)	(−0.93)	(−0.92)	(−4.17)	(1.19)	(−2.06)
金融发展水平	0.787**	1.045***	0.456***	0.759***	1.040***	0.361***

续表10-8

变量	基于分区域				基于是否贫困县	
	东部样本	中部样本	西部样本	东北样本	贫困县	非贫困县
	（1.99）	（5.98）	（4.31）	（3.21）	（3.90）	（3.85）
财政自给率	-0.041	0.041**	0.016***	0.102***	0.055***	0.014***
	（-1.13）	（2.03）	（6.67）	（4.29）	（3.82）	（6.05）
网络基础设施	1.321***	0.826***	0.675***	1.212***	1.110***	0.816***
	（5.51）	（5.44）	（6.28）	（4.94）	（7.60）	（10.25）
社会福利水平	-0.064	0.205***	0.042	0.249**	0.106***	-0.015
	（-1.53）	（3.66）	（1.29）	（2.16）	（3.17）	（-0.53）
常数项	-28.344***	-15.441***	-4.483***	-0.557	-18.840***	-1.660
	（-8.54）	（-6.33）	（-3.25）	（-0.13）	（-11.27）	（-1.37）
县域固定效应	是	是	是	是	是	是
时间固定效应	是	是	是	是	是	是
观测值	5110	4950	8890	1500	7980	12470
R-squared	0.426	0.451	0.323	0.425	0.411	0.339

注：1.括号内为t统计量。

2.*、**、***分别表示估计结果在10%、5%、1%的水平上显著，括号内为标准误。

从表10-8中可以看出，在东部、中部、西部以及东北的分样本估计中，返乡创业试点政策对乡村振兴的估计系数均显著为正，即“返乡创业试点政策能够助力乡村振兴”这一结论在东部、中部、西部、东北部地区均成立。从估计系数大小来看，西部地区>东北地区>东部地区>中部地区，即返乡创业试点政策对乡村振兴的影响效应在西部地区最强，东北和东部地区次之，中部地区最小。西部地区返乡创业对乡村振兴的促进效应之所以最强可能是国家相关支农惠农政策的倾斜，以及自身所具备的后发优势。东北地区和东部地区居中的原因在于这些地区本身创业水平较高，导致返乡创业试点政策带来的边际贡献反而不如西部地区。中部地区经济效应最小，可能在于虽有政策支持，但囿于当地基础设施和产业门类的局限，导致返乡创业试点政策带来的边际效应处于四大区域的最低水平。

（二）原国家级贫困县和非贫困县的影响是否一致

在2011—2020年的样本期内，中国实施了人类发展史上规模最大的脱贫攻坚工程，历史性解决了困扰中华民族几千年的绝对贫困问题。本研究按照是否属于原国家级贫困县将总样本进行划分，以检验返乡创业试点政策对乡村振兴的影响是否在原国家级贫困县和非贫困县之间存在差异，估计结果见表10-8。

可以看出，返乡创业试点政策对乡村振兴的估计系数在原国家级贫困县和非贫困县样本的估计中均显著为正，表明返乡创业试点政策能够推动乡村振兴这一结论在原国家级贫困县和非贫困县均成立。进一步从估计系数大小来看，原国家级贫困县样本的估计系数更大，即返乡创业试点政策对乡村振兴的促进效应在贫困县样本中发挥得更充分，可能的原因在于原国家级贫困县受到政府政策和资金支持较多，其中，2013—2020年中央财政专项扶贫资金累计投入6600亿元，各级财政专项扶贫资金累计投入15980亿元，为释放返乡创业试点政策对乡村振兴的促进效应奠定了良好的制度环境基础。

/ 第五节 /
主要结论与政策建议

新时代新征程全面推进乡村振兴，不仅是解决“三农”问题的重要抓手，而且是走中国特色共同富裕道路的历史性选择。为了考察返乡创业试点政策对乡村振兴的影响效应和作用机制，同时精准评估返乡创业试点政策的实际效果，本研究将返乡创业试点政策视作一项准自然实验，基于2011—2020年中国2045个县的面板数据，利用交叠双重差分模型研究了返乡创业试点政策对乡村振兴的影响效应与作用机制。

研究发现：一是，返乡创业试点政策能够显著地促进乡村振兴，这一结论在经过多重稳健性检验后依然成立。二是，县域所属地理区域不同、是否属于贫困县，不会影响返乡创业对乡村振兴的影响方向，但会导致影响效应存在异质性特征，即返乡创业对乡村振兴的促进效应在西部地区县域和原国家级贫困县发挥得更充分。三是，返乡创业试点政策不仅能够赋能农业产业“接二连三”，促进县域三产融合，提升产业结构的高级化水平，而且能够通过拓展市场经济机会、推动农村集体经济发展，助力乡村振兴，即返乡创业试点政策主要通过产业结构升级效应、市场经济机会拓展效应以及农村集体经济发展效应等渠道作用于乡村振兴。

基于上述研究结论，从中国当前返乡创业与乡村振兴的实践出发，本研究提出以下政策建议：第一，总结返乡创业试点推动乡村振兴的典型经验做法，进一步完善返乡创业政策支持体系。返乡创业试点政策实施以来，各试点县域立足自身资源禀赋优势，探索出多种返乡创业发展路径，对繁荣乡村产业、促进乡村振兴可谓意义重大，各县域要结合《国家发展改革委办公厅关于推广支持农民工等人员返乡创业试点经验的通知》，总结典型经验做法，围绕“痛点”和“难点”不断完善政策支持体系，给予创业群体融资优惠、创业培训、配套服务等全方位支持，让潜在创业群体愿创业、敢创业、能创业，进一步释放返乡创业试点政策的乡村振兴效应。第二，发挥返乡创业试点政策的引领性作用，激励返乡创业者选择有利于乡村产业兴旺和生态宜居的创业项目，把农业引入现代化的发展轨道，把市场思维嵌入农业生产经营全过程，不断催生“农业+”新业态，推动新型农村集体经济发展，不断为全面推进乡村振兴培育新动能。第三，因地制宜实施差异化的返乡创业政策支持体系，加大对西部地区、脱贫地区的政策支持力度。从国家顶层设计来看，继续优化返乡创业政策体系，完善返乡创业服务机制，把新增基础设施建设项目、数字乡村建设发展工程等，向西部地区和脱贫地区倾斜，加大对返乡创业人才的培育和引进力度，选好返乡创业支持项目“带头人”，走“能人带动—邻里示范—广泛参与”的发展路子，为全面推进乡村振兴创造优势条件。从县域实施来看，各县域要依托自身禀赋优势，因地制宜制定返乡创业规划及其实施方案，引导和鼓励更多有能力、有意愿的潜在创业群体投身到农村广袤天地里创业创新，为乡村全面振兴注入新动力。

/ 第十一章 /

数字普惠金融与城乡收入不平等——理论与实证*

中华人民共和国成立以来，特别是改革开放以来，城乡居民收入大幅增长，人民生活实现了从温饱不足迈向全面小康的历史跨越，但是城乡二元经济结构没有根本改变。

根据《中国统计年鉴（2020）》和国家统计局公布的数据，中国的城乡居民收入比从1978年的2.57：1上升到2009年的3.33：1，之后逐年下降到2019年的2.69：1，但仍高于世界大多数国家，加之基尼系数长期高于0.4的国际警戒线，并在2015年之后出现反弹，表明中国城乡发展差距和收入差距不断拉大的趋势没有根本扭转，这已成为新时代满足人民日益增长的美好生活需要的重要约束条件。

因此，城乡发展不平衡不协调，是新时代经济社会发展面临的突出矛盾，是推进中国特色社会主义现代化必须解决的重大问题。建立健全城乡融合发展的体制机制和政策体系，努力形成城乡融合共享发展的新格局，让广大农民平等参与改革发展进程，共同分享现代化成果，具有重要的时代价值和现实意义。

* 本章核心部分载于《农业技术经济》，2022年第6期，第77–93页。

/第一节/
文献综述与问题提出

金融作为现代化经济体系的核心要素，成为决定一个国家（地区）经济增长水平最重要的变量之一，金融发展对经济增长的推动作用已被大量研究所证实（Levine，1997；胡海峰等，2014），也蕴含着金融分配效应的思想。Greenwood等（1990）最先开启了金融发展与收入分配关系研究的先河，之后学术理论界对金融发展与收入不平等展开大量的研究，但并未形成一致的结论。

具体可归纳为以下三类观点：一是金融发展加剧收入不平等。Townsend等（2006）的研究发现，金融发展会扩大收入不平等；叶志强等（2011）、刘玉光等（2013）利用中国省际面板数据证实，中国金融发展确实发挥着拉大城乡收入差距的作用；何秋琴等（2018）基于初次分配路径的研究也证实，现阶段金融发展会加剧城乡收入不平等。二是金融发展抑制收入不平等。Clarke等（2006）研究证实，金融发展能够向农业生产者提供信贷支持，对缓解农村贫困和收入不平等存在积极效应；胡德宝等（2015）利用中国省级面板数据和动态面板模型研究发现，我国金融发展与收入分配之间不存在倒“U”型关系，金融发展能够显著降低收入不平等水平。三是金融发展对城乡收入不平等的影响呈倒“U”型关系。Jalilian等（2005）以26个发展中国家的数据证实，金融发展对收入不平等的影响呈倒“U”型关系；乔海曙等（2009）从金融集聚理论视角检验了中国金融发展对城乡收入不平等的影响关系，也支持倒“U”型的非线性假说；杨楠等（2014）采用面板非参数时，变系数模型估计发现，中国金融发展对城乡收入差距的作用机制存在整体上的动态倒“U”型特征；高明等（2018）进一步验证了金融发展对城乡间和城镇内收入差距的影响存在倒“U”型关系。

数字普惠金融作为金融发展的一种新业态，旨在立足机会均等和商业可持续原则，为社会所有阶层提供适当、有效的金融服务，其对收入不平等影响的研究主要聚焦在两个方面：一是普惠金融对经济增长和收入分配的影响研究。

李建军等（2020）从广泛的包容性、特定化配比程度和商业可持续性三个维度构建了中国的普惠金融指标体系，并分析了其对经济增长的积极效应；Burgess等（2005）基于印度的研究表明，普惠金融可以降低金融成本，让农村居民公平享有金融服务，能够有效缓解农村贫困和城乡收入不平等；刘金全等（2019）从经济增长和贫困减缓双重视角证明，普惠金融不仅能够直接遏制城乡收入差距，而且存在间接的抑制作用。二是数字普惠金融对城乡收入差距的影响研究。伴随互联网的普及和“互联网+”金融的发展，普惠金融向数字化发展，以移动支付为代表的金融新业态不断涌现，推动普惠金融不断深化，弥补了农村金融的发展短板，农村居民也能享受到基本的金融服务（刘航等，2019）。宋晓玲（2017）基于互联网金融服务的视角采用中国2011—2015年的省际面板数据证明，数字普惠金融的发展能够显著降低城乡收入不平等水平，这一结论也被梁双陆等（2019）的研究所证实，周利等（2020）也证实“数字红利”显著存在。李牧辰等（2020）进一步从金融排斥理论和金融功能观出发，分析了数字普惠金融对城乡收入差距影响的异质性特征。然而，赵丙奇（2020）发现，中国数字普惠金融对城乡收入差距的影响存在显著的门槛特征，因经济发展水平而存在异质性。

2013年党的十八届三中全会首次在中央层面提出发展普惠金融，《推进普惠金融发展规划（2016—2020）》中明确强调要“定期发布中国普惠金融指数”，北京大学数字金融研究中心及时与蚂蚁金服集团组成联合课题组，采用蚂蚁金服的海量数据编制了“北京大学数字普惠金融指数”，并允许免费索取，这为从数字普惠金融视角研究城乡收入不平等问题提供了很好的数据支撑。

有别于已有文献，本研究从以下两个方面做出拓展：第一，从经典的“金融排斥”理论出发，识别数字普惠金融影响城乡收入不平等的作用机制，即数字普惠金融因其便利性和低成本的优势，农村居民能够充分享受数字普惠金融发展带来的“红利”，获得比城镇居民更高的增收效应，对缓解城乡收入不平等产生了积极效应；第二，在实证策略上，为避免模型的内生性问题，选择滞后两年的互联网使用人数作为数字普惠金融的工具变量进行内生性估计，并从数字普惠金融分维度指数、区域异质性和经济发展水平异质性等多视角检验了数字普惠金融对城乡收入不平等的影响效应，以期使结论更加稳健。

/ 第二节 /
理论分析与事实描述

一、理论分析

（一）传统金融发展的排斥性理论

改革开放以来，中国整体金融发展水平取得长足进步，逐渐建立起以营利为核心目标的现代金融制度。但在传统金融发展的过程中始终存在不同程度的金融排斥问题，即金融资源的可及性、金融服务效率等在不同行业、不同区域、不同社会群体之间存在较大差异，导致大量优质的金融资源配置偏向优先发展区域、国有大型企业以及城市富裕人群，而未被界定为“优先”“重点”的大量低收入群体往往被排斥在传统金融服务体系之外，这种现象在中国城乡间表现得更加突出（田霖，2011）。

农村居民因受收入水平、综合技能、物质财富等的约束，无法享受必要的金融服务，直接导致“三农”发展缺乏必要的金融支持，使得“三农”逐渐成为中国特色现代化的短板，而且这种排斥随着城乡发展的失衡在日益恶化。另外，金融发展对城乡收入不平等的影响在很大程度上取决于信贷资金的流向，由于城市具有良好的基础设施、制度环境以及投资机会，导致大量农村储蓄转化为城镇投资，形成农村资金外流现象，由此形成一种恶性循环，长期导致金融资源配置效率低下和城乡居民收入结构趋于恶化，并日益成为经济社会可持续发展的桎梏（何德旭等，2015）。

（二）数字普惠金融的普惠性假说

普惠金融发轫于2005年“国际小额信贷年”年会，旨在为有金融服务需求的社会群体和个人提供有效的金融服务，从一开始小微企业、贫困弱势群体等就被界定为重点服务对象。近年来，互联网、大数据和云计算等技术的跨越式发展，为普惠金融的多元化、数字化发展提供了可能，大幅改善了金融服务的可得性和便利性，克服了传统金融实体网点的经济地理障碍，提高了金融机构的网点覆盖率，大大简化了中间环节，减少了交易成本，有效降低了金融服务门槛，破解了传统金融服务的排斥问题，深刻地改变了金融市场规则，能够在推动经济增长的同时优化收入分配（张勋等，2019）。

一方面，数字普惠金融的发展打通了普惠金融“最后一公里”，金融服务的基础性功能和边界得到有效拓展，大大提升了非自愿被金融机构排斥的弱势群体的信贷可及性，能够让农村地区低收入群体享受此前难以企及的金融服务，为其发展生产、摆脱贫困创造条件。另一方面，数字普惠金融的普惠性和低门槛优势，为农村居民拓宽了投资增收渠道，农村居民可通过数字普惠金融了解金融产品和金融业态，可将家庭闲散资金进行低门槛“碎片化”的理财投资，持续提升农村居民参与和享受现代金融服务的能力和水平。

（三）数字普惠金融与城乡收入不平等——基于增收效应的分析

数字普惠金融作为金融发展的新业态，大幅改善了金融服务的可得性和便利性，可以扩大就业和提升收入水平，这也是数字普惠金融影响城乡收入不平等的核心机制。

一是数字普惠金融更加注重尾部效应和规模效应，能够提供公平、合理的金融产品和服务，为缓解农村居民信贷约束创造了条件，而且数字普惠金融旨在致力于给长期被现代金融服务业排斥在外的群体提供正规的金融服务（罗剑朝等，2019），结合现阶段中国贫困人口和弱势群体大多居住在农村地区的实际，数字普惠金融能够发展且能够有效缓解农村居民的信贷约束，从而可以对消费和投资进行长期决策，积极扩大农业生产规模，发展农业产业化经营，提高农产品的附加值，不断拓宽农村居民的增收渠道，有效提升收入水平。以花呗为例，拥有支付宝APP就可申请免费开通花呗消费信贷，拥有500～50000元不等的消费额度，不仅可以体验“先消费、后付款”，而且本月消费下月零息还款，深得消费者的喜爱。二是数字普惠金融可依据自身的大数据和云计算的优势，以人脸识别、指纹识别等新技术，以特有的区域渗透性、使用有效性和服务精准性拓展数字普惠金融的发展包容性，能够为有创业需求的返乡农民工和普通农户提供金融支持，以创业带动就业，吸纳更多农村贫困人口顺利就业，提高其收入水平。三是数字普惠金融的发展给农村居民创造了前所未有的投资机会，农村居民不仅可将闲散的资金用于投资，获得财产性收益，而且数字普惠金融能够根据农村居民和中小微企业的发展需求开发多样化的小额保险类型，建立农村金融风险补偿和分担机制，有效降低农业生产的弱质性风险。因此，从数字普惠金融的服务宗旨和增收效应来看，由于城镇居民本身就能够享受到比较充分的金融服务，而农村居民长期被排斥在金融服务体制之外，必然导致数字普惠金融的增收效应存在城乡差别，进而影响到城乡收入不平等。

综上所述，可以得到一个预期性的结论：数字普惠金融发展能够有效增加城乡居民收入水平，但受益于数字普惠金融便利性和低成本的优势，农村居民能够获得比城镇居民更高的增收效应，可对缓解城乡收入不平等产生积极影响。本研究将在余下部分对这一结论进行多维度检验。

二、事实描述

（一）数字普惠金融发展的事实描述

中国普惠金融的发展与创新型数字技术密切相关，以“互联网+”为核心的数字技术在很大程度上缓解了传统金融的排斥问题，以其独特的低成本优势极大地拓宽了金融服务的范围，能够满足中小微企业、农村低收入群体的金融服务需求，从而体现了普惠金融的题中之义。参照已有研究，笔者选择北京大学数字金融研究中心课题组发布的中国分省数字普惠金融指数来描述中国数字普惠金融发展的特征事实。该指数以蚂蚁金服交易账户大数据为编制基础，从数字金融的覆盖广度、使用深度和数字化程度三个维度选取33个具体指标构建数字普惠金融指标体系，测算了2011—2018年中国分省数字普惠金融指数（见表11-1）。

表11-1　2011—2018年中国分省数字普惠金融指数

省（自治区、直辖市）	2011年	2012年	2013年	2014年	2015年	2016年	2017年	2018年
北京	79.41	150.65	215.62	235.36	276.38	286.37	329.94	368.54
天津	60.58	122.96	175.26	200.16	237.53	245.84	284.03	316.88
河北	32.42	89.32	144.98	160.76	199.53	214.36	258.17	282.77
山西	33.41	92.98	144.22	167.66	206.30	224.81	259.95	283.65
内蒙古	28.89	91.68	146.59	172.56	214.55	229.93	258.50	271.57

续表 11-1

省(自治区、直辖市)	2011年	2012年	2013年	2014年	2015年	2016年	2017年	2018年
辽宁	43.29	103.53	160.07	187.61	226.40	231.41	267.18	290.95
吉林	24.51	87.23	138.36	165.62	208.20	217.07	254.76	276.08
黑龙江	33.58	87.91	141.40	167.80	209.93	221.89	256.78	274.73
上海	80.19	150.77	222.14	239.53	278.11	282.22	336.65	377.73
江苏	62.08	122.03	180.98	204.16	244.01	253.75	297.69	334.02
浙江	77.39	146.35	205.77	224.45	264.85	268.10	318.05	357.45
安徽	33.07	96.63	150.83	180.59	211.28	228.78	271.60	303.83
福建	61.76	123.21	183.10	202.59	245.21	252.67	299.28	334.44
江西	29.74	91.93	146.13	175.69	208.35	223.76	267.17	296.23
山东	38.55	100.35	159.30	181.88	220.66	232.57	272.06	301.13
河南	28.40	83.68	142.08	166.65	205.34	223.12	266.92	295.76
湖北	39.82	101.42	164.76	190.14	226.75	239.86	285.28	319.48
湖南	32.68	93.71	147.71	167.27	206.38	217.69	261.12	286.81
广东	69.48	127.06	184.78	201.53	240.95	248.00	296.17	331.92
广西	33.89	89.35	141.46	166.12	207.23	223.32	261.94	289.25
海南	45.56	102.94	158.26	179.62	230.33	231.56	275.64	309.72
重庆	41.89	100.02	159.86	184.71	221.84	233.89	276.31	301.53
四川	40.16	100.13	153.04	173.82	215.48	225.41	267.80	294.30
贵州	18.47	75.87	121.22	154.62	193.29	209.45	251.46	276.91
云南	24.91	84.43	137.90	164.05	203.76	217.34	256.27	285.79
西藏	16.22	68.53	115.10	143.91	186.38	204.73	245.57	274.33
陕西	40.96	98.24	148.37	178.73	216.12	229.37	266.85	295.95
甘肃	18.84	76.29	128.39	159.76	199.78	204.11	243.78	266.82

续表 11-1

省(自治区、直辖市)	2011年	2012年	2013年	2014年	2015年	2016年	2017年	2018年
青海	18.33	61.47	118.01	145.93	195.15	200.38	240.20	263.12
宁夏	31.31	87.13	136.74	165.26	214.70	212.36	255.59	272.92
新疆	20.34	82.45	143.40	163.67	205.49	208.72	248.69	271.84
平均值	40.00	99.69	155.35	179.75	220.01	230.41	271.98	300.21

从表11-1中可以看出，中国数字普惠金融近年来实现了跨越式发展，分省数字普惠金融指数的平均值从2011年的40.00增长到2018年的300.21，增长了7.5倍，年均增长率达到92.93%。2018年上海的数字普惠金融指数居全国省域第一位，高达377.73，青海的则以263.12居末位。相比较来看，数字普惠金融发展虽在省域间存在差异，但与传统金融相比具有更广泛的覆盖度。

受区域禀赋结构的差异影响，数字普惠金融发展在区域间也存在显著的异质性特征，表11-2报告了2011—2018年中国分区域分维度的数字普惠金融发展指数。

表 11-2　2011—2018 年分区域、分维度数字普惠金融发展趋势

年份	分区域			分维度		
	东部	中部	西部	覆盖广度	使用深度	数字化程度
2011年	59.16	31.90	27.85	34.28	46.93	46.32
2012年	121.74	91.94	84.63	80.43	116.50	132.72
2013年	180.93	146.94	137.51	120.63	172.70	238.46
2014年	201.60	172.68	164.43	169.90	154.07	258.95
2015年	242.18	210.32	206.15	191.11	173.66	399.64
2016年	249.71	224.62	216.58	208.44	215.27	330.50
2017年	294.08	265.45	256.08	245.79	293.69	319.01
2018年	327.78	292.07	280.36	281.92	287.50	383.70

通过表11-2分区域来看，数字普惠金融发展在东部、中部、西部地区均呈现出高速增长趋势，东部地区的数字普惠金融指数从2011年的59.16增长到2018年的327.78，年均增长率达到64.87%；中部地区的数字普惠金融指数则从2011年的31.90增长到2018年的292.07，年均增长率达到116.51%；西部地区的数字普惠金融指数则从2011年的27.85增长到2018年的280.36，年均增长率达到129.53%。

可见，从发展程度来看，东部地区优势明显，中部地区居中，西部发展明显不充分；但从增长速度来看，中西部地区的增速远高于东部地区，西部地区的后发优势更为明显。分维度来看，数字普惠金融覆盖广度指数从2011年的34.28增长到2018年的281.92，增长8.22倍；数字普惠金融使用深度指数从2011年的46.93增长到2018年的287.50，增长6.13倍；数字普惠金融数字化程度指数则从2011年的46.32增长到2018年的383.70，增长8.28倍。可见数字普惠金融数字化程度发展最快，数字普惠金融使用深度的发展最慢，分维度增长也存在显著差异。

（二）城乡收入不平等演变的事实描述

常用的测度收入不平等的方法有比值法、泰尔指数法、变异系数法、基尼系数法（王箫旭，2017）。王少平等（2007）认为泰尔指数法测度城乡收入不平等能够加入城乡人口权重，比其他测度方法更符合中国城乡二元经济结构的特征事实，因此，参照已有研究（邓金钱等，2018），选择泰尔指数法测度城乡收入不平等水平（*theil*）。另外，作为对比，借鉴钞小静等（2014）的做法，采用城乡居民人均可支配收入的比值（*gap*）测度城乡收入不平等，进行稳健性分析。

泰尔指数测度城乡收入不平等的计算公式为：

$$theil_{i,t}=\sum_{j=1}^{2}(\frac{I_{ij,t}}{I_{i,t}})\ln(\frac{I_{ij,t}}{I_{i,t}}/\frac{P_{ij,t}}{P_{i,t}}) \tag{1}$$

其中，*theil*表示城乡收入不平等程度，j表示区域分布（1=城镇、2=农村），i表示截面单元，t表示时间单元，I表示收入水平，P表示人口数量。泰尔指数越大，说明城乡收入不平等程度越高，反之则相反。

为便于与数字普惠金融指数进行比较，对城乡收入不平等的分析也界定为

2011—2018年，原始数据均来源于各省（自治区、直辖市）统计年鉴（历年）和《中国统计年鉴》（历年），表11-3报告了2011—2018年中国城乡收入不平等的变化趋势。

表11-3　2011—2018年城乡收入不平等变化趋势

年份	基于泰尔指数的不平等				基于城乡居民收入比的不平等			
	全国	东部	中部	西部	全国	东部	中部	西部
2011年	0.1205	0.0752	0.1104	0.1687	2.9090	2.5279	2.6857	3.4072
2012年	0.1163	0.0728	0.1073	0.1621	2.8784	2.5126	2.6668	3.3548
2013年	0.0997	0.0641	0.0907	0.1382	2.6674	2.4121	2.4594	3.0403
2014年	0.0945	0.0609	0.0858	0.1310	2.6103	2.3693	2.4080	2.9662
2015年	0.0927	0.0592	0.0842	0.1290	2.6010	2.3530	2.4055	2.9588
2016年	0.0903	0.0575	0.0822	0.1258	2.5898	2.3439	2.3983	2.9429
2017年	0.0878	0.0562	0.0804	0.1218	2.5777	2.3391	2.3934	2.9193
2018年	0.0848	0.0546	0.0774	0.1173	2.5538	2.3295	2.3695	2.8822

从表11-3中可以看出，2011—2018年中国城乡收入不平等水平呈明显的下降趋势，这种趋势在全国和区域间均成立，即2011年来，伴随着《中国农村扶贫开发纲要（2011—2020年）》的实施以及决胜脱贫攻坚战的决策部署，农村居民收入大幅增长，对降低城乡收入不平等起到了积极作用。

从泰尔指数来看，城乡收入不平等水平从2011年的0.1205下降到2018年的0.0848，年均下降4.23%；分区域看，东部地区城乡收入不平等程度较低，中部次之，西部地区较高；从下降趋势来看，东部地区年均下降3.91%，中部地区年均下降4.27%，西部地区年均下降4.35%，西部地区降幅高于东中部地区。从城乡居民收入比来看，城乡收入不平等水平从2011年的2.9090下降到2018年的2.5538，年均下降1.74%；分区域看，城乡收入不平等的分布与泰尔指数完全一致，即东部地区城乡收入不平等程度显著低于中西部地区，西部地区不平等程度最高；从下降趋势来看，东部地区年均下降1.12%，中部地区年均下降

1.68%，西部地区年均下降2.20%，降幅也与泰尔指数一致，西部地区降幅高于东中部地区。

（三）数字普惠金融与城乡收入不平等关系的初步刻画

为了初步考察数字普惠金融与城乡收入不平等的关系，图11-2报告了数字普惠金融与城乡收入不平等水平（*theil*）之间的散点图及其线性拟合关系。分析可见，数字普惠金融与城乡收入不平等之间呈现明显的负相关关系，即2011—2018年数字普惠金融发展能够有效降低城乡收入不平等的水平，助力城乡融合发展。数字普惠金融覆盖广度、数字普惠金融使用深度、数字普惠金融数字化程度与城乡收入不平等之间的线性拟合结果均呈现出负相关关系，即数字普惠金融分维度的发展均能够有效抑制城乡收入不平等的恶化。

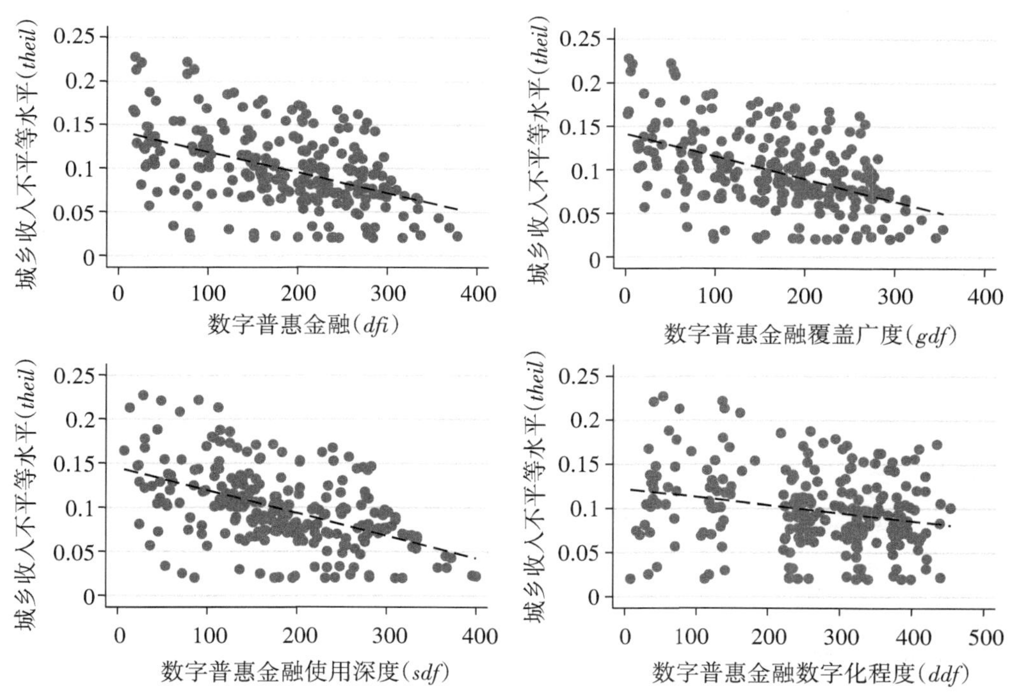

图11-2　数字普惠金融与城乡收入不平等的拟合关系

但是，上述结论仅仅是根据2011—2018年中国分省数据的描述性统计结果，考虑到城乡收入不平等是经济社会变迁中多种因素共同作用的结果，在没有加入相关控制变量的条件下，这种简单的拟合关系并不能真实地反映数字普惠金融对城乡收入不平等的影响关系。因此，本研究将在余下部分设计完整的估计策略，尽可能控制影响城乡收入不平等的其他变量，进一步探究数字普惠金融发展对城乡收入不平等影响的效应。

/第三节/
实证策略与数据说明

一、实证策略

根据上述理论分析和本研究的动机，以城乡收入不平等为被解释变量，以数字普惠金融为核心解释变量，并控制影响城乡收入差距的其他相关变量，构建如下基准估计模型：

$$theil_{it} = \alpha_0 + \alpha_1 dfi_{it} + \sum_{j=1} \lambda_j x_{ijt} + \varepsilon_{it} \tag{2}$$

其中，*theil*表示城乡收入不平等，*dfi*为本研究的核心解释变量（数字普惠金融），*i*表示地区，*t*表示时间，x_{ijt}为一组控制变量，包括地区经济增长水平（*agdp*）、城镇化率（*cit*）、政府参与度（*fin*）、产业结构（*str*）、地区创新水平（*inn*）、对外开放水平（*ope*）等。ε_{it}为与时间、地区无关的残差项。

尽管本研究尽可能地控制了影响城乡收入不平等的其他相关变量，但由于变量间的双向因果关系，加上选择的控制变量难以完全防止重要遗漏变量的产生，使得本研究的估计依然面临可能存在的内生性问题。钱海章等（2020）为解决这一问题，选择历史固定电话数量和人均邮电业务量作为数字普惠金融的工具变量，借鉴这一思路，考虑到数字普惠金融的发展是以互联网技术的应用为基础的，本研究选择滞后两年的互联网使用人数为数字普惠金融的工具变量，用以检验模型可能存在的内生性问题。

另外，考虑到城乡收入不平等的动态特征和数字普惠金融影响效应的滞后性，本研究把城乡收入不平等的一阶滞后项纳入估计模型，构建模型（3）进行动态估计，以期使结论更可靠。

$$theil_{it} = \gamma_0 + \gamma_1 theil_{i(t-1)} + \gamma_2 dfi_{it} + \sum_{j=1} \lambda_j x_{ijt} + \varepsilon_{it} \tag{3}$$

进一步地，本研究将从数字普惠金融的覆盖广度（*gdf*）、使用深度（*sdf*）以及数字化程度（*ddf*）三个维度检验其对城乡收入不平等影响的异质性，并从分区域（东部、中部、西部）和分经济发展水平（发达地区、欠发达地区）两方面进行多维度检验，以强化本研究结论。

二、机制检验模型

考虑到数字普惠金融可以降低交易费用，让农村居民能够公平享受金融服务，拓宽农村居民的增收渠道，提升农村居民的收入水平，缓解城乡收入不平等。因此，在前面分析的基础上构建模型（4），分析数字普惠金融对城镇居民收入、农村居民收入影响的异质性，检验数字普惠金融对城乡收入不平等的影响机制。

$$rural_{it} or\ urban_{it} = \beta_0 + \beta_1 dfi + \sum_{j=1} \lambda_j x_{ijt} + \varepsilon_{it} \tag{4}$$

其中，*rural*、*urban*分别表示农村居民人均收入水平和城镇居民人均收入水平，其他变量定义与模型（2）相同。为了避免异方差性，在具体估计中对城镇居民、农村居民的人均收入水平均取自然对数。

三、指标与数据

（一）核心变量

1.城乡收入不平等

根据前面特征事实的描述，选择泰尔指数测度中国分省城乡收入不平等水平进行基准回归分析，并采用城乡居民收入比测度城乡收入不平等水平进行稳健性检验。

2.数字普惠金融

根据前面特征事实的描述，数字普惠金融选择北京大学数字金融研究中心发布的2011—2018年中国分省数字普惠金融指数，考虑到数字的可比性，把原指数除以100进入估计模型，并对数字普惠金融的覆盖广度（*gdf*）、使用深度（*sdf*）以及数字化程度（*ddf*）进行多维度检验。

（二）其他相关变量

1.地区经济发展水平（*agdp*）

城乡收入不平等与经济增长水平密切相关，本研究对地区经济发展水平的度量采用人均GDP的对数值来表述，用以控制区域要素禀赋和经济发展状况对城乡收入不平等的影响。

2.城镇化率（*cit*）

城乡收入不平等与城镇化发展之间存在直接关联，中国城镇化的过程本质上就是农村人口向城市流动，实现非农就业和市民化转移的过程。因此，本研究对城镇化率的测度采用城镇常住人口占总人口的比重。

3.政府参与度（*fin*）

中国式分权的制度框架中，地方政府积极参与辖区经济活动，其中地方财政支出因“增长型激励”而存在城镇偏向，影响城乡收入不平等。因此，本研究选择用地方财政支出与GDP的比值衡量政府参与度。

4.产业结构（*str*）

已有相关研究已经证实，产业结构变迁会影响城乡收入不平等，鉴于中国服务业主导的产业结构已初具雏形，本研究选择第三产业产值与第二产业产值的比值测度产业结构水平，用以控制产业结构变迁对城乡收入不平等的影响。

5.技术创新水平（*inn*）

在创新驱动发展战略的引领下，技术创新已成为衡量一个地区经济发展的重要约束指标。本研究选择人均专利授权数来衡量地区技术创新水平，用以控制创新驱动对城乡收入不平等的影响。

6.对外开放水平（*ope*）

改革开放以来的中国经济具有典型的开放型特征，本研究选择地区进出口贸易总额占GDP的比值衡量对外开放水平，用以控制开放型发展对城乡收入不平等的影响。

7.城乡居民收入水平

城镇居民收入水平（*urban*）用城镇居民人均可支配收入的对数表示，农村居民收入水平（*rural*）用农村居民人均可支配收入的对数表示。

（三）数据来源说明与描述性统计

由于北京大学数字普惠金融指数的时间跨度是2011—2018年，因此，本研究实证部分采用中国内地31个省份的省级面板数据。除数字普惠金融采用北京大学数字金融研究中心发布的分省指数外，其他数据均来自《中国统计年鉴》（历年）、各省（自治区、直辖市）《统计年鉴》（历年），缺失数据用中国经济社会大数据研究平台进行补充。表11-4报告了变量的描述性统计，可见各省份数字普惠金融、城乡收入不平等及其他相关变量之间都存在较大变差，有必要实证考察数字普惠金融对城乡收入不平等的影响及其异质性。

表11-4　变量的描述性统计

变量名称	观测值	平均值	标准差	最小值	最大值
城乡收入不平等水平（*theil*）	248	0.0983	0.0436	0.0200	0.2274
城乡居民收入比（*gap*）	248	2.6734	0.4281	1.8451	3.9792
数字普惠金融（*dfi*）	248	1.8718	0.8510	0.1600	3.7800
覆盖广度（*gdf*）	248	1.6654	0.8294	0.0200	3.5400
使用深度（*sdf*）	248	1.8255	0.8500	0.0700	4.0000
数字化程度（*ddf*）	248	2.6369	1.1639	0.0800	4.5400
地区经济发展水平（*agdp*）	248	10.7664	0.4335	9.7100	11.8500
城镇化率（*cit*）	248	0.5613	0.1325	0.2271	0.8960
政府参与度（*fin*）	248	0.3010	0.2326	0.1234	1.5078
产业结构（*str*）	248	1.1346	0.6252	0.5180	4.3476
技术创新水平（*inn*）	248	0.0009	0.0011	0.0000	0.0057
对外开放水平（*ope*）	248	0.2701	0.3087	0.0169	1.5483
农村居民收入水平（*rural*）	248	9.2579	0.3909	8.2711	10.3214
城镇居民收入水平（*urban*）	248	10.2291	0.2902	9.6151	11.1278

/ 第四节 /
实证结果分析

一、基准估计

本研究的基准估计采用不同的估计方法，从全样本层面考察数字普惠金融对城乡收入不平等的影响效应。

首先，在不考虑内生性的条件下，对模型（2）进行普通OLS估计、面板随机效应估计（RE）和面板固定效应估计（FE），估计结果见表11-5面板基准回归部分。其次，为控制内生性问题方面，采用滞后两年的分省互联网上网人数作为数字普惠金融的工具变量，采用两阶段最小二乘法（2SLS）和广义矩估计（Generalized Method of Moments，GMM）进行工具变量回归，估计结果见表11-5工具变量回归部分。另外，为考察城乡收入不平等的动态特征和数字普惠金融影响效应的滞后性，本研究分别采用DIF-GMM和SYS-GMM对模型（3）进行估计，估计结果见表11-5动态回归部分。

表11-5　数字普惠金融对城乡收入不平等的影响的基准估计

变量	面板基准回归			工具变量回归		动态回归	
	OLS	RE	FE	IV_2SLS	IV_GMM	DIF-GMM	SYS-GMM
L.theil						0.492***	0.427***
						(21.83)	(29.50)
dfi	−0.0035	−0.0083***	−0.0063**	−0.0141**	−0.0141***	−0.0137***	−0.0023***
	(−1.41)	(−4.41)	(−2.45)	(−2.56)	(−2.88)	(−10.67)	(−3.16)
agdp	−0.0459***	−0.0290***	−0.0384***	−0.0261*	−0.0261*	0.0141	−0.0196***
	(−4.38)	(−2.91)	(−3.17)	(−1.86)	(−1.77)	(1.40)	(−4.98)

续表11-5

变量	面板基准回归			工具变量回归		动态回归	
	OLS	RE	FE	IV_2SLS	IV_GMM	DIF-GMM	SYS-GMM
cit	−0.1400***	−0.1450***	−0.1380**	−0.1650***	−0.1650***	0.0199	−0.0587***
	(−3.70)	(−3.28)	(−2.47)	(−4.09)	(−4.16)	(0.46)	(−6.11)
fin	0.0104	−0.0038	−0.0406	0.0077	0.0077	0.0628***	−0.0047
	(1.16)	(−0.22)	(−1.29)	(0.83)	(0.83)	(3.11)	(−1.40)
str	0.0017	0.0065*	0.0052	0.0076*	0.0076**	0.0141***	0.0052***
	(0.50)	(1.82)	(1.25)	(1.72)	(2.12)	(5.73)	(3.34)
inn	3.833	2.905*	1.242	4.925**	4.925**	2.6270*	0.6360
	(1.60)	(1.67)	(0.60)	(1.97)	(2.41)	(1.81)	(1.17)
ope	−0.0062	−0.0387***	−0.0514***	−0.0219*	−0.0219**	−0.0007	−0.0279***
	(−0.69)	(−4.51)	(−4.94)	(−1.87)	(−2.26)	(−0.10)	(−5.62)
常数项	0.6710***	0.5100***	0.6200***	0.4890***	0.4890***	−0.1340	0.3040***
	(7.09)	(5.46)	(5.17)	(3.82)	(3.63)	(−1.42)	(7.91)
区域效应	否	否	控制	控制	控制		
时间效应	否	否	控制	控制	控制		
R^2	0.7533	0.7287	0.6613	0.7341	0.7341		
AR(1)-*p*						0.0002	0.0006
AR(2)-*p*						0.9578	0.4620
Sargan-p						0.7320	0.8603
N	248	248	248	248	248	186	217

注：1.括号内为t统计量。

2.*、**、***分别表示估计结果在10%、5%、1%的水平上显著，括号内为标准误。

对于核心解释变量数字普惠金融，普通OLS的估计系数为负，但没有通过统计显著性检验，面板随机效应、固定效应以及工具变量回归、DIF-GMM和SYS-GMM的估计系数均显著为负，表明考察期内数字普惠金融发展能够有效缓解城乡收入不平等的水平，存在“数字红利”（周利等，2020），即数字普惠金融的发展能够给农村居民提供此前难以企及的金融服务，通过数字普惠金融的普惠性以及信贷可及性可改善城乡居民的资产配置状况，为农村居民的农业生产、就业创业以及投资增收提供金融支持，提高农村居民的收入水平，优化城乡收入结构，对缓解城乡收入不平等可产生积极影响。这启示政策当局要紧扣城乡融合发展和乡村振兴的实践要求，发挥数字普惠金融低成本和普惠性优势，不断创新数字普惠金融的服务产品供给，延伸数字普惠金融的服务对象，最大限度地发挥数字普惠金融的“红利”效应。

就其他控制变量的估计系数来看，地区经济发展水平对城乡收入不平等影响的估计系数显著为负，表明考察期内中国经济增长呈现出较强的益贫性，尤其是为打赢脱贫攻坚战奠定了坚实的物质基础，支撑中国如期打赢脱贫攻坚战（邓金钱等，2019），有效地抑制了城乡收入不平等的恶化。城镇化率的估计系数显著为负，表明考察期内中国城镇化的发展更加重视城镇化质量，加之重塑新型城乡关系、走城乡融合发展之路的有效实践，城市和农村互利共赢、融合共享的发展格局逐渐成形，农村居民能够分享新型城镇化发展的“红利”，城乡收入不平等的状况也得到有效缓解。政府参与度的估计系数存在非一致性，面板固定效应和面板随机效应的估计系数均为负、普通OLS和工具变量的估计系数则为正，动态估计系数一正一负，而且除DIF-GMM的估计系数外，其他估计系数均不具有统计显著性，表明政府的经济参与度未对城乡收入不平等产生显著影响。产业结构、技术创新水平的估计系数均为正，但显著性水平存在差异，表明产业结构转型、技术创新对缓解城乡收入不平等存在积极影响。对外开放水平的估计系数均为负，仅有普通OLS和DIF-GMM的估计系数不具有统计显著性，表明考察期内对外开放水平的提升能够有效降低城乡收入不平等的水平。

二、稳健性检验

基准估计结果可能受因变量选择偏差和样本选择偏误的影响而偏离真实状况，为进一步考察基准估计结果的稳健性，本研究分别采取替换核心解释变量、替换被解释变量以及剔除直辖市等三种方法进行稳健性检验，为了便于比较，同时给出面板固定效应和面板随机效应的估计结果，估计结果见表11-6。

表11-6　多重稳健型检验

变量	替换核心解释变量		替换被解释变量		剔除直辖市	
	FE	RE	FE	RE	FE	RE
lndfi	−0.0067***	−0.0080***				
	(−3.97)	(−5.30)				
dfi			−0.1040***	−0.1330***	−0.0082***	−0.0091***
			(−2.93)	(−5.06)	(−2.81)	(−3.69)
agdp	−0.0326***	−0.0299***	−0.5580***	−0.3890***	−0.0465***	−0.0307***
	(−2.91)	(−3.26)	(−3.36)	(−2.81)	(−3.27)	(−2.64)
cit	−0.1730***	−0.1620***	0.1330	−0.1440	−0.0723	−0.1330**
	(−3.28)	(−3.73)	(0.17)	(−0.23)	(−1.00)	(−2.28)
fin	−0.0208	−0.0024	−0.5880	0.0425	−0.0656*	−0.0105
	(−0.66)	(−0.14)	(−1.37)	(0.18)	(−1.86)	(−0.55)
str	0.0021	0.0032	0.1130**	0.1330***	0.0075	0.0072
	(0.60)	(0.97)	(2.00)	(2.68)	(1.59)	(1.60)
inn	−0.7750	1.2540	21.0900	43.2200*	1.3790	2.7600
	(−0.39)	(0.71)	(0.75)	(1.80)	(0.55)	(1.23)
ope	−0.0475***	−0.0325***	−0.7460***	−0.5470***	−0.0835***	−0.0636***
	(−4.63)	(−3.94)	(−5.24)	(−4.59)	(−5.57)	(−5.05)
常数项	0.5670***	0.5200***	9.0290***	7.1300***	0.6840***	0.5270***
	(5.39)	(6.20)	(5.50)	(5.50)	(4.99)	(4.84)
R^2	0.6963	0.7333	0.0883	0.3452	0.3805	0.5903

续表11-6

变量	替换核心解释变量		替换被解释变量		剔除直辖市	
	FE	RE	FE	RE	FE	RE
F/Wald	108.07	816.73	54.87	385.81	93.47	671.80
Hausman	7.87 (0.3342)		8.14 (0.3255)		8.72 (0.2737)	
N	248	248	248	248	216	216

注：1.括号内为t统计量。

2.*、**、***分别表示估计结果在10%、5%、1%的水平上显著，括号内为标准误。

首先，替换核心解释变量的估计采用数字普惠金融指数的对数值（*lndfi*）测度数字普惠金融发展程度，Hausman检验结果表明，应该选择随机效应模型进行解释，可见数字普惠金融与城乡收入不平等之间仍存在负相关关系，其他解释变量的估计系数与基准估计结果相比并未发生根本性变化，即“数字普惠金融能够有效缓解城乡收入不平等”这一结论依然成立。

其次，替换被解释变量的估计采用城乡居民收入比（*gap*）衡量城乡收入不平等的程度，Hausman检验结果表明，应该选择随机效应模型进行解释，估计结果表明，数字普惠金融对城乡收入不平等的影响存在显著的抑制效应，这进一步强化了本研究结论。再次，剔除直辖市的检验是在总样本中剔除北京、天津、上海和重庆四个直辖市进行再次估计，以规避异常样本的影响效应，估计结果表明，数字普惠金融的发展显著降低了城乡收入不平等的水平，说明本研究的基准估计结果真实可靠。

综合三种稳健性检验的结果，“数字普惠金融能够缓解城乡收入不平等”这一结论均得到证实，其他控制变量的估计系数并未发生显著变化，即本研究基准估计结论是稳健的。

三、数字普惠金融不同维度对城乡收入不平等的影响

北京大学数字金融研究中心在发布数字普惠金融指数的同时还发布了数字普惠金融的覆盖广度（*gdf*）、使用深度（*sdf*）和数字化程度（*ddf*）三个维度指

数，因此，本研究进一步检验数字普惠金融发展的不同维度对城乡收入不平等的影响，估计结果见表11-7。

表11-7　基于数字普惠金融多维度的估计

变量	(1)	(2)	(3)	(4)	(5)	(6)
	FE	RE	FE	RE	FE	RE
gdf	−0.0087***	−0.0071**				
	(−4.21)	(−2.40)				
sdf			−0.0008	0.0034*		
			(−0.51)	(1.92)		
ddf					−0.0048***	−0.0042***
					(−6.03)	(−4.81)
agdp	−0.0305***	−0.0400***	−0.0537***	−0.0641***	−0.0335***	−0.0341***
	(−3.06)	(−3.38)	(−5.67)	(−6.01)	(−3.94)	(−3.26)
cit	−0.1310***	−0.1180**	−0.1550***	−0.1890***	−0.1630***	−0.1770***
	(−2.98)	(−2.01)	(−3.43)	(−3.44)	(−3.81)	(−3.42)
fin	−0.0062	−0.0480	−0.0162	−0.0663**	0.0007	−0.0126
	(−0.36)	(−1.56)	(−1.00)	(−2.18)	(0.04)	(−0.41)
str	0.0070*	0.0061	0.0002	−0.0030	0.0036	0.0027
	(1.89)	(1.39)	(0.06)	(−0.77)	(1.13)	(0.78)
inn	2.4900	1.0720	3.9020**	−0.6850	3.2320*	1.1860
	(1.42)	(0.52)	(2.18)	(−0.33)	(1.92)	(0.61)
ope	−0.0395***	−0.0523***	−0.0279***	−0.0552***	−0.0370***	−0.0493***
	(−4.56)	(−5.04)	(−3.23)	(−5.30)	(−4.51)	(−4.92)
常数项	0.5180***	0.6270***	0.7730***	0.9280***	0.5660***	0.5890***
	(5.49)	(5.26)	(9.11)	(9.50)	(7.55)	(6.21)
R^2	0.7210	0.6351	0.7232	0.6255	0.7331	0.7072
F/Wald	777.11	101.94	697.82	100.68	850.92	112.55

续表11-7

变量	(1)	(2)	(3)	(4)	(5)	(6)
	FE	RE	FE	RE	FE	RE
Hausman	7.30 (0.3982)		23.38 (0.0015)		7.13 (0.415)	
N	248	248	248	248	248	248

注：1.括号内为t统计量。

2.*、**、***分别表示估计结果在10%、5%、1%的水平上显著，括号内为标准误。

首先，数字普惠金融覆盖广度指数对城乡收入不平等的估计系数显著为负，即数字普惠金融的覆盖广度显著缓解了城乡收入不平等的水平，可能的原因在于数字普惠金融的覆盖广度以账户覆盖率为二级指标，覆盖广度的延伸主要瞄准农村居民等贫困弱势群体，能够以低成本、高效率的方式为农村居民提供适当的金融服务，对增加农村居民收入和缓解城乡收入不平等起到积极作用。

其次，数字普惠金融的使用深度对城乡收入不平等的估计系数存在显著差别，固定效应的估计为负，但不具有统计显著性，随机效应的估计系数在10%的显著性水平上显著为正，表明数字普惠金融的使用深度对城乡收入不平等的影响存在非一致性，可能的原因在于数字普惠金融使用深度的二级指标涵盖支付业务、货币基金业务、信贷业务、保险业务、投资业务以及信用业务，农村居民受金融素养和禀赋条件的限制，并不能充分享受数字普惠金融使用深度带来的“红利”，导致数字普惠金融使用深度对缓解城乡收入不平等的积极效应未能有效发挥出来，这恰恰是未来深化金融体制改革和发展的重点所在。

再次，数字普惠金融数字化程度对城乡收入不平等影响的估计系数显著为负，即数字普惠金融的数字化程度的提升能够显著降低城乡收入不平等的水平，可能的原因在于数字普惠金融数字化程度以移动化、实惠化、信用化、便利化为二级指标，强调的是数字普惠金融的便利性和低成本，这些优势能够让农民享受比较充分的金融服务，提升信贷资源的配置效率，改善农村居民的资产配置状况，抑制城乡收入不平等的恶化。

四、异质性检验——基于不同区域和不同经济发展水平

为了进一步加深对数字普惠金融与城乡收入不平等之间关系的认识，本研究进一步从区域异质性、经济发展水平异质性两个视角考察数字普惠金融影响城乡收入不平等的边界条件。其中，区域异质性检验的考察参照主流文献的分类方法，将中国分省总样本划分为东部、中部、西部三个子样本进行估计；经济发展水平异质性检验则根据2011—2018年分省人均GDP的平均值，将总样本划分为发达地区和欠发达地区两方面进行估计，估计结果见表11-8。

表11-8　基于不同区域和不同经济发展水平的异质性检验

变量	区域异质性			发展水平异质性	
	东部	中部	西部	发达地区	欠发达地区
dfi	−0.0038**	−0.0250***	−0.0085*	−0.0045*	−0.0085**
	(−2.45)	(−4.28)	(−1.71)	(−1.98)	(−2.38)
agdp	−0.0235**	0.0712**	−0.0510*	−0.0080	−0.0342**
	(−2.42)	(2.36)	(−1.84)	(−0.85)	(−2.20)
cit	−0.1750***	−0.3470**	−0.1180	−0.2690***	−0.2100***
	(−4.59)	(−2.58)	(−0.70)	(−5.85)	(−3.02)
fin	−0.0324	0.0550	−0.0774*	−0.1210***	−0.0038
	(−0.77)	(0.59)	(−1.70)	(−2.96)	(−0.19)
str	0.0057*	0.0192**	0.0109	0.0157***	0.0037
	(1.75)	(2.61)	(1.11)	(2.98)	(0.76)
inn	2.8250**	14.8900	−3.2120	−0.3420	15.4300**
	(2.16)	(1.56)	(−0.38)	(−0.26)	(2.52)
ope	−0.0067	−0.1270*	−0.1430***	−0.0077	−0.1280***
	(−0.93)	(−1.85)	(−6.00)	(−0.96)	(−6.68)
常数项	0.4480***	−0.4620	0.7850***	0.3560***	0.6020***
	(4.75)	(−1.55)	(3.12)	(3.32)	(3.98)

续表11-8

变量	区域异质性			发展水平异质性	
	东部	中部	西部	发达地区	欠发达地区
模型效应	随机	固定	固定	固定	随机
R^2	0.8707	0.3465	0.6036	0.7764	0.6348
F/Wald	317.79	37.73	63.44	43.04	626.30
N	88	64	96	80	168

注：1.括号内为t统计量。

2.*、**、***分别表示估计结果在10%、5%、1%的水平上显著，括号内为标准误。

分区域的估计结果表明，“数字普惠金融能够缓解城乡收入不平等”这一结论在东部、中部、西部样本的估计中均得到证实，但影响效应的大小受区域禀赋条件的影响而存在显著的区域异质性，即数字普惠金融对城乡收入不平等的缓解效应中部最大、西部次之、东部最小。

分经济发展水平异质性的估计结果表明，数字普惠金融对城乡收入不平等的抑制效应在发达地区和欠发达地区的估计中同样得到证实，但影响效应在欠发达地区发挥得更充分。这一结论的启示是，数字普惠金融是具有普惠性的，对缓解城乡收入不平等存在“数字红利”，政府应该加大对数字普惠金融发展的支持力度，加快中西部等欠发达地区的数字基础设施建设步伐，充分激发数字普惠金融的普惠性功能，为城乡融合发展培育新动能。

五、机制检验——基于城乡居民收入水平

为了识别数字普惠金融对城乡收入不平等的作用机制，本研究以模型（4）为基础，分别以城镇居民人均可支配收入的对数和农村居民人均可支配收入的对数为被解释变量进行估计，用双向固定效应模型来矫正异质性因素，估计结果见表11-9。

表 11-9　数字普惠金融对城乡收入不平等影响的纯效应估计与机制检验

变量	城镇居民人均可支配收入				农村居民人均可支配收入			
	(1)	(2)	(3)	(4)	(5)	(6)	(7)	(8)
dfi	0.1610***				0.2010***			
	(14.58)				(18.37)			
gdf		0.1900***				0.2360***		
		(15.43)				(19.48)		
sdf			0.0716***				0.0596***	
			(7.52)				(5.25)	
ddf				0.0284***				0.0499***
				(5.50)				(9.68)
agdp	0.0436	0.0630	0.3240***	0.3450***	0.2200***	0.2470***	0.6390***	0.5180***
	(0.84)	(1.28)	(5.65)	(5.59)	(4.27)	(5.11)	(9.35)	(8.39)
cit	1.3870***	0.8040***	1.8970***	2.2970***	1.3110***	0.5950**	2.0960***	2.4640***
	(5.80)	(3.30)	(6.42)	(7.48)	(5.55)	(2.49)	(5.95)	(8.02)
fin	−0.1060	0.0627	0.3490**	0.1050	0.1130	0.3260**	0.7180***	0.2040
	(−0.79)	(0.49)	(2.14)	(0.58)	(0.85)	(2.59)	(3.68)	(1.12)
str	0.0897***	0.0581***	0.1630***	0.2050***	0.0494***	0.0112	0.1660***	0.1830***
	(5.04)	(3.18)	(7.82)	(10.01)	(2.81)	(0.62)	(6.68)	(8.95)
inn	−9.3110	−6.2870	4.9340	13.1300	−11.4100	−7.4580	12.8600	12.6400
	(−1.06)	(−0.74)	(0.45)	(1.15)	(−1.31)	(−0.89)	(0.98)	(1.10)
ope	−0.1760***	−0.1530***	−0.1340**	−0.1410**	0.0942**	0.1230***	0.1570**	0.1210**
	(−3.94)	(−3.54)	(−2.40)	(−2.38)	(2.14)	(2.90)	(2.35)	(2.05)
常数项	8.6650***	8.7440***	5.2910***	4.9140***	5.6760***	5.7370***	0.6370	1.8490***
	(16.84)	(17.62)	(10.09)	(8.77)	(11.16)	(11.78)	(1.02)	(3.30)

续表11-9

变量	城镇居民人均可支配收入				农村居民人均可支配收入			
	（1）	（2）	（3）	（4）	（5）	（6）	（7）	（8）
模型效应	固定	固定	固定	固定	固定	固定	固定	固定
N	248	248	248	248	248	248	248	248

注：1.括号内为t统计量。

2.*、**、***分别表示估计结果在10%、5%、1%的水平上显著，括号内为标准误。

从表11-9中不难看出，数字普惠金融总指数及其分维度指数对城镇居民人均可支配收入、农村居民人均可支配收入的估计系数均显著为正，即数字普惠金融的发展能够显著提升城乡居民的收入水平，但数字普惠金融总指数、覆盖广度指数、数字化程度指数对农村居民人均可支配收入的估计系数显著大于对城镇居民人均可支配收入的估计系数，即数字普惠金融发展、覆盖广度和数字化程度的提升对农村居民带来的增收效应显著大于城镇居民。表明数字普惠金融对城乡居民收入水平的影响存在差异，受益于数字普惠金融普惠性和低成本的优势，农村居民能够充分享受数字普惠金融发展带来的“红利”；而城镇居民由于长期能够比较便利地享受传统金融服务，加之城镇本身就具有良好的互联网等基础设施条件，导致数字普惠金融带给城镇居民的边际收益显著低于农村居民。但使用深度指数对城镇居民人均可支配收入的估计系数则显著大于农村居民的估计系数，表明数字普惠金融使用深度带给城镇居民更大的增收效应，原因在于农村居民受初始禀赋状况的限制，并不能充分享受数字普惠金融使用深度带来的“红利”。

/第五节/

小　结

数字普惠金融作为金融发展的一种新业态，能否有效缓解城乡收入不平等？推动城乡融合共享发展？本研究的理论分析表明，数字普惠金融以其普惠性和低成本的优势大大提升了非自愿被金融机构排斥的农村弱势群体的信贷可及性，能够让农村地区低收入群体享受此前难以企及的金融服务，可对缓解城乡收入不平等产生积极影响。在理论分析的基础上，以中国31个省份为总样本，对2011—2018年中国数字普惠金融发展与城乡收入不平等演变的特征事实进行统计性描述分析和初步的线性拟合，并运用多重检验方法实证考察了数字普惠金融对城乡收入不平等的影响效应。

研究发现：

一是，数字普惠金融能够有效缓解城乡收入不平等的水平，这一结论经过考虑内生性的工具变量检验、多重稳健性检验后依然成立，即“数字普惠金融能够降低城乡收入不平等”这一结论是真实可靠的。

二是，数字普惠金融不同维度的发展水平对城乡收入不平等的影响效应存在显著差异，数字普惠金融的覆盖广度指数和数字化程度指数均显著降低了城乡收入不平等的水平，而数字普惠金融的使用深度指数对城乡收入不平等的影响存在非一致性，对缓解城乡收入不平等的积极效应未能有效发挥出来。

三是，数字普惠金融对城乡收入不平等的影响因区域禀赋和经济发展水平而存在显著的异质性特征，分区域的检验表明，“数字普惠金融发展能够降低城乡收入不平等”这一结论在东部、中部、西部地区均成立，但数字普惠金融对城乡收入不平等的抑制效应中部最大、西部次之、东部最小；分经济发展水平的检验表明，数字普惠金融对城乡收入不平等的抑制效应在发达地区和欠发达地区的估计中同样得到证实，但影响效应在欠发达地区发挥得更充分。

四是，基于城乡居民收入水平的机制检验表明，数字普惠金融的发展能够显著提升城乡居民的收入水平，但受益于数字普惠金融便利性和低成本的优势，农村居民能够充分享受数字普惠金融发展带来的“红利”，获得比城镇居民更高的增收效应。

本研究为中国数字普惠金融发展与城乡收入不平等的关系提供了翔实的经验性证据，对新时代降低城乡收入不平等、推动城乡融合发展提供了有益思考。基于上述研究结论，从中国当前数字普惠金融与城乡融合发展的实践出发，提出以下政策启示：

一是，不断创新数字普惠金融发展的扶持政策体系，通过政策引领、设施推动、奖补辅助等方式，充分利用大数据、人工智能等新技术推动普惠金融发展，拓展数字普惠金融的覆盖广度、使用深度和数字化程度，积极引导传统金融机构发展数字普惠金融业务，创新数字普惠金融产品，运用大数据等技术向个人移动终端提供精准的个性化服务，并通过线上线下多种方式加大数字普惠金融的相关知识宣传，培植农村居民使用数字普惠金融服务的意识。

二是，加大传感终端、大数据中心、人工智能、云计算等数字基础设施建设步伐，推动新增数字基础设施建设逐渐向农村和中西部欠发达地区倾斜，提升中西部地区金融服务的可得性，改善农村地区“上网贵、上网难、上网慢”的事实，而且贵州、宁夏等西部省份数字经济发展实践证明，欠发达地区可以抓住数字经济发展契机，也可为其他省份数字普惠金融发展提供参考方案。

三是，精准分析农村居民等弱势群体的发展实际和群体特征，立足中西部欠发达地区的要素禀赋结构和“三农”发展实践，利用“互联网+”、大数据、云计算等方式设计符合农村居民个性特征的金融产品，不断创新和完善数字普惠金融的产品服务体系，实现商业可持续性和发展普惠性的有效融合。

四是，立足数字普惠金融监管的滞后性事实，秉承“监管—创新—再监管—再创新”的动态调整性，降低数字普惠金融的发展风险，不断优化数字普惠金融的发展环境，有效提升农村居民使用数字普惠金融业务的积极性，最大限度地发挥数字普惠金融的普惠效应，规避“数字鸿沟”的出现。

/ 第十二章 /

地方政府“筑巢引凤”与城乡收入不平等*

中华人民共和国成立以来，人民生活实现了从温饱不足迈向全面小康的历史性跨越，城乡居民收入大幅增长，收入分配格局明显改善，但“城乡二元经济结构并没有根本改变，城乡发展差距不断拉大的趋势没有根本扭转”（习近平，2019）。

根据中国国家统计局公布的数据，改革开放以来，中国基尼系数总体呈上升的趋势，2008年达到一个高峰值，之后出现新一轮的下降趋势，因此，很多学者认为中国收入不平等的拐点已经到来（陈宗胜，2018）。但李实（2018）的研究则反对这一说法，其认为综合考虑各项指标后，中国的收入不平等在持续加重，预期近几年会出现反弹，2016年之后中国基尼系数的上升趋势似乎印证了这一判断，而中国最大的收入不平等在城乡之间，城乡居民收入比从1978年的2.57：1上升到2007年的3.14：1，之后逐年下降到2018年的2.69：1，但仍高于改革开放初期的水平。

那么，新时代如何缓解城乡收入不平等的水平，推动城乡融合共享发展呢？相关研究非常多，对城乡收入不平等成因的探讨诸家立说，争议不断，其中代表性的观点有“城市偏向论”“发展战略论”“城乡户籍歧视论”“金融发展论”“地方政府行为论”等，并提出了缩小城乡收入不平等的具体对策，然而中国的城乡收入不平等问题仍未能得到有效解决（Molero Simarro，2017）。这留给我们的思考是，中国城乡收入不平等持续存在的原因是什么？2019年出台的《关于建立健全城乡融合发展体制机制和政策体系的意见》明确指出，现阶段“城乡

* 本章核心部分载于《现代经济探讨》，2020年第8期，第109-118页。

要素流动不通畅、公共资源配置不合理等问题依然突出”，新时代有效缓解城乡收入不平等、重塑新型城乡关系、走城乡融合发展之路，与地方政府的行为选择有着直接关联。因此，深入分析地方政府多重行为选择，对城乡收入不平等的影响效应，挖掘城乡收入不平等的深层机制，以及对于降低城乡收入不平等、实现城乡融合共享发展具有重要的理论价值和实践意义。

/ 第一节 /
文献综述与问题提出

城乡关系是人类社会发展最基本的关系形态，国家现代化的进程也是城乡关系不断调整和重塑的过程（金三林等，2019）。在西方文献中，色诺芬最早将城市经济活动和乡村经济活动进行严格区分，认为农业生产和乡村对城市的供给是城市消费的基础，之后重商主义、重农学派及亚当·斯密、大卫·李嘉图以及空想社会主义者都对城乡关系提出了一系列具有深刻思想洞见的观点。当代西方经济学对城乡关系的研究以“资源配置”为逻辑基础，分析了社会分工深化导致生产要素在城乡之间的偏向性配置及其产生的城乡发展失衡问题，并阐释了由城乡二元经济结构向一元经济结构转型的制度策略，形成了以刘易斯为代表的“城市偏向的非均衡发展论”、以舒尔茨为代表的“乡村偏向的非均衡发展论”、以纳克斯为代表的“城乡工农平衡发展论”等理论学说，强调城市现代工业部门对乡村农业部门的带动效应，并设计了城乡二元经济结构向一元化转型的具体路径。

与西方经济学不同，马克思主义政治经济学从社会分工视角出发，运用阶级分析法系统阐释了城乡发展从“依存，到对立，再到统一”的生产力基础和历史逻辑规律，并描绘了未来发展的蓝图，强调“城乡关系一改变，整个社会也跟着改变”，为社会主义国家和地区正确认识和处理城乡关系提供了科学的理论指导。

城乡收入不平等作为中华人民共和国成立以来经济社会发展实践中的核心问题而备受学术理论界关注，对城乡收入不平等的研究应基于中国经济增长的制度框架和特征事实。中国式分权的制度体系中，地方政府成为主导辖区经济运行的关键主体，晋升锦标赛成为地方官员的激励模式（周黎安，2007），它们之间的行为选择与城乡收入不平等之间存在直接的逻辑关联（张建波等，2016）。地方政府为谋求辖区经济增长，更倾向于将政府掌控的公共资源投入发展较快的城镇地区，导致城乡发展失衡和城乡收入不平等。傅勇（2008）研究发现，中央政府以政绩考核为核心的政治激励导致地方政府更加关注辖区经济增长，有效的财政激励保证了地方政府能稳定分享增长果实，这种激励结构直接导致地方财政支出结构扭曲和城市偏向，造成城乡收入不平等的恶化（雷根强、蔡翔，2012）。

另外，中国式分权的制度框架中，地方政府成为独立的利益主体，通过积极改进基础设施和制度环境来竞争外部要素参与本辖区的经济活动，傅强和马青（2015）基于中国1985—2011年省际面板数据，经过多重检验发现，地方政府竞争与城乡收入不平等之间存在正相关关系。然而对外商直接投资的竞争作为地方政府竞争的主要表现形式，邓金钱和何爱平（2017）的研究发现，地方政府竞争外商直接投资将会加剧城乡收入不平等；而景守武和陈红蕾（2017）则得出相反的结论，认为只要引导好外商直接投资的流向，充分利用农村劳动力，城乡收入不平等的状况就会得到有效缓解。

就上述已有研究来看，现有文献从地方政府行为选择视角出发对城乡收入不平等问题进行了卓有成效的探索，然而研究结论并不一致，且大多数文献仅限于地方政府单一行为的分析，鲜有文献从地方政府的多重行为选择出发研究城乡收入不平等问题。有鉴于此，本研究从地方政府“筑巢引凤”行为选择出发，探究城乡收入不平等问题，边际贡献主要体现在以下两个方面：第一，把地方政府改善基础设施等“筑巢”行为与招商引资等“引凤”行为纳入城乡收入不平等的分析框架，检验地方政府多重行为选择对城乡收入不平等的影响。第二，本研究在实证方法选择上以静态为基准模型，并进行动态考察，进一步选择面板分位数模型考察地方政府多重行为选择影响城乡收入不平等的动态轨迹。

/第二节/
制度背景与理论分析

一、地方政府“筑巢引凤”的理论基础和激励来源

地方政府“筑巢引凤”作为财政分权制度体系下地方政府最重要的行为选择，理论缘起于20世纪50年代Tiebout等人提出的“用脚投票”理论，即地方政府会围绕居民的需求尽可能提供更好的公共产品，以避免辖区内有税收创造能力的居民流失。经过Stigler、Oates、Hayek等人的创新性发展，便形成第一代财政分权理论，该理论认为在信息约束条件下，通过地方政府间的竞争机制供给公共产品更有效率，原因在于地方政府比中央政府更了解居民偏好（傅强、朱浩，2013）。然而第一代财政分权理论并没有讨论地方政府与居民福利的激励相融问题，Qian和Weingast（1997）系统分析了地方政府行为的内在动力，提出具有中国特色社会主义经济特征的“市场维护型财政联邦主义”，实现了地方政府官员和居民社会福利的激励相容，初步建立起地方政府影响经济运行和参与经济活动的解释框架。

中国作为典型的发展中国家和转型经济体，改革开放以来，中国分权化治理结合“经济分权+政治集权”的优势，极大地释放了社会生产力，也创造了世界经济增长史中的“中国奇迹”。财政分权赋予地方政府更大的经济活动自主权，成为地方“经济剩余”分享者，激励着地方政府通过财税等政策撬动基础设施建设，吸引辖区外的生产要素参与本区域的经济活动，而政治集权导致上级政府对下级政府的官员晋升具有绝对的“政治威权”，上级政府通过设立经济增长目标激励下级政府“为增长而竞争”，以赢得“晋升锦标赛”（詹新宇、刘文彬，2020）。

因此，地方政府的行为选择成为理解中国式分权的关键，“增长型激励”直接构成地方政府“筑巢引凤”的激励来源（马万里，2015）：一是政治晋升激励。地方官员作为地方政府的直接代理者，实现政治晋升是其自我发展的核心追求，在中央政府以经济增长为主要政绩考核的“指挥棒”下，地方政府官员

为实现晋升必然致力于完成中央政府的考核任务，甚至努力创造比其他竞争者更好的业绩以赢得晋升机会，这被认为是中国长期经济增长的根本原因。二是财政收入激励。中国式分权的制度安排赋予地方政府"辖区经济剩余"的分享权，即地方政府的财政收入水平与辖区经济增长规模正相关，而且地方政府的支出裁量权也会扩大，导致地方政府积极进行"筑巢引凤"来发展辖区经济。三是私人收益激励。地方政府工作人员的工资收入、绩效水平与经济发展水平之间存在直接的逻辑关联，也激励着地方政府"为增长而竞争"。在"增长型激励"的约束框架下，地方政府往往会将自身掌控的经济资源投向能够带来显著政绩的城镇地区和经济性领域，导致财政政策和公共品供给的城镇偏向，这成为中国城乡收入不平等的重要原因。

二、地方政府"筑巢引凤"对城乡收入不平等的影响及其矫正

中国式分权的制度安排激励着地方政府"为增长而竞争"，流动性较强的资本作为辖区经济增长最关键、最核心、最稀缺的要素，自然成为地方政府竞争的第一标的物，导致地方政府热衷于采用具体的政策工具改善辖区基础设施，优化辖区制度环境，为更好地招商引资创造条件，这必然导致公共财政资源配置和资本要素配置的结构性偏向，在实现经济快速增长的同时也导致发展的不平衡、不充分。地方政府"筑巢引凤"对城乡收入不平等的影响机制可概括如图12-1所示。

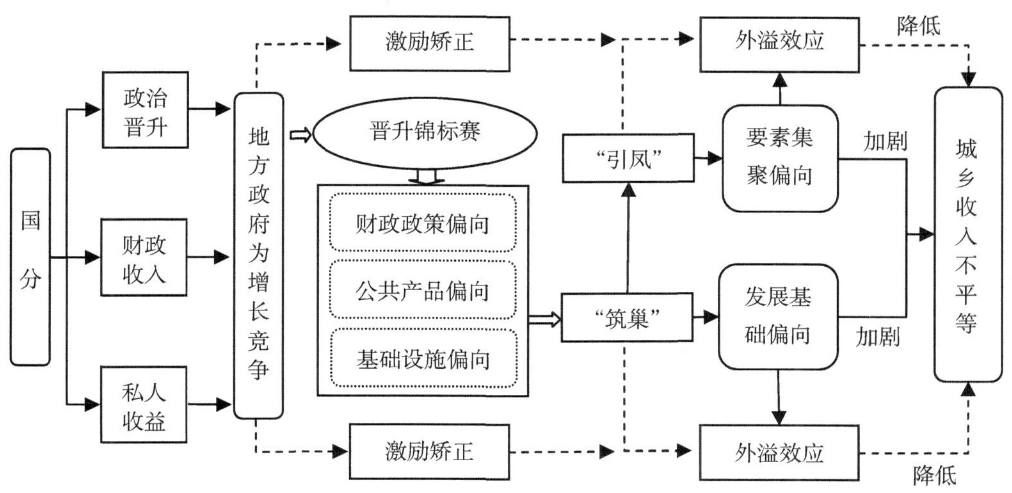

图12-1 地方政府"筑巢引凤"对城乡收入不平等的影响机制

地方政府“筑巢引凤”旨在通过有效的政策工具改善辖区内的基础设施、营商环境以及人居环境，达到招商引资和吸引稀缺要素不断流入的目的。根据Lucas的内生经济增长理论，城市比农村具有更好的基础设施和服务体系，能够成为各种经济要素的集聚地，而且日渐成为现代经济增长的源泉。因此，地方政府为谋求辖区经济增长，选择城市偏向型经济政策，则更符合地方官员的政绩考核要求，激励着地方政府将自身掌控的公共资源配置到城镇地区和非农产业，形成公共产品、基础设施供给的城镇非农偏向，让增长贡献较小的农村和农村居民处于发展的边缘；加之地方政府为竞争更多的辖区外要素，引得“金凤凰”，热衷于改善交通运输、通信、医疗等基础设施条件，兴建大学城、创建开发区等都成为地方政府“筑巢”的新模式，直接带来物质资本、技术人才等经济要素的集聚，而且竞争来的生产要素也偏向于投资到具有良好基础设施和投资环境的城镇地区，鲜有投向非农领域的案例。外商直接投资作为地方政府吸引“金凤凰”的重要标的之一，沈颖郁和张二震（2011）研究发现，地方政府吸引的外商直接投资在产业选择上主要集中在第二、三产业，在区位选择上主要集中在城镇地区，非农领域的投资相对较少，直接导致城乡收入不平等的恶化。

可见“增长型激励”带来国民财富的增加的同时也导致城乡收入不平等的恶化，地方政府间的竞争已不仅是“强经济增长、弱社会发展”的局面，地方政府间的竞争模式逐渐向“多任务竞逐”转变，生态环境保护、民生等非经济领域日渐成为中央政府对地方政府政绩考核的重要内容，现阶段地方政府竞争处于多种任务竞相追逐的状态（文宏、林彬，2020）。鉴于改革开放以来持续恶化的城乡收入结构问题，2002年党的十六大提出“统筹城乡经济社会发展”的目标任务，中国城乡关系进入“以工补农、以城带乡”的新阶段，不仅积极推动以取消农业税为核心的农民减负行动，而且对农民的直接补贴逐渐完善。

党的十八大以来，受益于打赢脱贫攻坚战的决策部署，城乡融合发展成效显著。“乡村振兴”战略的实践标志着“三农”直接成为现代化的重点，“三农”发展受到前所未有的重视。因此，脱贫攻坚、城乡融合共享发展等因子逐渐被纳入地方政府“多任务竞逐”的锦标赛体系中，以矫正“为增长而竞争”造成的激励扭曲；加之脱贫攻坚的需要，地方政府积极改善农村地区的软硬件设施，2019年12月四川省凉山州布拖县乌依乡阿布洛哈村通村硬化路主体建成，标志着中国建制村硬化公路的全覆盖，这对缓解城乡收入不平等产生了积极影响。另外，地方政府竞争的外商直接投资存在外溢效应，能够促进农村劳动力的非农化转移，拓宽农村居民的增收渠道，对降低城乡收入不平等产生了积极影响。

综上，中国式分权的制度框架下地方政府“筑巢引凤”有着深刻的激励来源，其对城乡收入不平等的影响也存在非一致性。有鉴于此，本研究将在以下的实证分析中构建完整的估计策略，采用2001—2017年中国省际面板数据，系统考察地方政府“筑巢引凤”行为及其二者协同耦合对城乡收入不平等的影响，以期取得稳健的研究结论。

/第三节/
实证策略

一、模型与方法

考虑到地方政府“筑巢引凤”行为对城乡收入不平等影响的多重耦合特征，本研究以城乡收入不平等为被解释变量，分别以地方政府“筑巢”型竞争、“引凤”型竞争及其交叉项为核心解释变量构建估计模型。为了降低模型异方差等因素的干扰，获得更加精准的参数估计值，必须尽量控制影响城乡收入差距的其他相关变量，构建如下估计模型：

$$I_{it} = \alpha_0 + \alpha_1 build_{it} + \alpha_2 attract_{it} + \sum_{j=1} \lambda_j x_{ijt} + \varepsilon_{it} \tag{1}$$

$$I_{it} = \beta_0 + \beta_1 build_{it} + \beta_2 attract_{it} + \beta_3 build_{it} * attract_{it} + \sum_{j=1} \lambda_j x_{ijt} + \varepsilon_{it} \tag{2}$$

其中，I表示城乡收入不平等；$build$、$attract$为本研究的核心解释变量，分别表示地方政府的“筑巢”行为（$build$）和“引凤”行为（$attract$）；i表示地区；t表示时间；x_{ijt}为一组控制变量；ε_{it}为与时间、地区无关的残差项。

进一步地，构建模型（3），把城乡收入不平等的一阶滞后项纳入估计模型，以检验模型可能产生的内生性问题。

$$I_{it} = \gamma_0 + \gamma_1 I_{i(t-1)} + \gamma_2 build_{it} + \gamma_3 attract_{it} + \gamma_4 build_{it} * attract_{it} + \sum_{j=1} \lambda_j x_{ijt} + \varepsilon_{it} \tag{3}$$

为了获得更加稳健的估计结果，同时选择DIF-GMM和SYS-GMM对模型（3）进行估计。另外，为了克服传统面板分析模型条件均值回归的局限，进一步选择面板分位数方法进行估计，以更精准地识别地方政府“筑巢引凤”对城乡收入不平等影响的动态轨迹，考察地方政府“筑巢引凤”对城乡收入不平等影响分布特征的全面信息。

二、指标与数据

（一）被解释变量

城乡收入不平等的测度参照已有研究，采用泰尔指数法，进一步选择城乡居民收入比进行稳健性检验。泰尔指数测度城乡收入不平等的计算公式为：

$$theil_{i,t} = \sum_{j=1}^{2} \left(\frac{I_{ij,t}}{I_{i,t}}\right) \ln\left(\frac{I_{ij,t}}{I_{i,t}} / \frac{P_{ij,t}}{P_{i,t}}\right) \tag{4}$$

其中，*theil*表示城乡收入不平等，*j*表示区域分布（1=城镇、2=农村），*i*表示截面单元，*t*表示时间单元，*I*表示收入水平，*P*表示人口数量。泰尔指数越大，说明城乡收入不平等程度越高，反之则相反。原始数据均来源于各省（自治区、直辖市）统计年鉴（历年）。

（二）核心解释变量

在中国式分权的制度安排下，地方政府不仅通过政府直接掌控的要素主导辖区经济运行，而且成为辖区“经济剩余”的分享者，引致地方政府为谋求辖区经济增长而展开激烈的竞争，“筑巢引凤”便是这一竞争的主要表征之一。一方面，地方政府积极改善辖区基础设施条件和优化制度环境，为引进辖区外的“金凤凰”创造良好的“巢穴”；另一方面，辖区外的“金凤凰”也往往偏向于选择具有良好条件的“巢穴”，这往往就导致生产要素向优势发达地区集聚，影响到城乡收入不平等的水平。因此，本研究关于“筑巢引凤”的测度方法如下：

1.地方政府“筑巢”行为

“筑巢”表征地方政府为改善辖区基础设施和营商环境而做出的行为选择，其中固定资产投资作为社会固定资产再生产的主要手段，能够反映地方政府

"筑巢"行为的工作量与竞争程度。因此，对地方政府"筑巢"行为的测算采用固定资产投资总额与生产总值的比值，变量名称记为*build*。数据来源于《中国统计年鉴》(历年)。

2. 地方政府"引凤"行为

"引凤"表征地方政府为争取辖区外的经济要素而做出的努力程度，其中争相引进外商直接投资成为地方政府"引凤"行为的集中体现。因此，对地方政府"引凤"行为的测算采用实际利用外商直接投资总额与生产总值的比值，变量名称记为*attract*。数据来源于《中国统计年鉴》(历年)。

（三）其他控制变量

为了准确揭示地方政府"筑巢引凤"对城乡收入不平等的影响效应，获得更加稳健的估计结果，必须尽量控制影响城乡收入不平等的其他相关变量。参照已有研究，选择制度质量、城镇化率、产业结构、金融发展水平、技术创新水平以及资本禀赋状况等，具体定义如表12-1所示，其中制度质量的衡量选择中国市场化指数课题组测度的中国分省市场化指数，其他数据来源于中国经济社会大数据平台。考虑到数据的完整性，在实证分析中剔除西藏样本。

表12-1　控制变量选择与定义说明

变量名称	定义说明
制度质量（*mar*）	中国市场化指数课题组发布的分省市场化指数
城镇化率（*cit*）	分省非农业人口占总人口的比重,按常住人口计算
产业结构（*str*）	分省第三产业生产总值/第二产业生产总值
金融发展水平（*fis*）	分省金融机构年末贷款余额/省域生产总值
技术创新水平（*inn*）	分省每万人专利授权数的对数
资本禀赋（*cap*）	分省人均资本形成额的对数

三、典型特征事实分析

为了初步考察地方政府"筑巢引凤"行为对城乡收入不平等的影响，图12-2报告了地方政府"筑巢引凤"及其二者交互项与城乡收入不平等之间的散点图。通过观察不难发现，地方政府"筑巢"行为与城乡收入不平等的散点图分布状况比较分散，通过线性拟合发现二者存在负相关关系，但是拟合线的倾斜度较低。而地方政府“引凤”行为与城乡收入不平等的散点图分布状况比较集中，线性拟合发现拟合线呈现出明显的右下方倾斜特征，即二者存在显著的负相关关系，表明地方政府“引凤”行为会显著降低城乡收入不平等的水平。从地方政府“筑巢引凤”的交互项与城乡收入不平等的散点图的分布来看，二者存在明显的负相关关系。

然而，上述结论仅仅是根据2001—2017年中国分省样本数据的初步刻画，并不是精准和稳健的结论，本研究接下来将基于实证分析模型，纳入影响城乡收入不平等的其他因子精确刻画地方政府“筑巢引凤”行为对城乡收入不平等的影响及其动态轨迹。

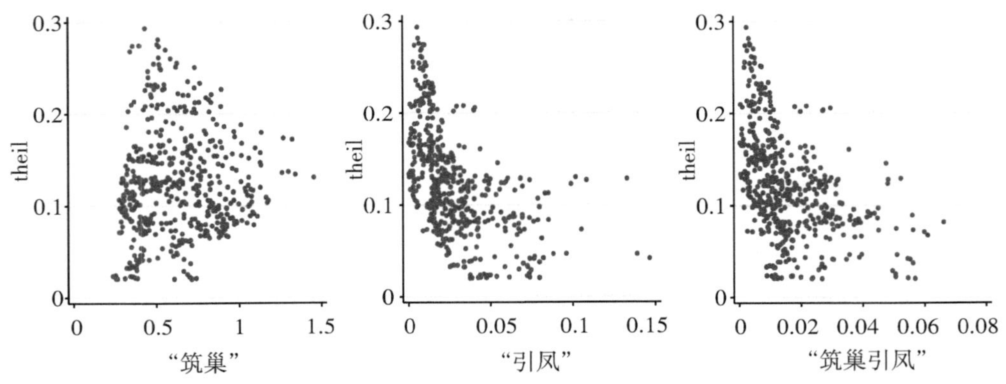

图12-2　地方政府“筑巢引凤”与城乡收入不平等的典型特征事实

/第四节/
实证结果与分析

一、基准回归分析

本研究的基准回归分析以模型（1）和模型（2）为基础，从全样本层面考察地方政府“筑巢引凤”及其交互项对城乡收入不平等的影响，估计结果见表

12-2，Hausman检验结果表明，应该选择固定效应模型做基准解释。

表12-2 基准估计结果

变量	泰尔指数			
	RE	FE	RE	FE
build	-0.017**	-0.024***	-0.025***	-0.029***
	(-2.11)	(-2.79)	(-2.66)	(-3.08)
attract	-0.252***	-0.197***	-0.398***	-0.308***
	(-4.61)	(-3.46)	(-3.91)	(-3.03)
*build*attract*			0.322*	0.246
			(1.70)	(1.32)
mar	0.008***	0.010***	0.007***	0.009***
	(5.47)	(6.42)	(4.57)	(5.53)
cit	-0.223***	-0.186***	-0.222***	-0.184***
	(-7.93)	(-5.59)	(-7.93)	(-5.54)
str	-0.009**	-0.012***	-0.007**	-0.011***
	(-2.38)	(-2.90)	(-2.16)	(-2.67)
fis	-0.008	-0.012**	-0.007	-0.011**
	(-1.60)	(-2.31)	(-1.32)	(-2.08)
inn	-0.014***	-0.013***	-0.014***	-0.013***
	(-5.25)	(-5.02)	(-5.22)	(-5.04)
cap	0.004	0.001	0.005	0.002
	(1.18)	(0.43)	(1.40)	(0.61)
常数项	0.196***	0.202***	0.195***	0.200***
	(7.06)	(7.15)	(7.03)	(7.08)
R^2	0.6044	0.5217	0.6126	0.5307

续表12-2

变量	泰尔指数			
	RE	FE	RE	FE
F/Wald	989.65	123.08	996.16	109.77
Hausman	42.13 （p=0.0000）		42.13 （p=0.0000）	
N	510	510	510	510

注：1.括号内为t统计量。

2.*、**、***分别表示估计结果在10%、5%、1%的水平上显著，括号内为标准误。

首先，地方政府“筑巢”的估计系数在5%的水平上均显著为负，表明考察期内地方政府“筑巢”行为显著降低了中国城乡收入不平等的水平。可能的原因在于进入新世纪以来，党和国家致力于重塑新型城乡关系，而且改革开放以来，中国长期的经济增长为改善城乡关系奠定了物质基础，加之城市基础设施建设倾向于饱和，地方政府逐渐把“筑巢”工作向农村拓展，农村面貌发生了根本性的变化。另外，脱贫攻坚等非经济领域的发展逐渐占据上级政府考核下级政府的重要指标，这也激励着地方政府努力改善农村发展条件，提升农民收入水平，因此，“地方政府‘筑巢’行为会降低城乡收入不平等”这一结论也不难理解。

其次，地方政府“引凤”的估计系数也显著为负，即地方政府竞争引来的“金凤凰”显著降低了城乡收入不平等的水平，这表明进入新世纪以来，地方政府的招商引资逐渐趋于理性，而且积极引导“金凤凰”的栖息地，不断为农村剩余劳动力的非农化转移创造了条件，拓宽了农村居民的增收渠道，这对缓解中国的城乡收入不平等也起到积极作用。

再次，地方政府“筑巢引凤”二者交互项的系数为正，而且固定效应模型的估计系数不具有统计显著性，表明地方政府“筑巢引凤”对城乡收入不平等的影响存在“挤出效应”，二者耦合不利于降低城乡收入不平等的水平，这是由于目前地方政府竞争目标比较单一，政策呈现分散化状态，未能形成推动城乡融合发展的政策合力。

从控制变量的估计系数来看，制度质量对城乡收入不平等的估计系数显著为正，表明以市场化为导向的改革加剧了城乡收入不平等，原因在于中国尚未形成城乡一体的市场体系，城乡要素双向良性流动的机制尚未形成，这也是未来改革的重点所在。城镇化率对城乡收入不平的估计系数显著为负，表明中国的城镇化发展对缓解城乡收入不平等存在积极效应，这与新型城镇化建设和新时代城乡融合的目标相一致。产业结构对城乡收入不平等的估计系数显著为负，表明中国产业结构转型吸纳了许多农村剩余劳动力，拓宽了农村居民的就业增收渠道，能够有效抑制城乡收入不平等的恶化。金融发展水平的估计系数均为负，表明金融发展对缓解城乡收入不平等存在积极效应，应该进一步深化金融体制改革，大力发展绿色普惠金融。技术创新水平对城乡收入不平等的估计系数显著为负，表明推动技术创新能够降低城乡收入不平等，尤其是涉农技术创新能够显著提升农业生产水平，这与“创新驱动”发展路径相契合。资本禀赋对城乡收入不平等的估计系数为正，但不具统计显著性，表明考察期内资本禀赋对缓解城乡收入不平等没有显著影响，原因在于资本要素依然存在城镇集聚现象，“三农”发展的资本投入严重不足。

二、稳健性检验与内生性讨论

基准估计结果可能会因变量选择偏差而导致估计结果不具稳定性，为进一步验证基准估计结果的可靠性，本研究改变城乡收入不平等的测度方法，采用城乡居民收入比作为被解释变量进行稳健性检验，估计结果见表12-3，Hausman检验结果表明，应该选择固定效应模型进行解释。可见变换城乡收入不平等的测度方法之后，地方政府“筑巢引凤”对城乡收入不平等的估计系数均与基准估计结果一致，二者交互项的估计系数与基准估计结果的符号一致，而且显著性更好。其他控制变量的估计结果与前面相比并无明显差异，即基准回归的结果真实可靠。

另外，模型（3）把城乡收入不平等的一阶滞后项作为解释变量纳入估计模型，以检验城乡收入不平等的路径依赖和可能存在的内生性问题。本研究进一步选择DIF-GMM和SYS-GMM两种方法进行估计，以期得到更稳健的估计结果，估计结果见表12-3。可见城乡收入不平等的一阶滞后项的估计系数均显著为正，表明城乡收入不平等的变化存在显著的路径依赖；核心解释变量地方政府

"筑巢引凤"及其二者交互项的估计系数符号与基准估计结果、稳健性检验估计结果相一致，显著性水平也未发生明显变化，表明考虑内生性后基准估计结论依然成立，这进一步强化了本研究结论。

表 12-3 稳健性检验与内生性估计结果

变量	城乡居民收入比				泰尔指数	
	RE	FE	RE	FE	DIF-GMM	SYS-GMM
L.I					0.790***	0.781***
					(63.56)	(37.40)
build	−0.328***	−0.391***	−0.448***	−0.493***	−0.004**	−0.015***
	(−3.14)	(−3.64)	(−3.82)	(−4.13)	(−2.05)	(−3.02)
attract	−3.890***	−3.332***	−6.285***	−5.385***	−0.120***	−0.231**
	(−5.58)	(−4.61)	(−4.88)	(−4.18)	(−2.78)	(−2.08)
*build*attract*			5.298**	4.552*	0.250***	0.557**
			(2.21)	(1.93)	(4.63)	(2.16)
mar	0.079***	0.094***	0.064***	0.080***	0.005***	0.003***
	(4.11)	(4.89)	(3.13)	(3.89)	(12.71)	(7.84)
cit	−1.119***	−0.731*	−1.107***	−0.700*	−0.087***	−0.097***
	(−3.10)	(−1.73)	(−3.08)	(−1.66)	(−12.30)	(−10.12)
str	−0.095*	−0.123**	−0.082	−0.108**	0.013***	0.021***
	(−1.90)	(−2.42)	(−1.62)	(−2.10)	(6.89)	(7.94)
fis	−0.119*	−0.162**	−0.097	−0.142**	−0.004*	−0.010***
	(−1.78)	(−2.45)	(−1.44)	(−2.13)	(−1.73)	(−3.17)
inn	−0.175***	−0.171***	−0.174***	−0.171***	−0.002**	0.001*
	(−5.33)	(−5.14)	(−5.30)	(−5.17)	(−2.53)	(1.79)
cap	0.073*	0.047	0.085**	0.059	−0.008***	−0.007***
	(1.72)	(1.13)	(2.00)	(1.40)	(−9.02)	(−6.49)
常数项	2.988***	3.050***	2.969***	3.013***	0.112***	0.125***

续表12-3

变量	城乡居民收入比				泰尔指数	
	RE	FE	RE	FE	DIF-GMM	SYS-GMM
	(8.44)	(8.49)	(8.41)	(8.40)	(16.44)	(11.96)
R^2	0.3088	0.2013	0.3222	0.2177		
F/Wald	504.44	65.40	513.65	58.88		
Hausman	38.27 (p=0.0000)		37.64 (p=0.0000)			
AR(1)-*p*					0.0004	0.0005
AR(2)-*p*					0.3261	0.6491
Sargan					26.2053 (p=0.5618)	26.5290 (p=0.9772)
N	510	510	510	510	450	480

注：1.括号内为t统计量。

2.*、**、***分别表示估计结果在10%、5%、1%的水平上显著，括号内为标准误。

三、动态轨迹检验

面板分位数估计能够根据城乡收入不平等的分布状况识别不同分位点下地方政府“筑巢引凤”行为的影响效应。参照已有研究，分别选择城乡收入不平等的10%、25%、40%、50%、60%、75%、90%7个分位点进行估计，结果见表12-4。

表12-4　动态轨迹检验——面板分位数估计结果

变量	(1)	(2)	(3)	(4)	(5)	(6)	(7)
	QR10	QR25	QR40	QR50	QR60	QR75	QR90
build	0.004***	−0.023***	−0.038***	−0.041***	−0.034***	−0.034***	−0.047***
	(957.76)	(−331.24)	(−15.21)	(−34.28)	(−9.48)	(−14.28)	(−5903.42)
attract	−0.117***	−0.330***	−0.367***	−0.419***	−0.406***	−0.431***	−0.345***

续表12-4

变量	(1)	(2)	(3)	(4)	(5)	(6)	(7)
	QR10	QR25	QR40	QR50	QR60	QR75	QR90
	(-859.28)	(-282.95)	(-9.08)	(-56.07)	(-11.38)	(-22.70)	(-1245.11)
*build*attract*	-0.088***	0.309***	0.349***	0.453***	0.327***	0.164***	-0.016***
	(-264.30)	(110.20)	(5.08)	(21.48)	(8.31)	(5.97)	(-31.93)
mar	0.001***	0.001***	-0.002***	-0.001***	-0.001	0.002***	0.001***
	(148.32)	(69.12)	(-3.05)	(-15.68)	(-0.08)	(8.93)	(221.18)
cit	-0.176***	-0.245***	-0.289***	-0.322***	-0.321***	-0.355***	-0.397***
	(-5300.71)	(-1184.56)	(-76.03)	(-90.70)	(-39.11)	(-53.41)	(-7299.93)
str	-0.006***	-0.004***	-0.001	-0.004***	-0.005***	-0.017***	-0.015***
	(-616.77)	(-128.34)	(-0.18)	(-22.37)	(-6.19)	(-14.86)	(-3213.65)
fis	0.025***	0.026***	0.024***	0.037***	0.038***	0.056***	0.055***
	(1520.57)	(386.98)	(10.39)	(40.91)	(11.81)	(74.13)	(9709.45)
inn	-0.011***	-0.012***	-0.009***	-0.009***	-0.011***	-0.012***	-0.011***
	(-2225.37)	(-557.42)	(-28.10)	(-55.08)	(-12.94)	(-31.05)	(-817.22)
cap	0.004***	0.010***	0.017***	0.013***	0.009***	0.008***	0.009***
	(11841.83)	(366.04)	(15.29)	(18.11)	(7.07)	(7.49)	(1037.33)
N	510	510	510	510	510	510	510

注：1.括号内为t统计量。

2.*、**、***分别表示估计结果在10%、5%、1%的水平上显著，括号内为标准误。

考察期内，地方政府“筑巢”行为的估计系数表明，当城乡收入不平等程度较低时，地方政府“筑巢”行为会加剧城乡收入不平等，原因在于这一时期地方政府偏向于选择城镇等发达地区“筑巢”，但是随着城乡收入不平等的恶化和经济发展的积累，地方政府“筑巢”将会向农村地区拓展，逐渐缓解城乡收入不平等。

具体从估计系数的变化来看，基本呈现出“L”型的影响轨迹。地方政府

"引凤"行为对城乡收入不平等的估计系数在所有分位点均显著为负，表明考察期内地方政府"引凤"显著降低了城乡收入不平等的水平，这与前面的估计结果一致。具体从估计系数的变化来看，在75%分位点下的地方政府"引凤"对城乡收入不平等的抑制作用最大。地方政府"筑巢引凤"交互项的估计系数表明，当城乡收入不平等程度较低时，地方政府"筑巢引凤"的协同耦合对降低城乡收入不平等会产生积极效应，但是随着城乡收入不平等的加剧，这种协同耦合的积极效应会消失，转化为扩散效应。具体从估计系数来看，这种扩散效应存在倒"U"型的轨迹特征。

四、分样本的区域异质性检验

考虑到中国省域的要素禀赋、经济改革和经济发展水平的区域差异，为进一步检验地方政府"筑巢引凤"对城乡收入不平等影响的区域异质性，参照主流文献的分类方法，将整体样本进行东部、中部、西部的区域分类。表12-5报告了分区域样本的估计结果，其中静态估计选择面板固定效应模型，用以矫正区域异质性因素，而且这也符合Hausman的检验结果。动态估计为更好地解决样本选择偏差和弱工具变量问题，选择系统-GMM进行估计。

表12-5　分样本的区域异质性估计

变量	东部样本		中部样本		西部样本	
	FE	SYS-GMM	FE	SYS-GMM	FE	SYS-GMM
L.I		0.819***		0.797***		0.806***
		(45.61)		(50.70)		(52.12)
build×region	−0.040***	−0.009	0.052**	0.010***	−0.059***	−0.007**
	(−2.72)	(−0.78)	(2.49)	(6.25)	(−5.70)	(−2.06)
attract×region	−0.315**	−0.174**	1.183**	0.230***	2.888***	0.197
	(−2.46)	(−2.10)	(2.37)	(8.30)	(5.29)	(0.89)
build×attract×region	0.363	0.385**	−1.986**	0.199***	−3.731***	0.521*
	(1.15)	(2.30)	(−2.53)	(8.00)	(−5.55)	(1.67)

续表12-5

变量	东部样本		中部样本		西部样本	
	FE	SYS-GMM	FE	SYS-GMM	FE	SYS-GMM
mar	0.010***	0.003***	0.011***	0.003***	0.007***	0.003***
	(6.14)	(9.07)	(7.51)	(9.42)	(4.83)	(7.40)
cit	−0.200***	−0.082***	−0.176***	−0.079***	−0.140***	−0.085***
	(−5.88)	(−9.15)	(−5.16)	(−10.52)	(−4.42)	(−9.76)
str	−0.007*	0.018***	−0.009**	0.018***	−0.011***	0.019***
	(−1.85)	(7.89)	(−2.32)	(6.25)	(−2.97)	(7.74)
fis	−0.017***	−0.009***	−0.012**	−0.011***	−0.003	−0.009***
	(−3.39)	(−4.12)	(−2.24)	(−4.05)	(−0.53)	(−4.11)
inn	−0.013***	0.001***	−0.014***	0.001	−0.012***	0.001
	(−5.09)	(2.89)	(−4.90)	(1.52)	(−6.25)	(1.23)
cap	−0.003	−0.009***	−0.006**	−0.010***	0.004	−0.008***
	(−1.22)	(−7.04)	(−2.08)	(−10.78)	(1.39)	(−6.35)
常数项	0.234***	0.121***	0.225***	0.131***	0.156***	0.115***
	(9.48)	(9.56)	(9.15)	(18.58)	(6.18)	(13.69)
R^2	0.4774		0.3500		0.7093	
F	108.28		101.58		127.66	
AR(1)-*p*		0.0004		0.0004		0.0004
AR(2)-*p*		0.4522		0.3881		0.5801
Sargan		25.6009 (p=0.9838)		25.4476 (p=0.9999)		25.7094 (p=0.9998)
N	510	480	510	480	510	480

注：1.括号内为t统计量。

2.*、**、***分别表示估计结果在10%、5%、1%的水平上显著，括号内为标准误。

首先，从动态估计结果可以看出，城乡收入不平等的变动在各区域均存在显著的路径依赖，这与内生性检验的估计结果一致。

其次，从地方政府“筑巢”的估计系数来看，东部样本的估计系数均为负，但显著性存在差别，中部样本的估计系数均显著为正，而西部样本的估计系数显著为负，表明地方政府“筑巢”行为对于降低东部、西部地区的城乡收入不平等存在积极效应，但加剧了中部地区的城乡收入不平等。

再次，从地方政府“引凤”的估计系数来看，东部地区的估计系数显著为负，中西部地区的估计系数均为正，仅有西部样本SYS-GMM的估计系数不显著，表明地方政府“引凤”行为能够显著降低东部地区的城乡收入不平等的水平，但加剧了中西部地区城乡收入的不平等。

最后，地方政府“筑巢引凤”交互项的估计系数在东部地区均为正，但面板固定效应模型的估计系数不具有统计显著性，中西部的估计系数符号以及统计显著性在静态和动态之间存在明显差异，表明地方政府“筑巢引凤”行为的协同耦合对城乡收入不平等的影响存在非一致性。可见，受制于区域异质性因素，地方政府“筑巢引凤”行为对城乡收入不平等的影响存在显著的区域差异。

/第五节/
小　结

新时代如何降低城乡收入不平等，实现城乡融合共享发展？本研究从地方政府行为选择视角，探究了中国式分权下地方政府“筑巢引凤”的行为选择对城乡收入不平等的影响。理论分析表明，在“增长型激励”的约束框架下，地方政府往往会将自身掌控的经济资源投向能够带来显著政绩的城镇地区和经济性领域，导致财政政策、公共产品供给的城镇偏向和城乡收入不平等的恶化；然而随着地方政府间的竞争模式逐渐向“多任务竞逐”转变，脱贫攻坚、城乡融合共享发展等因子逐渐被纳入地方政府“多任务竞逐”的锦标赛体系中，以矫正“为增长而竞争”造成的激励扭曲，加之地方政府竞争的外商直接投资外溢效应的显现，地方政府“筑巢引凤”对缓解城乡收入不平等可产生积极效应。

进一步采用2001—2017年中国分省面板数据进行实证考察，得到的基本结论如下：

第一，地方政府“筑巢”行为显著降低了中国城乡收入不平等的水平，地方政府竞争引来的“金凤凰”对缓解中国城乡收入不平等也起到了积极作用，但地方政府“筑巢引凤”对城乡收入不平等的影响存在“挤出效应”，二者耦合不利于降低城乡收入不平等的水平，没有形成推动城乡融合发展的政策合力。这一结论经过稳健性分析和内生性检验后依然成立。

第二，当城乡收入不平等的程度较低时，地方政府“筑巢”行为会加剧城乡收入的不平等，但是随着城乡收入不平等的恶化和经济发展的积累，地方政府“筑巢”将会向农村地区拓展，逐渐缓解城乡收入的不平等；地方政府“引凤”显著降低了城乡收入不平等的水平，而且在75%分位点下的地方政府“引凤”对城乡收入不平等的抑制作用最大。当城乡收入不平等程度较低时，地方政府“筑巢引凤”的协同耦合对降低城乡收入不平等会产生积极效应，但是随着城乡收入不平等的加剧，这种协同耦合的积极效应会消失，转化为扩散效应。

第三，受制于区域异质性因素，地方政府“筑巢引凤”行为对城乡收入不平等的影响存在显著的区域差异。

根据以上的研究结论，基于新时代中国城乡融合发展与乡村振兴的战略抉择，本研究从地方政府行为选择出发，提出降低城乡收入不平等的以下政策启示：

第一，强化对地方政府“筑巢引凤”行为选择的制度规范和激励约束。一是推动地方政府“筑巢”向“三农”领域拓展，出台引导公共资源配置、公共基础设施建设向农村倾斜的指导意见，尽快补齐制约农业农村发展的基础设施和公共服务短板，为加快农业农村优先发展和乡村振兴奠定物质基础；二是在“引凤”的过程中要充分考虑区域的比较优势，拓宽外商直接投资的领域范畴，通过引进适宜的技术发展现代农业，改变外商直接投资向城镇地区和非农产业集聚的发展格局，使外商直接投资的流向领域与城乡融合发展实践相契合，最大限度地发挥外商直接投资对“三农”的外溢效应，缓解城乡收入不平等的水平。

第二，引导地方政府竞争由“增长型竞争”向“多任务竞逐”转型，促使地方政府“筑巢引凤”的行为选择与城乡融合发展的协同耦合。中央政府应该出台相应的制度安排，提供相应的晋升渠道，明确竞争考核指标，把脱贫攻坚、城乡发展均衡度、城乡居民满意度等因子纳入政绩考核指标体系，培育地方政府的竞争新动能。另外，地方政府应积极落实中央政府的政策意图，将新时代乡村振兴战略实践重点聚焦于构建城乡融合发展的新机制和制度体系，形成政策合力。

第三，考虑到地方政府“筑巢引凤”对城乡收入不平等的影响因城乡收入不平等的分布状况和区域要素禀赋结构而存在异质性，在降低城乡收入不平等的制度安排中，应该充分考虑城乡收入不平等的分布状况和区域要素禀赋优势，做到“因时因地施策”，避免制度安排的“一刀切”。

/ 第十三章 /

城乡融合发展——基于收入结构的考察*

中华人民共和国成立以来，农村脱贫攻坚取得决定性进展，城乡居民生活水平不断改善，城乡收入结构经历了深刻的历史变迁，呈现出“低水平均衡—高水平失衡—高水平缓和”的演变轨迹。

党的十九大报告指出“目前城乡区域发展和收入分配差距依然较大”，城乡收入不平衡问题未能得到有效解决（Molero Simarro，2017）。中国城乡收入结构变迁与中华人民共和国成立以来城乡社会变革和经济政策调整的历史过程密切相关，从表象上看，主要是城乡居民所拥有的财产形式和数量的差异，本质上是城乡政治经济格局的非均衡演化和城乡物质利益格局变迁的非一致性冲突，这是一个政治经济学问题，需要进行政治经济学的分析研究（刘灿，2016）。马克思主义政治经济学城乡关系理论从生产力发展的逻辑出发，对城乡发展从“依存、对立、再到融合”的历史逻辑规律进行科学系统的阐释，构成中华人民共和国成立以来城乡收入结构变迁的理论基础。

本研究从马克思主义城乡关系理论出发，系统梳理中华人民共和国成立以来城乡收入结构历史演进的特征事实，分析演进背后的深层次原因，进一步采用政治经济学“思辨法”归纳出中华人民共和国成立以来城乡收入结构变迁的逻辑主线，最后立足城乡融合与乡村振兴战略，设计新时代平衡城乡收入差距的路径，这具有重要的理论价值和时代意蕴。

* 本章核心部分载于《社会科学研究》，2019年第5期，第42-50页。

/第一节/
中国城乡收入结构变迁的理论基础
——马克思主义城乡关系理论再回顾

马克思、恩格斯在一系列经典著作中对城乡关系做了大量具有深刻思想洞见的论述，从生产力发展的历史逻辑出发，科学揭示了城乡发展从“依存、对立、再到融合”的历史逻辑规律，强调“城乡关系一改变，整个社会也跟着改变”[①]，这成为社会主义国家正确认识和处理城乡关系的科学指南，也是中华人民共和国成立以来城乡收入结构变迁的理论基础。

一、城乡依存——乡村孕育着城市

马克思主义政治经济学对城乡关系演进的分析是从生产力和生产关系的矛盾运动中展开的，也就是生产力发展致使社会分工不断深化的历史过程，“一个民族的生产力发展的水平，最明显地表现于该民族分工的发展程度”[②]。城市和乡村的分离和差别的形成是社会生产力发展到一定历史阶段的产物，在生产力水平很低的旧石器时代，人类居无定所，以流动性狩猎和采集为生；新石器时代，生产力的发展形成初始的社会分工，从流动性狩猎和采集中分离出原始农业和畜牧业，原始的农业村落开始出现；伴随原始农业和畜牧业的发展和社会协作关系日益紧密，城市逐渐从农村分离出来（白永秀、王颂吉，2013）。“一个民族内部的分工，首先引起工商业劳动同农业劳动的分离，从而也引起城乡的分离和城乡利益的对立”[③]，这是生产力发展的结果和社会进步的表现，是“物质劳动和精神劳动的最大的一次分工”，这种生产力发展和社会分工“贯穿

① 中共中央 马克思 恩格斯 列宁 斯大林 著作编译局：《马克思恩格斯选集》（第1卷），人民出版社，2012，第237页。

② 中共中央 马克思 恩格斯 列宁 斯大林 著作编译局：《马克思恩格斯选集》（第1卷），人民出版社，2012，第147页。

③ 中共中央 马克思 恩格斯 列宁 斯大林 著作编译局：《马克思恩格斯选集》（第1卷），人民出版社，2012，第147-148页。

着文明的全部历史直至现在"[①]。建立在私有制基础上的资本主义生产方式导致社会分工不断深化，把人类发展从农业文明时代带入现代工业文明时代，工业的日益集中导致人口也像资本一样集中起来，"于是村镇变成小城市，小城市变成大城市"[②]，城市规模和水平也出现史无前例的扩张。但在资本主义制度之前的漫长历史进程中，乡村的发展培育并滋养着城市，城乡表现为初始和谐的依存关系，城乡收入结构也呈现出低水平的均衡关系。

二、城乡对立——城市统治着乡村

马克思主义政治经济学从生产力和社会分工视角分析了城乡分离的必然性，这是历史发展和社会进步的结果。在资本主义私有制的社会关系中，城乡分离又必然造成城乡之间物质利益关系的对立，揭示了城乡分离和对立的制度根源，"一切发达的、以商品交换为中介的分工的基础，都是城乡的分离。可以说，社会的全部经济史，都概括为这种对立的运动"[③]。资本主义社会城市和乡村的分离和对立是个人屈从于社会分工的产物，"这种屈从把一部分人变为受局限的城市动物，把另一部分人变为受局限的乡村动物，并且每天都重新产生二者利益之间的对立"[④]，这极大地加快了资本主义国家城市化的进程。城市成为人口、生产工具、资本、享受和需求的集中地，是经济、政治和人民精神生活的中心和现代经济发展的主要动力，而乡村则出现隔绝和分散的状况，这必然导致"城市发展要比乡村快得多"[⑤]，城市统治乡村的格局也初步形成。

虽然城市对乡村的统治中，"城市资本主义可以提供一切现代科学手段，但它却使生产者保留同以前一样的社会地位；城市资本主义不能有系统、有计划

---

① 中共中央 马克思 恩格斯 列宁 斯大林 著作编译局：《马克思恩格斯选集》（第1卷），人民出版社，2012，第184页。

② 中共中央 马克思 恩格斯 列宁 斯大林 著作编译局：《马克思恩格斯选集》（第1卷），人民出版社，2009，第406页。

③ 马克思：《资本论》（第1卷），人民出版社，2004，第408页。

④ 中共中央 马克思 恩格斯 列宁 斯大林 著作编译局：《马克思恩格斯选集》（第1卷），人民出版社，2012，第185页。

⑤ 中共中央 马克思 恩格斯 列宁 斯大林 著作编译局：《列宁全集》（第23卷），人民出版社，1990，第358页。

地把城市文化输入农村"[①]，城乡之间的对立不仅是资本主义社会生产力发展和社会分工的产物，而且也随着资本主义工业化在不断强化，然而城乡之间的对立是历史的进步，"只有感伤的浪漫主义者才会为这种现象悲痛"。城乡对立的形成和强化导致城市统治着乡村，城乡收入结构则演化为高水平的失衡关系。

三、城乡融合——城市和乡村协同发展

城市和乡村分离和对立根源于社会生产力"有所发展但又发展不足"（周志山，2007），随着社会生产力水平的极大提高和社会生产方式的演进，城乡关系必然由对立向融合转变。马克思主义经典作家科学地预见到未来社会是在彻底消灭私有制、阶级和阶级对立的基础上，通过消除旧的分工，让"由社会全体成员所组成的共同联合体来共同地和有计划地利用生产力"[②]，让所有人能够共同享受大家创造出来的福利，从而实现城乡关系在更高阶段上的"城乡融合"。

马克思、恩格斯"城乡融合"的思想不是乌托邦式的空想，而是依据社会历史逻辑规律做出的科学论断，"城市和乡村的对立的消灭不仅是可能的，而且已经成为工业生产本身的直接需要，同样也已经成为农业生产和公共卫生事业的需要"[③]，而且"从大工业在全国的尽可能均衡的分布是消灭城市和乡村分离的条件这方面来说，消灭城市和乡村的分离也不是什么空想"[④]。城乡对立的消除和城乡融合发展的实现必须在社会生产力的发展和社会制度实现突破之后才有可能，那时，"从事农业和工业的将是同一些人，而不再是两个不同的阶级，单从纯粹物质方面的原因来看，这也是共产主义联合体的必要条件"[⑤]，也是实现人的自由而全面发展的制度基础。可见，城市和乡村协同共享发展是以生产

① 中共中央 马克思 恩格斯 列宁 斯大林 著作编译局：《列宁全集》（第4卷），人民出版社，1984，第126页。

② 中共中央 马克思 恩格斯 列宁 斯大林 著作编译局：《马克思恩格斯选集》（第1卷），人民出版社，2012，第308页。

③ 中共中央 马克思 恩格斯 列宁 斯大林 著作编译局：《马克思恩格斯选集》（第3卷），人民出版社，2012，第684页。

④ 中共中央 马克思 恩格斯 列宁 斯大林 著作编译局：《马克思恩格斯选集》（第3卷），人民出版社，2012，第684页。

⑤ 中共中央 马克思 恩格斯 列宁 斯大林 著作编译局：《马克思恩格斯选集》（第1卷），人民出版社，2012，第308页。

力水平极大提高和物质财富极大丰富为前提的，这一时期城乡收入结构则演化为高水平的缓和关系。

/ 第二节 /
中国城乡收入结构变迁的特征事实

中华人民共和国成立后，通过“三大改造”建立了社会主义制度，逐步建立和推行城乡分割的户籍制度，导致城市居民和农村居民在收入水平和社会福利方面存在很大差距，中国经济呈现出典型的“城乡二元型”结构特征（张延群、万海远，2019）。本研究对中华人民共和国成立后城乡收入结构变迁的特征事实分析聚焦于收入结构的不平衡，即考察城乡居民人均收入和人均消费比值的变迁[①]，总结新中国城乡收入结构历史演进的特征事实。

一、改革开放前的城乡收入结构变迁

中华人民共和国成立后，面临西方国家经济封锁和政治孤立的困境，领导人坚信只有工业化才能解决国家发展落后问题和农村贫困问题，借鉴苏联社会主义工业化范式，以重工业优先发展的“赶超战略”成为那一时期的基本遵循，政府通过城乡完全分割的户籍制度逐步建立起“牺牲农业发展工业、牺牲农村发展城市”的二元经济结构，由此导致了城乡关系和城乡收入结构的变迁（陈斌开、林毅夫，2013）。

（一）社会主义过渡期（1949—1956年）

早在1945年，毛泽东就强调中国“将来还要有几千万农民进入城市，进入工厂。如果中国需要建设强大的民族工业，建设很多的近代的大城市，就要有一个变农村人口为城市人口的长过程”[②]。

党的七届二中全会对党和国家的工作重点的转移做出了科学论断，党和国

---

① 考虑到数据的可获得性，改革开放前，仅以城乡居民人均消费比来衡量城乡收入结构，数据来源于《新中国六十年统计资料汇编》。改革开放后，采用城乡居民人均消费比、城乡居民收入比、基尼系数表征城乡收入结构，数据来源于《中国统计年鉴》和国家统计局公布数据。

② 毛泽东：《毛泽东选集》（第3卷），人民出版社，1991，第1077页。

家的工作重点由乡村转移到了城市，开始了由城市领导乡村的时期，推动中国由传统农业国向现代工业国的转型，但是强调："城乡必须兼顾，必须使城市工作和乡村工作，使工人和农民，使工业和农业，紧密地联系起来。决不可以丢掉乡村，仅顾城市，如果这样想，那是完全错误的。"①

中华人民共和国成立后，毛泽东提出为实现"国家工业化"，必须逐步完成"农业社会化"；1950年《中华人民共和国土地改革法》的颁布和土地改革的实践，解放和发展了农村社会生产力；1953—1956年的社会主义改造在集中资源发展工业和城镇的同时，也积极推动了乡村和农业发展，同时逐渐开始统一全国城乡的户口登记工作。

根据可获得的数据得知：中国城镇化率从1949年的10.64%上升到1956年的14.62%。从1952—1956年，农业产值由346.0亿元上升到447.9亿元，增长29.45%；工业产值从141.8亿元增加到280.7亿元，增长97.95%。城镇居民人均消费支出从154元增长到212元，增长37.66%；农村居民人均消费支出从65元增长到81元，增长24.62%；城乡居民人均消费支出的比值从2.37：1上升到2.62：1。可见，这一时期中国城乡收入结构是趋向失衡的，但是城乡居民的生活水平明显得到改善。

（二）计划经济体制期（1957—1977年）

1957年"一五计划"的超额完成为社会主义工业化建设奠定了物质基础，但从党的八届三中全会后中国城乡发展出现偏差。1958年1月出台的《中华人民共和国户口登记条例》，明确将城乡居民区分为"农业户口"和"非农业户口"，开始对人口自由流动实行严格限制和政府管制，城乡二元经济结构开始形成。

中国城乡关系由城乡兼顾的重工业优先发展战略逐渐演化为"以钢为纲""一大二公"的"赶超战略"。"以钢为纲"的工业化"赶超战略"体现了党和人民对国家发展的美好愿望，但其急躁冒进的做法严重超出了经济社会的承载能力；"一大二公"的农村生产关系变革推动了人民公社的快速发展，在初期彰显了其发展生产的巨大威力，但从实践的历史来看，"一大二公"严重脱离了经济社会发展实际，阻滞了农村经济发展；重工业优先发展的"赶超战略"必须以

① 毛泽东：《毛泽东著作选读》（下册），人民出版社，1986，第654页。

庞大的资本积累和供给为支撑，城乡分割的户籍制度和人民公社成为大量攫取农业农村“剩余”“以农补工”的制度保障，中国也在较短时期建立了比较完整的现代工业体系（李建建、许彩玲，2014），然而这种发展必然导致工农业发展失衡、城乡发展扭曲和收入结构的恶化。“以钢为纲”“一大二公”和1959—1961年三年困难时期的叠加引发“大饥荒”，党和国家开始重新思考城乡关系，提出“农业是国民经济的基础，工业是主导。社会主义国家的建设，当然是优先发展重工业，发展主导方面，但是不能忽视我们的基础”[①]。

1965年开始调整工业生产布局，集中力量在内地搞“大三线”建设，虽受到“文革”的冲击，但在一定程度上缩小了中西部地区与沿海地区的发展差距，而“农业学大寨”运动虽曾误入歧途，但从结果上看，农田水利建设和农业生产都取得了显著成绩，在一定程度上改变了农村的落后面貌。总体来看，这一时期城乡完全分割，城市内部和农村内部收入分配奉行绝对平均主义，形成典型的城乡二元经济结构，城市化率从1957年的15.39%上升到1977年的17.55%，20年仅仅增长2个百分点。就收入水平来看，1957—1977年，农村居民人均消费支出从82元上升到130元，增长58.54%，城镇居民人均消费支出从222元上升到390元，增长75.68%，城乡居民生活水平均有明显改善。就收入结构变迁趋势来看，城乡居民人均消费支出的比值从2.71：1上升到3.00：1，总体趋势是上升的，在1960年达到这一时期的最高值3.20：1，之后出现“U”型变化趋势，1967年触底为2.33：1。

二、改革开放后的城乡收入结构变迁

改革开放前，中国城乡收入结构总体上处于低水平波动趋势，1978年的改革开放成为城乡关系变革的重要历史节点，城乡收入结构也呈现出“低水平均衡—高水平失衡—高水平缓和”的演进轨迹。根据可获得的数据得知，中国基尼系数从1981年的0.288上升到2018年的0.474，而且城乡收入不平等对基尼系数的贡献最大（李实，2018）。从城乡居民收入比的变化来看，1978—2017年，中国城乡收入结构的总体趋势是趋于失衡的，2009年达到历史最高值3.33：1。

① 中共中央文献研究室：《建国以来重要文献选编》（第14册），中央文献出版社，1997，第209页。

对这一时期城乡收入结构变迁的分析主要分为初始农村体制改革期（1978—1984年）、城市体制改革期（1985—2001年）、城乡统筹发展期（2002—2011年）、城乡融合发展与乡村振兴期（2012年以来）四个阶段。

（一）初始农村体制改革期（1978—1984年）

中国的改革开放是在农村率先突破的。1978年11月安徽小岗村“大包干”的生产责任制改革拉开了中国对内改革的序幕。党的十一届三中全会针对农业农村发展和经济体制改革，出台《中共中央关于加快农业发展若干问题的决定（草案）》，明确新时期调整城乡农产品收购价格和增加农业投入的改革方向。1981年中央一号文件肯定了生产责任制，农村社会生产力迅速发展，农民生产积极性高涨，农业生产效率大幅提高。1978—1984年，农业总产值从1018.5亿元迅速增长到2295.6亿元，增长125.39%，加之农产品收购价格的提高和集市贸易的发展，农民收入明显增长，而这一时期城市的改革是滞后的，城镇居民收入增幅低于农村水平，城乡收入结构是趋好的，呈现出低水平的均衡状态，但农村与城市的鸿沟依然存在。1978—1984年，中国城镇化率从17.92%上升到23.01%，农村居民人均收入从134元提高到355元，增长164.93%，城镇居民人均收入从343元提高到651元，增长89.80%，城乡居民收入比则从2.57：1下降到1.83：1。农村居民人均消费支出从138元提高到287元，增长107.97%，城镇居民人均消费支出从405元提高到618元，增长52.59%，城乡居民消费比则从2.93：1下降到2.15：1。可见这一时期城乡发展和收入结构在农村经济体制改革中趋向好转。

（二）城市体制改革期（1985—2001年）

农村经济体制改革的率先突破对城市产生巨大冲击，并倒逼城市改革。1984年10月，《中共中央关于经济体制改革的决定》明确提出在做好农村改革的同时，“坚决地系统地进行以城市为重点的整个经济体制改革”，改革的重心由农村转向城市。城市国有企业改革极大地解放和发展了社会生产力，城市职工生产积极性高涨，非公有制经济的发展拓展了城市居民的收入空间，户籍制度的松动让人口迁移的障碍逐渐消除，导致劳动力、资本等经济性生产要素向城市集聚，城市居民的收入水平快速增长。而同期，国家也采取了一系列措施进行农村改革，先后进行了6次较大规模的价格调整，提高了农业及副业产品的价格，并逐渐启动了农产品流通体制改革；而且这一时期乡镇企业发展迅速，不仅改善了城乡关系，而且为中国工业化开辟了独特道路（吴丰华、韩文龙，2018）。

1992年党的十四大报告提出建设社会主义市场经济体制的目标，明确要强化市场在农村经济中的调节作用。1993年中央农村工作会议提出“建立健全重要农产品储备调节体系、农业生产的保护支持体系和农村社会保障体系”，注重政府和市场对城乡关系的双重调节。1994年的分税制改革赋予地方政府发展经济的激励，这构成了这一时期城市偏向型经济政策的重要根源（高彦彦等，2010）。总体而言，这一时期经济体制改革的重心在城市，农村改革相对滞后，而且农民的负担在加重（胡书东，2003），导致城乡发展出现再度分离，城乡收入结构趋向高水平失衡。1985—2001年，户籍制度改革导致城镇化迅速发展，城镇化率从23.71%发展到37.66%，年均增长0.87%。农村居民人均收入增长6倍，从398元增加到2405元，年均增长31.52%。城镇居民人均收入增长9倍，从739元增加到6824元，年均增长51.46%。城乡居民收入比则从1.86∶1上升到2.84∶1，呈现“N”型变化轨迹，城乡收入结构趋向高水平失衡。

（三）城乡统筹发展期（2002—2011年）

面对城市体制改革期综合国力的显著增长和高水平失衡的城乡收入结构，2002年党的十六大把“统筹城乡经济社会发展”明确为全面建成小康社会的重大任务，标志着中国城乡发展进入新阶段（蒋永穆、周宇晗，2018）。2003年党的十六届三中全会提出“五个统筹”，其中把“统筹城乡发展”置于第一位，探索建立改善城乡二元经济结构的体制机制。胡锦涛针对工业化国家发展的理论思考，提出城乡发展的“两个趋向”，即“综观一些工业化国家的发展历程，在工业化初始阶段，农业支持工业、为工业提供积累是带有普遍性的趋向；但在工业化达到相当程度以后，工业反哺农业、城市支持农村，实现工业与农业、城市与农村协调发展，也是带有普遍性的趋向”①。

因此，2004年中央经济工作会议明确指出中国城乡关系发展已经进入“以工促农、以城带乡”的新阶段，而且自2004年起中央一号文件持续关注“三农”，并根据统筹城乡发展的实践和时代要求，逐渐确立了“工业反哺农业、城

① 中共中央文献研究室：《十六大以来重要文献选编》（中册），中央文献出版社，2006，第311页。

市支持农村和多予少取放活”发展战略。2006年起在全国取消农业税，给农民减负。2007年党的十七大报告把统筹城乡发展的路径具体化为推进社会主义新农村建设，逐步“建立以工促农、以城带乡的长效机制”，形成城乡经济社会发展一体化的新格局。在党和政府的重视下，“三农”投入大幅增加，国家财政对“三农”的支持规模从2002年的1754.45亿元快速扩大到2011年的9937.55亿元，年均增长46.64%。

在支持“三农”的同时，党和政府也积极推动农民减负，并逐渐完善对农民的直接补贴，导致城乡收入差距显著缩小（邓金钱、何爱平，2017）。另外，户籍制度和农地制度改革推动了农业剩余劳动力的大量转移，城镇化率从2002年的39.09%上升到2011年的51.27%，年均增长1.2个百分点。总体而言，2002—2011年，中国城乡关系的演进导致城乡收入结构呈现出由“高水平失衡”向“高水平缓和”的演化轨迹，城镇居民人均可支配收入从7702.8元增长到21809.8元，年均增长20.35%，农村居民人均纯收入从2475.6元增长到6977.3元，年均增长20.20%，基本与城镇居民收入增幅持平，但由于基数小，城乡居民绝对收入差距显著扩大。城乡居民收入比的变化呈现出倒“U”型轨迹，2009年达到历史最高值3.33∶1，并在之后逐年下降，城乡收入结构趋向“高水平缓和”。

（四）城乡融合发展与乡村振兴期（2012年以来）

改革开放以来，为谋求经济增长，中国实际上选择了非均衡的发展战略，表现为投资的非农倾斜和城镇倾斜，实现了经济的超常规跨越式增长。但随着经济社会的发展，这种非均衡发展战略的短板逐渐凸显，在城乡关系中的主要表现就是农村发展落后和农业现代化滞后，这根源于由非农带动“三农”的发展方针（洪银兴，2017）。

2012年党的十八大提出“要加大统筹城乡发展的力度，加快完善城乡发展一体化的体制机制”，走城乡融合发展的道路，构建“以工促农、以城带乡、工农互促、城乡一体”的新型工农、城乡关系。2013年，针对全面建成小康社会中的农村贫困问题，创造性地提出“精准扶贫精准脱贫”的精准方略，脱贫攻坚取得决定性进展。2017年党的十九大提出“坚持农业农村优先发展，建立健全城乡融合发展的体制机制和政策体系”，实施乡村振兴战略，2018年相继出台《中共中央 国务院关于实施乡村振兴战略的意见》和《乡村振兴战略规划

（2018—2022）》，标志着“三农”直接成为现代化的重点，也成为社会主义国家实现城乡融合共享发展的一大创造。这一时期得益于顶层设计的优化和经济政策的有效落实，全国农村贫困人口从2012年末的9899万人下降到2020年末的0人，新型城镇化建设推动城乡关系持续向好，2020年中国城镇化率达到63.89%。2012—2020年，城镇居民人均可支配收入从24565元增长到43834元，增长78.44%，农村居民人均纯收入从7917元增长到17131元，增长116.38%，农村居民收入增幅明显高于城镇居民，城乡居民收入比从2012年起逐年下降，2020年为2.56：1，城乡收入结构趋向“高水平缓和”，城乡融合共享发展的格局初具雏形。见图13-1、图13-2。

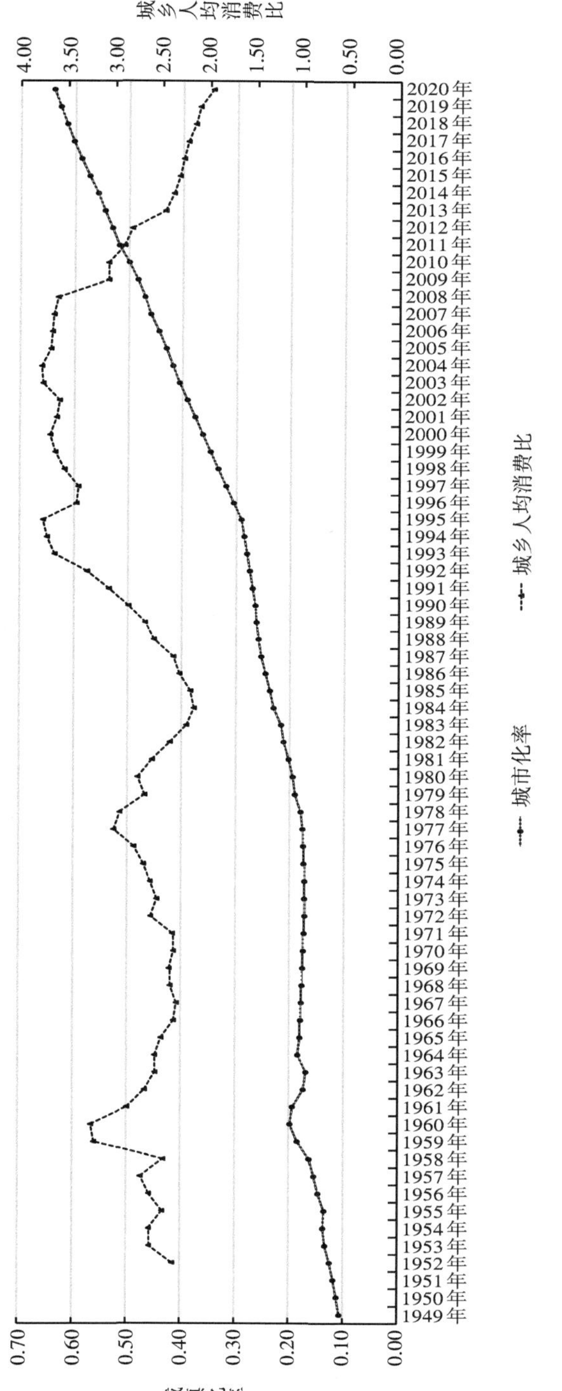

图 13-1 1949—2020 年中国城市化和城乡消费结构变化趋势

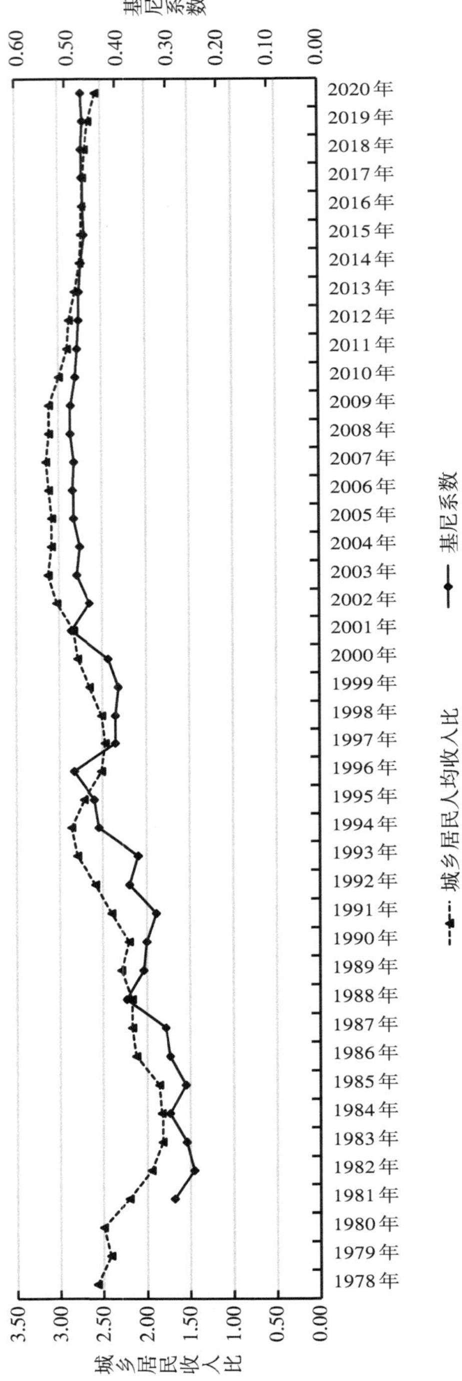

图 13-2 1978—2020 年中国基尼系数和城乡收入结构变化趋势

/第三节/
中国城乡收入结构变迁的逻辑主线

中华人民共和国成立以来，城乡收入结构变迁的逻辑主线包括一条根本主线和三条具体主线，根本主线就是坚持马克思主义城乡关系理论的指导地位，立足中国经济社会发展实践探索具有“中国特色”的城乡融合共享发展新模式。以根本主线为逻辑，城乡收入结构演进的具体主线表现为坚持“党的领导、政府主导”、坚持“以人为本”的价值取向以及坚持“动态调整”的时代意蕴。

（一）根本主线——马克思主义城乡关系理论的中国化实践与创新

城乡发展从“分离—对立—融合”的历史逻辑规律是马克思主义城乡关系理论的伟大创造，与之相适应的城乡收入结构变迁呈现出由“低水平均衡—高水平失衡—高水平缓和”的历史过程。马克思主义经典作家认为社会生产力的高度发展和旧分工的消除是城乡融合发展的历史前提，指出“把农业和工业结合起来，促使城乡对立逐步消灭”[①]的具体路径。

中华人民共和国成立以来的实践中，党和国家高度重视解放和发展社会生产力，尤其是改革开放的伟大实践直接驱动经济实现超常规跨越式增长，为新时代城乡融合发展和乡村振兴提供了强大的物质基础；农村基本经济制度改革和生产关系的不断调整，使得旧分工的藩篱逐渐消除，为新时代城乡融合发展和乡村振兴提供了生产关系基础。

党的十八大以来，以习近平同志为核心的党中央把解决好“三农”问题作为全党工作的重中之重[②]，相继提出“城乡融合发展”“共享发展”“农业农村优先发展”“乡村振兴战略”，跳出改革开放以来由非农带动“三农”的发展方针，让“三农”直接成为新时代中国特色社会主义现代化建设的重点。以马克思主

① 中共中央 马克思 恩格斯 列宁 斯大林 著作编译局：《马克思恩格斯选集》（第1卷），人民出版社，2012，第422页。

② 中共中央党史和文献研究院：《习近平关于“三农”工作论述摘编》，中央文献出版社，2019，第3页。

义城乡关系理论为指导，中华人民共和国成立以来，城乡发展经历了从“城乡分离—城乡趋好—城乡再分离—城乡统筹—城乡融合与乡村振兴”的演变过程，城乡居民生活水平显著提高，城乡收入结构也从中华人民共和国刚成立时的“低水平均衡”走向新时代的“高水平缓和”。因此，我国城乡收入结构变迁70年的根本逻辑主线就是坚持马克思城乡关系理论的指导地位，立足中国城乡发展实践，探索并最终形成具有“中国特色”的城乡融合共享发展新模式。

（二）具体主线一——城乡收入结构演进始终坚持“党的领导、政府主导”

坚持中国共产党的领导是中华人民共和国成立以来经济社会发展进步的基本经验和根本保障，也是习近平新时代中国特色社会主义思想最核心、最本质的特征（周文、冯文韬，2018）。

中华人民共和国成立以来，城乡关系的演变和城乡收入结构的变迁是在党的领导、政府主导下进行的，这是最显著的“中国特色”。当时为满足“赶超战略”的需要，我们坚持自力更生，选择牺牲农业农村支持工业和城镇建设，建立起比较完整的现代工业体系，但农业农村发展并未完全被忽视，毛泽东立足中国农业大国的发展实际，提出“既以城市为中心，又要兼顾乡村发展”的论断，要求处理好“重工业和轻工业、农业的关系”[①]；改革开放以来，在党的领导和政府主导下，坚持非均衡的发展战略，依靠农村劳动力、土地、资金等要素的支持，城市面貌发生了根本性变化，农业农村发展也取得显著成效，正如邓小平强调的那样：“城市搞得再漂亮，没有农村这一稳定的基础是不行的。”[②]可见中华人民共和国成立以来，“我们对工农关系、城乡关系的把握是完全正确的，也是富有成效的”[③]，但现阶段城乡收入结构不断恶化的趋势并未根本扭转，城乡发展不平衡、不协调依然是新时代经济社会发展的突出矛盾。

党的十八大以来，在党的领导和政府主导下调整工农关系、城乡关系，坚持城乡融合发展；党的十九大进一步提出“乡村振兴战略”，成为新时代做好“三农”工作的“总抓手”，旨在平衡城乡收入结构，构建城乡融合共享发展的新格局。

---

① 毛泽东：《毛泽东文集》（第7卷），人民出版社，1999，第24页。

② 邓小平：《邓小平文选》（第3卷），人民出版社，1993，第65页。

③ 中共中央党史和文献研究院：《习近平关于“三农”工作论述摘编》，中央文献出版社，2019，第43页。

（三）具体主线二——城乡收入结构演进始终坚持“以人为本”的价值取向

“以人为本”是马克思主义政治经济学的鲜明旗帜和价值取向，“发展为了人民，这是马克思主义政治经济学的根本立场”[①]。随着生产力的极大发展和物质财富的极大丰富，城乡对立的消除将消灭旧的分工，从事农业和工业生产的将是同一类人，彼时“每个人的自由发展是一切人的自由发展的条件”[②]。

中华人民共和国成立以来的实践中，坚持“以人为本”是我们党一脉相承又与时俱进的思想主张（李慎明，2007），在中国社会主义革命和建设的过程中，毛泽东始终坚持认为政权是属于人民的，“人民，只有人民，才是创造世界历史的动力”[③]，在社会主义革命时期，重视统筹工农、城乡关系，城乡居民生活水平显著改善；而在社会主义建设时期，党和国家出于发展战略的考量，借鉴苏联工业化模式，形成了城乡有别的收入分配政策，但初衷则是为发展好、维护好城乡居民的根本利益。改革开放以来，邓小平为改善国家贫穷落后的面貌，采取“先富带后富”非均衡的发展模式，其最终目标是“最终达到共同富裕”，逐渐形成了城市偏向性的经济政策和制度安排，城乡收入结构在波动中趋于恶化。

党的十八大提出“推动城乡发展一体化”，着眼于维护最广大人民的根本利益，推动发展成果更多、更公平地惠及全体人民，让广大农民平等参与现代化进程、共同分享现代化成果；党的十九大进一步提出“以人民为中心”的发展思想，实施“乡村振兴战略”，把增进民生福祉作为发展的根本目的，把人民对美好生活的向往作为党的奋斗目标。可见，中华人民共和国成立以来城乡关系发展和城乡收入结构变迁始终坚持“以人为本”的价值取向，这也是新时代平衡城乡收入结构、破解城乡发展不平衡、不充分的根本立场。

（四）具体主线三——城乡收入结构演进始终坚持“动态调整”的时代意蕴

中华人民共和国成立以来，党和国家根据时代需求对城乡关系进行“动态调整”，是经济社会发展的基本特征事实。在社会主义革命和建设时期，党和国

---

① 中共中央文献研究室：《十八大以来重要文献选编》（下），中央文献出版社，2018，第4页。

② 中共中央 马克思 恩格斯 列宁 斯大林 著作编译局：《马克思恩格斯选集》（第2卷），人民出版社，2009，第53页。

③ 毛泽东：《毛泽东选集》（第3卷），人民出版社，1991，第1031页。

家为了快速实现国家工业化，通过城乡户籍制度、工农产品价格“剪刀差”等经济政策确保重工业优先发展，以“赶超战略”有效落实；同时，“党领导农民开展互助合作，发展集体经济，大兴农田水利，大办农村教育和合作医疗，对改变农村贫穷落后面貌作了不懈探索，虽历经波折，但取得了了不起的成就”[①]，这一时期，城乡在完全分离的状态下自然地发展，城乡二元经济结构开始形成，城乡居民收入均处于低水平。改革开放以来，经济体制改革在农村率先取得突破，农业农村加快发展，随着改革重心向城市转移和非均衡发展战略的实践，城镇偏向、非农偏向型经济政策和制度安排成为一种稳态，中国经济实现超常规跨越式增长，创造了世界经济增长史的“中国奇迹”；但在“中国奇迹”的背后是城市、工业的繁荣和农业萎缩、乡村凋敝的并存，甚至有学者认为，城市倾向的经济政策是城乡收入结构失衡最重要的原因（陈钊，2011）。

2002年党的十六大提出“统筹城乡经济社会发展”以来，涉农业务投资规模逐年扩大，废除农业税、推行农村低保制度等惠农政策落地，导致农业农村发生了翻天覆地的变化，但“农业还是‘四化同步’的短板，农村还是全面建成小康社会的短板”[②]。党的十八大以来，基于国土空间均衡布局和实现共同富裕的要求，积极推进城乡发展一体化和城乡区域共同繁荣，旨在逐步平衡城乡区域发展差距和城乡收入结构。可见，中华人民共和国成立以来，城乡收入的结构演进是党和国家根据时代需求对城乡关系进行动态调整的现实表征。

/ 第四节 /

城乡融合发展——新时代平衡城乡收入结构的路径选择

改革开放以来，中国经济社会发展的成就举世瞩目，城乡发展也走出了一条具有“中国特色”的发展道路，人民生活水平和质量显著提高。但现阶段

① 中共中央党史和文献研究院：《习近平关于“三农”工作论述摘编》，人民出版社，2019，第12-13页。

② 中共中央文献研究室：《十八大以来重要文献选编》（上），中央文献出版社，2014，第658页。

"城乡二元结构没有根本改变，城乡发展差距不断拉大趋势没有根本扭转"[①]。新时代破解城乡发展不平衡、不协调、不充分的矛盾，平衡城乡收入结构，必须推进城乡发展一体化，坚持城乡融合发展与乡村振兴战略。

一、坚持"以人民为中心"，站稳城乡融合与乡村振兴的根本立场

根据马克思主义经典作家的设想，共产主义社会将彻底消除阶级之间、城乡之间的对立和差别，真正实现社会共享，实现每个人自由而全面的发展，这是马克思主义政治经济学的价值旨归。

坚持"以人民为中心"是新时代发展中国特色社会主义的根本立场，"人民对美好生活的向往，就是我们的奋斗目标"[②]，逐步实现全体人民共同富裕是新时代中国特色社会主义的一个鲜明特征。中国作为农业大国，不管城镇化发展到什么程度，仍会有大量的农民留在农村，因而"任何时候都不能忽视农业、忘记农民、淡漠农村"[③]。中国特色社会主义现代化没有"三农"的现代化是不完整、不全面、不牢固的，新时代"全面建成小康社会，一个不能少"，在"共同富裕路上，一个不能掉队"，这是站稳"以人民为中心"立场的根本要求。

新时代平衡城乡收入结构，必须顺应城乡居民新企盼，重塑城乡关系，推进城乡发展一体化，为城市繁荣拓展新的空间，给农村发展注入新的动力，走城乡融合发展和乡村振兴之路。第一，新型城镇化发展中，农民进城还是大趋势，必须创新制度供给，让符合条件的农村居民在城市落户安居，实现城镇基本公共服务常住人口全覆盖。第二，新型城镇化无论如何发展也无法完全容纳数量庞大的进城农民，2020年中国城市化率超过60%，但仍有40%的人口留在农村（洪银兴，2017），必须关注不进城农民的企盼问题，积极推进新农村建设和乡村振兴步伐，使其逐步享受与城市居民平等的权利和公共服务。第三，新型城镇化就是要以城带乡、以乡促城，推动形成人口有序流动、产业有序集聚的城乡融合共享发展新格局，让城乡居民平等参与现代化进程，共同分享现代

① 习近平：《论坚持全面深化改革》，中央文献出版社，2018，第35页。

② 中共中央党史和文献研究院：《习近平关于全面深化改革论述摘编》，中央文献出版社，2019，第91页。

③ 中共中央党史和文献研究院：《习近平关于"三农"工作论述摘编》，中央文献出版社，2019，第4页。

化成果。

二、加快发展社会生产力，夯实城乡融合与乡村振兴的物质基础

马克思主义政治经济学认为，生产力进步是推动人类社会发展进步的根本力量（郭殿生、宋雨楠，2019），消除旧的分工和城乡对立、平衡城乡收入结构的根本途径在于加快发展社会生产力。

中华人民共和国成立以来尤其是改革开放以来，中国特色社会主义经济建设以“解放和发展生产力”为主线，经济社会发展创造了举世公认的“中国奇迹”，农村扶贫开发取得了决定性进展，实现了7.4亿农村贫困人口脱贫，人均收入已接近中等国家收入水平，人民生活水平发生根本性的变化。但“由于（农村）欠账过多、基础薄弱，我国城乡发展不平衡、不协调的矛盾依然比较突出”[①]，农村居民收入严重低于城镇居民收入的现象普遍存在，城乡收入结构恶化的趋势没有根本扭转。

根据国家统计局发布的数据，2018年全国居民人均可支配收入28228元，人均消费支出19853元。按常住地分，城镇居民人均可支配收入39251元，农村居民人均可支配收入14617元，城乡居民收入比值为2.69：1，绝对差距24634元；城镇居民人均消费支出26112元，农村居民人均消费支出12124元，城乡居民人均消费支出比值为2.15：1，绝对差距13988元。

新时代平衡城乡收入结构、实现城乡融合与乡村振兴，必须加快发展社会生产力，为“工业反哺农业、城市支持农村”，加快农业农村优先发展提供强大的物质基础。第一，继续加快发展城市经济，通过技术创新、制度创新、环境创新推动城市工业发展和产业结构转型升级，创造更多利税和就业岗位，为农村剩余人口的“市民化”创造条件，为破解“三农”问题提供物质支撑。第二，深化农村土地制度改革和农业供给侧结构性改革，发展农业多种形式适度规模经营，完善农地“三权分置”办法，增加农业农村社会生产力总量，提高农业综合效益和竞争力，走质量兴农之路，创造农民收入超常增长的长效机制。第三，加快发展社会生产力，必须更加注重保护生产力，结合生态环境的保护和治理，以绿色发展引领城乡融合与乡村振兴，探索一条绿色化新路子。

① 中共中央党史和文献研究院：《习近平关于“三农”工作论述摘编》，中央文献出版社，2019，第33页。

三、加快农业农村优先发展，健全城乡融合与乡村振兴的政策体系

务农重本，国之大纲。中国“两个一百年”奋斗目标的如期实现，“最艰巨最繁重的任务在农村，最广泛最深厚的基础在农村，最大的潜力和后劲也在农村”[①]。新时代平衡收入结构，“改变农业是‘四化同步’短腿、农村是全面建成小康社会短板状况，根本途径是加快农村发展”[②]，必须始终把解决好“三农”问题作为全党工作的重中之重，实施城乡融合发展与乡村振兴战略。党的十八大以来，在党对“三农”工作的领导下，不断加大强农惠农富农政策力度，提出并贯彻新发展理念，农业基础地位得到显著加强，农村社会事业得到明显改善，农业农村发展取得了历史性成就，发生了历史性变革，城乡融合发展的格局初具雏形。

新时代平衡城乡收入结构，加快农业农村优先发展，建立健全城乡融合发展与乡村振兴的体制机制和政策体系，是一项关乎全局、关乎长远的重大任务。第一，加快农业农村优先发展，必须缩小城乡基础设施和公共服务的差距，逐步实现公共资源配置、公共基础设施建设重点向农村转移，建立互联互通、共建共享、城乡一体的公共服务体系。第二，加快农业农村优先发展，必须扭转经济性生产要素向城镇“单向”集聚的局面，通过创新体制机制推动城乡要素市场一体化，清除阻碍要素下乡的各种障碍，实现要素自由流动、平等交换，引导资本、技术、人才等要素在城乡“双向”良性流动。第三，加快农业农村优先发展，必须激活乡村沉睡资源，进一步完善农地“三权分置”制度，改进耕地占补平衡管理办法，推动农村土地资源向资本转化，探索盘活用好乡村闲置资源的办法。第四，加快农业农村优先发展，必须实行积极有效的人才政策，通过打好“乡情牌”“乡愁牌”，念好“引才经”，创造条件让农村能够吸引人才、留住人才，为城乡融合发展和乡村振兴奠定人才基础。第五，加快农业农村优先发展，必须打破城乡分割的规划格局，统筹谋划工业和农业、城市和乡村、城市居民和农村居民的一体协调发展，推进国土资源的空间均衡布局。

---

① 中共中央党史和文献研究院：《习近平关于“三农”工作论述摘编》，中央文献出版社，2019，第11页。

② 习近平：《论坚持全面深化改革》，中央文献出版社，2018，第261页。

四、加强和创新乡村治理，培育城乡融合与乡村振兴的新动能

乡村治，百姓安，则国家稳。中华人民共和国成立以来的经济社会发展过程中，城乡关系的演进是其主要内容，乡村治理也走出了一条具有中国特色的善治之路。现阶段城乡物质利益格局的调整和农村社会结构的变化，导致农村社会管理面临突出的矛盾和问题，主要包括农民老龄化、农业生产粗放化、农村空心化、农村利益主体和社会阶层多元化、农村基础设施和公共服务滞后化等。党的十八大以来，党和国家不断创新乡村治理体系，推动社会治理和服务重心向基层下沉，农民群众的获得感和幸福感显著提升，培育城乡融合与乡村振兴新动能的能力显著增强。

新时代平衡城乡收入结构，推动城乡融合发展与乡村振兴，其本质是城乡物质利益格局的深刻调整，必须加强和创新乡村治理，走乡村善治之路，以绿色发展引领乡村振兴。第一，加强和创新乡村治理，必须强化基层党组织的领导作用，采取切实有效的措施，抓好农村基层组织建设，把农村基层党组织建设成推动城乡融合发展与乡村振兴的坚强战斗堡垒。第二，加强和创新乡村治理，必须以保障和改善农村民生为优先方向，秉持便民、为民的理念，健全农村基层服务体系，确保农民安居乐业。第三，加强和创新乡村治理，必须构建合理有序的乡村治理结构，以党的领导统揽全局，推动“自治、法治、德治相结合”，形成“党委领导、政府负责、社会协同、公众参与、法治保障”的现代乡村治理格局。第四，加强和创新乡村治理，必须坚持新发展理念，培育城乡融合与乡村振兴的新动能，以创新驱动城乡制度和技术变革，以协调推动城乡生产力均衡布局，以绿色引领发展方式和生活方式，以开放用好两种资源和两个市场，以共享明确城乡发展的价值依归。

参考文献

［1］班纳吉，迪弗洛.贫穷的本质：我们为什么摆脱不了贫穷[M].北京：中信出版集团，2018.

［2］艾小青，田雅敏.数字经济的减贫效应研究[J].湖南大学学报（社会科学版），2022，36（1）：50-56.

［3］白永秀，王颂吉.马克思主义城乡关系理论与中国城乡发展一体化探索[J].当代经济研究，2014（2）：22-27.

［4］白永秀，王颂吉.中国共产党100年经济思想的主线、发展阶段与理论体系[J].西北大学学报（哲学社会科学版），2021，51（3）：23-32.

［5］白增博.新中国70年扶贫开发基本历程、经验启示与取向选择[J].改革，2019（12）：76-86.

［6］贝多广，李焰.数字普惠金融新时代[M].北京：中信出版集团，2017.

［7］财政部农业司扶贫处.三十年财政扶贫政策回顾与展望[J].预算管理与会计，2008（7）：16-18.

［8］蔡昉，林毅夫.中国经济[M].北京：中国财政经济出版社，2003.

［9］曹瓅，杨雨.不同渠道信贷约束对农户收入的影响[J].华南农业大学学报（社会科学版），2020，19（1）：66-76.

［10］曹宗平.经济新常态下农民工返乡创业的多重动因与特殊作用[J].广东社会科学，2019（3）：23-30.

［11］曾润喜，莫敏丽.面向乡村振兴战略的“乡村短视频+”可持续发展路径研究[J].中国编辑，2021（6）：23-26.

［12］曾亿武，宋逸香，林夏珍，等.中国数字乡村建设若干问题刍议[J].中国农村经济，2021（4）：21-35.

［13］常钦.栽下梧桐树 引回“金凤凰”［N］，人民日报，2023-2-17（18）.

［14］钞小静，沈坤荣.城乡收入差距、劳动力质量与中国经济增长[J].经济研究，2014，49（6）：30-43.

［15］陈斌开，林毅夫.发展战略、城市化与中国城乡收入差距[J].中国社会科学，2013（4）：81-102.

［16］陈华帅，曾毅.“新农保”使谁受益：老人还是子女？[J].经济研究，2013，48（8）：55-67.

［17］陈健，苏志豪.小农户与现代农业有机衔接：结构、模式与发展走向——基于供给侧结构改革的视角[J].南京农业大学学报（社会科学版），2019，19（5）：74-85.

［18］陈平，王书华，王小腾.数字普惠金融对多维相对贫困的影响研究——基于老龄化的视角[J].经济问题，2022（11）：36-43.

［19］陈锡文，罗丹，张征.中国农村改革40年[M].北京：人民出版社，2018.

［20］陈野，王平.历史站位与全局关切：习近平关于乡村振兴战略的重要论述[J].浙江学刊，2018（6）：22-32.

［21］陈怡，陶晓莹.电子商务对中国家庭减贫效应研究——基于多维相对贫困的视角[J].经济与管理评论，2022，38（5）：97-111.

［22］陈义媛.农村集体经济发展与村社再组织化：以烟台市“党支部领办合作社”为例[J].求实，2020（6）：68-81.

［23］陈义媛.小农户与现代农业有机衔接的实践探索——黑龙江国有农场土地经营经验的启示[J].北京社会科学，2019（9）：4-13.

［24］陈钊.中国城乡发展的政治经济学[J].南方经济，2011（8）：3-17.

［25］陈宗胜.中国居民收入分配通论：由贫穷迈向共同富裕的中国道路与经验[M].上海：格致出版社，2018.

［26］程春庭.重视“返乡创业”增强县域经济整体发展能力[J].中国农村经济，2001（4）：68-72.

［27］程名望，贾晓佳，俞宁.农村劳动力转移对中国经济增长的贡献（1978～2015年）：模型与实证[J].管理世界，2018，34（10）：161-172.

［28］崔超.发展新型集体经济：全面推进乡村振兴的路径选择[J].马克思

主义研究，2021（2）：89-98.

［29］崔乃夫.当代中国的民政［M］.北京：当代中国出版社，1994.

［30］崔艳娟，孙刚.金融发展是贫困减缓的原因吗？——来自中国的证据［J］.金融研究，2012（11）：116-127.

［31］邓大才.改造传统农业：经典理论与中国经验［J］.学术月刊，2013，45（3）：14-25.

［32］邓金钱，何爱平.政府主导、地方政府竞争与城乡收入差距——基于面板分位数模型的经验证据［J］.中国人口科学，2017（6）：54-67.

［33］邓金钱，何爱平.政府主导、市场化进程与城乡收入差距［J］.农业技术经济，2018（6）：44-56.

［34］邓金钱，李雪娇.改革开放四十年中国扶贫开发实践与理论创新研究［J］.经济学家，2019（2）：47-54.

［35］邓金钱.习近平扶贫重要论述的生成逻辑、理论内涵与价值意蕴［J］.财经问题研究，2021（1）：14-22.

［36］邓金钱.习近平乡村振兴发展思想研究［J］.上海经济研究，2019（10）：36-45.

［37］邓金钱.新型农村集体经济赋能脱贫户生计转型：优势、机制与进路［J］.中国人口·资源与环境，2023，33（2）：143-152.

［38］邓金钱.中国财政扶贫的理论生成、实践进展与“十四五”取向［J］.农业经济问题，2020（10）：9-18.

［39］邓金钱.中国共产党百年减贫的历史方位与理论贡献［J］.上海经济研究，2022，34（7）：50-59.

［40］邓明.中国地区间市场分割的策略互动研究［J］.中国工业经济，2014（2）：18-30.

［41］邓小平.邓小平文选：第3卷［M］.北京：人民出版社，1993.

［42］邓子基.马克思恩格斯财政思想研究［M］.北京：中国财政经济出版社，1990.

［43］丁忠兵.农村集体经济组织与农民专业合作社协同扶贫模式创新：重庆例证［J］.改革，2020（5）：150-159.

［44］樊丽明，解垩.公共转移支付减少了贫困脆弱性吗？［J］.经济研究，

2014，49（8）：67–78.

［45］范建华，邓子璇.数字文化产业赋能乡村振兴的复合语境、实践逻辑与优化理路[J].山东大学学报（哲学社会科学版），2023（1）：67–79.

［46］范建华.乡村振兴战略的理论与实践[J].思想战线，2018，44（3）：149–163.

［47］付凌晖.我国产业结构高级化与经济增长关系的实证研究[J].统计研究，2010，27（8）：79–81.

［48］傅强，马青.地方政府竞争、城乡金融效率对城乡收入差距影响——基于动态面板数据模型[J].当代经济科学，2015，37（4）：14–21.

［49］傅强，朱浩.中央政府主导下的地方政府竞争机制——解释中国经济增长的制度视角[J].公共管理学报，2013，10（1）：19–30.

［50］傅勇.中国的分权为何不同：一个考虑政治激励与财政激励的分析框架[J].世界经济，2008（11）：16–25.

［51］甘路有.马克思主义小农经济理论对我国实施乡村振兴战略的启示[J].当代经济研究，2020（2）：33–44.

［52］高帆.大历史观视域下的中国农业农村发展[J].复旦学报（社会科学版），2021，63（5）：1–14.

［53］高明，李德龙，施雨水.金融发展与收入差距：二元体制是一个决定性的因素吗?[J].经济学报，2018，5（3）：114–141.

［54］高鸣，芦千文.中国农村集体经济：70年发展历程与启示[J].中国农村经济，2019（10）：19–39.

［55］高若晨，李实.农村劳动力外出是否有利留守家庭持久脱贫？——基于贫困脆弱性方法的实证分析[J].北京师范大学学报（社会科学版），2018（4）：132–140.

［56］高帅，史婵，唐建军.基于增能赋权视角的农户贫困脆弱性缓解研究——以太行山连片特困地区为例[J].中国农村观察，2020（1）：61–75.

［57］高彦彦，郑江淮，孙军.从城市偏向到城乡协调发展的政治经济逻辑[J].当代经济科学，2010，32（5）：23–31.

［58］耿羽.壮大集体经济 助推乡村振兴：习近平关于农村集体经济重要论述研究[J].毛泽东邓小平理论研究，2019（2）：14–19.

［59］宫留记.政府主导下市场化扶贫机制的构建与创新模式研究——基于精准扶贫视角[J].中国软科学，2016（5）：154-162.

［60］辜胜阻，武兢.扶持农民工以创业带动就业的对策研究[J].中国人口科学，2009（3）：2-12.

［61］管睿，刘旋，余劲.精准扶贫政策与边缘贫困群体政治信任——基于断点回归的证据[J].农业技术经济，2020（3）：97-109.

［62］桂华.市场参与视角下的农村贫困问题——贫困类型、地区分布与反贫困政策[J].南京社会科学，2019（7）：76-84.

［63］郭殿生，宋雨楠.马克思恩格斯城乡融合思想的新时代解读[J].当代经济研究，2019（2）：16-22.

［64］郭庆海.小农户：属性、类型、经营状态及其与现代农业衔接[J].农业经济问题，2018（6）：25-37.

［65］郭熙保，周强.长期多维贫困、不平等与致贫因素[J].经济研究，2016，51（6）：143-156.

［66］郭晓鸣，王蔷.农村集体经济组织治理相对贫困：特征、优势与作用机制[J].社会科学战线，2020（12）：67-73.

［67］郭晓鸣.乡村振兴战略的若干维度观察[J].改革，2018（3）：54-61.

［68］国家统计局住户调查办公室.扶贫开发成就举世瞩目 脱贫攻坚取得决定性进展［N］.中国信息报，2018-09-04（1）.

［69］韩俊.以习近平总书记“三农”思想为根本遵循实施好乡村振兴战略[J].管理世界，2018，34（8）：1-10.

［70］郝晓薇，黄念兵，庄颖.乡村振兴视角下公共服务对农村多维贫困减贫效应研究[J].中国软科学，2019（1）：72-81.

［71］何德旭，苗文龙.金融排斥、金融包容与中国普惠金融制度的构建[J].财贸经济，2015（3）：5-16.

［72］何秋琴，顾文涛，王利萍.我国区域金融发展水平与居民收入不平等——基于初次分配的路径研究[J].金融评论，2018，10（6）：71-83.

［73］何雄浪，杨盈盈.金融发展与贫困减缓的非线性关系研究——基于省级面板数据的门限回归分析[J].西南民族大学学报（人文社科版），2017，38（4）：127-133.

［74］何宜庆，熊子怡，张科，等.政府推动型返乡创业能否促进农民收入增长？——基于双重差分的经验评估[J].湖南农业大学学报（社会科学版），2022，23（4）：1-14.

［75］何宇鹏，武舜臣.连接就是赋能：小农户与现代农业衔接的实践与思考[J].中国农村经济，2019（6）：28-37.

［76］何自力，张俊山，刘凤义.高级政治经济学——马克思主义经济学的发展与创新探索[M].北京：经济管理出版社，2010.

［77］何宗樾，张勋，万广华.数字金融、数字鸿沟与多维贫困[J].统计研究，2020，37（10）：79-89..

［78］贺立龙，朱方明，张承文.巩固脱贫成果的政治经济学解析与多维动态评估——基于秦巴山区和大小凉山地区的抽样调查[J].经济评论，2022（4）：94-113.

［79］贺雪峰.关于“中国式小农经济”的几点认识[J].南京农业大学学报（社会科学版），2013，13（6）：1-6.

［80］贺雪峰.关于实施乡村振兴战略的几个问题[J].南京农业大学学报（社会科学版），2018，18（3）：19-26.

［81］贺雪峰.谁的乡村建设——乡村振兴战略的实施前提[J].探索与争鸣，2017（12）：71-76.

［82］贺雪峰.乡村振兴与农村集体经济[J].武汉大学学报（哲学社会科学版），2019，72（4）：185-192.

［83］洪银兴.进入新阶段后中国经济发展理论的重大创新[J].中国工业经济，2017（5）：5-15.

［84］洪银兴.学好用好中国特色社会主义政治经济学[M].南京：江苏人民出版社，2017.

［85］胡德宝，苏基溶.金融发展缩小收入差距了吗？——基于省级动态面板数据的实证研究[J].中央财经大学学报，2015（10）：23-31.

［86］胡海峰，金允景.全面提升金融服务实体经济质量和水平[J].河北经贸大学学报，2014，35（5）：101-105.

［87］胡金焱.民间借贷、社会网络与贫困脆弱性[J].山东师范大学学报（人文社会科学版），2015，60（4）：17-27.

［88］胡静林.加大财政扶贫投入力度 支持打赢脱贫攻坚战[J].行政管理改革，2016（8）：12-15.

［89］胡书东.中国农民负担有多重——农民负担数量及减负办法研究[J].社会科学战线，2003（1）：86-92.

［90］胡宗义，罗柳丹.小额信贷缓减农村贫困的效用研究——基于面板模型的分析[J].财经理论与实践，2016，37（3）：10-15.

［91］黄承伟，王小林，徐丽萍.贫困脆弱性：概念框架和测量方法[J].农业技术经济，2010（8）：4-11.

［92］黄承伟，徐丽萍.中国包容性增长与减贫：进程与主要政策[J].学习与实践，2012（7）：67-75.

［93］黄承伟.党的十八大以来脱贫攻坚理论创新和实践创新总结[J].中国农业大学学报（社会科学版），2017，34（5）：5-16.

［94］黄承伟.中国减贫理论新发展对马克思主义反贫困理论的原创性贡献及其历史世界意义[J].西安交通大学学报（社会科学版），2020，40（1）：1-7.

［95］黄茂兴，叶琪.新中国70年农村经济发展：历史演变、发展规律与经验启示[J].数量经济技术经济研究，2019，36（11）：3-21.

［96］黄倩，李政，熊德平.数字普惠金融的减贫效应及其传导机制[J].改革，2019（11）：90-101.

［97］黄群慧，余泳泽，张松林.互联网发展与制造业生产率提升：内在机制与中国经验[J].中国工业经济，2019（8）：5-23.

［98］黄延信.发展农村新型集体经济亟需更新观念[J].农业经济与管理，2021（4）：48-54.

［99］黄征学，高国力，滕飞，等.中国长期减贫，路在何方？——2020年脱贫攻坚完成后的减贫战略前瞻[J].中国农村经济，2019（9）：2-14.

［100］黄祖辉，李懿芸，马彦丽.论市场在乡村振兴中的地位与作用[J].农业经济问题，2021（10）：4-10.

［101］黄祖辉，刘西川，程恩江.贫困地区农户正规信贷市场低参与程度的经验解释[J].经济研究，2009，44（4）：116-128.

［102］黄祖辉，宋文豪，叶春辉，等.政府支持农民工返乡创业的县域经济增长效应——基于返乡创业试点政策的考察[J].中国农村经济，2022（1）：

24–43.

［103］黄祖辉.准确把握中国乡村振兴战略[J].中国农村经济，2018（4）：2–12.

［104］姬新龙.微型金融发展与贫困减缓：基于空间杜宾模型的检验[J].现代经济探讨，2020（7）：61–69.

［105］中共中央文献研究室，中央档案馆.建党以来重要文献选编（一九二一——一九四九）：第8册[M].北京：中央文献出版社，2011.

［106］中共中央文献研究室.建国以来重要文献选编：第10册[M].北京：中央文献出版社，1994.

［107］中共中央文献研究室.建国以来重要文献选编：第14册[M].北京：中央文献出版社，1997.

［108］中共中央文献研究室建国以来重要文献选编：第4册[M].北京：中央文献出版社，1993.

［109］江维国，李立清.顶层设计与基层实践响应：乡村振兴下的乡村治理创新研究[J].马克思主义与现实，2018（4）：189–195.

［110］姜安印，陈卫强.小农户存在的价值审视与定位[J].农业经济问题，2019（7）：73–83.

［111］姜姝.乡村振兴背景下“城归”群体的生成机制及其价值实现[J].南京农业大学学报（社会科学版），2021，21（3）：140–147.

［112］姜长云.科学理解推进乡村振兴的重大战略导向[J].管理世界，2018，34（4）：17–24.

［113］蒋丽丽.贫困脆弱性理论与政策研究新进展[J].经济学动态，2017（6）：96–108.

［114］蒋永穆，周宇晗.改革开放40年城乡一体化发展：历史变迁与逻辑主线[J].贵州财经大学学报，2018（5）：1–10.

［115］蒋永穆.基于社会主要矛盾变化的乡村振兴战略：内涵及路径[J].社会科学辑刊，2018（2）：15–21.

［116］解学智.加大金融对村集体经济的支持力度[J].中国银行业，2020（6）：34.

［117］解雨巷，解垩，曲一申.财政教育政策缓解了长期贫困吗？——基于

贫困脆弱性视角的分析[J].上海财经大学学报，2019，21（3）：4–17.

［118］金三林，曹丹丘，林晓莉.从城乡二元到城乡融合——新中国成立70年来城乡关系的演进及启示[J].经济纵横，2019（8）：13–19.

［119］景守武，陈红蕾.FDI、产业结构升级对我国城乡居民收入差距的影响：基于省际面板数据分析[J].世界经济研究，2017（10）：55–64.

［120］孔祥智，穆娜娜.实现小农户与现代农业发展的有机衔接[J].农村经济，2018（2）：1–7.

［121］孔祥智.合作经济与集体经济：形态转换与发展方向[J].政治经济学评论，2021，12（4）：83–108.

［122］匡小平，肖建华.当代西方财政学历史演进中的微观分析传统[J].当代财经，2004（11）：23–26.

［123］郎秀云.关于小农户若干观点的辨析[J].马克思主义与现实，2019（5）：199–204.

［124］雷根强，蔡翔.初次分配扭曲、财政支出城市偏向与城乡收入差距——来自中国省级面板数据的经验证据[J].数量经济技术经济研究，2012，29（3）：76–89.

［125］黎蔺娴，边恕.经济增长、收入分配与贫困：包容性增长的识别与分解[J].经济研究，2021，56（2）：54–70.

［126］李波，赵骏宇，靳取.返乡创业如何促进县域产业结构升级——基于政策试点的准自然实验[J].华中农业大学学报（社会科学版），2023，（3）：34–43.

［127］李朝晖，李安.农民工创业与区域后发优势创造[J].农村经济，2013（4）：12–15.

［128］李聪，王悦，王磊.农村多维相对贫困的性别差异研究——基于家庭内部资源分配的视角[J].管理学刊，2022，35（4）：65–79.

［129］李飞，曾福生.市场参与与贫困缓解[J].农业技术经济，2015（8）：82–88.

［130］李海星.从《贫困的哲学》到《哲学的贫困》再到《摆脱贫困》——马克思主义反贫困理论的探索与实践[J].马克思主义与现实，2018（2）：27–33.

［131］李建建，许彩玲.毛泽东城乡关系思想：脉络梳理及经验启示[J].当

代经济研究，2014（11）：5-12.

［132］李建军，彭俞超，马思超.普惠金融与中国经济发展：多维度内涵与实证分析[J].经济研究，2020，55（4）：37-52.

［133］李明月，陈凯.精准扶贫对提升农户生计的效果评价[J].华南农业大学学报（社会科学版），2020，19（1）：10-20.

［134］李牧辰，封思贤，谢星.数字普惠金融对城乡收入差距的异质性影响研究[J].南京农业大学学报（社会科学版），2020，20（3）：132-145.

［135］李慎明.以人为本的科学内涵和精神实质[J].中国社会科学，2007（6）：4-17.

［136］李实.当前中国的收入分配状况[J].学术界，2018（3）：5-19.

［137］李天姿，王宏波.农村新型集体经济：现实旨趣、核心特征与实践模式[J].马克思主义与现实，2019（2）：166-171.

［138］李文安.全面建设小康社会中的返乡民工创业问题[J].社会主义研究，2003（1）：83-85.

［139］李小云，于乐荣，唐丽霞.新中国成立后70年的反贫困历程及减贫机制[J].中国农村经济，2019（10）：2-18.

［140］李小云，苑军军，于乐荣.论2020后农村减贫战略与政策：从“扶贫”向“防贫”的转变[J].农业经济问题，2020（2）：15-22.

［141］李晓嘉，蒋承，胡涟漪.民生性财政支出对我国家庭多维贫困的影响研究[J].数量经济技术经济研究，2019，36（11）：160-177.

［142］李晓静，陈哲，夏显力.数字素养对农户创业行为的影响——基于空间杜宾模型的分析[J].中南财经政法大学学报，2022（1）：123-134.

［143］李正图.中国特色社会主义反贫困制度和道路述论[J].四川大学学报（哲学社会科学版），2020（1）：55-64.

［144］梁双陆，刘培培.数字普惠金融与城乡收入差距[J].首都经济贸易大学学报，2019，21（1）：33-41.

［145］中共中央 马克思 恩格斯 列宁 斯大林 著作编译局.列宁全集：第19卷[M].北京：人民出版社，1979.

［146］中共中央 马克思 恩格斯 列宁 斯大林 著作编译局.列宁全集：第3卷[M].北京：人民出版社，1984.

［147］林万龙，纪晓凯.从摆脱绝对贫困走向农民农村共同富裕[J].中国农村经济，2022（8）：2–15.

［148］林万龙，杨丛丛.贫困农户能有效利用扶贫型小额信贷服务吗？——对四川省仪陇县贫困村互助资金试点的案例分析[J].中国农村经济，2012（2）：35–45.

［149］林文，邓明.贸易开放度是否影响了我国农村贫困脆弱性——基于CHNS微观数据的经验分析[J].国际贸易问题，2014（6）：23–32.

［150］林亦平，魏艾."城归"人口在乡村振兴战略中的"补位"探究[J].农业经济问题，2018（8）：91–97.

［151］刘灿.关于中国特色社会主义政治经济学研究的几点认识[J].政治经济学报，2016，6（1）：3–10.

［152］刘光英，王钊.多维贫困视角下土地流转的减贫效应及机制研究——基于中国家庭追踪调查（CFPS）微观数据的实证[J].农村经济，2020（12）：58–68.

［153］刘航，伏霖，李涛，等.基于中国实践的互联网与数字经济研究——首届互联网与数字经济论坛综述[J].经济研究，2019，54（3）：204–208.

［154］刘华东.举全国之力，确保如期完成脱贫攻坚任务［N］.光明日报，2019–02–27（2）.

［155］刘坚.中国农村减贫研究[M].北京：中国财政经济出版社，2009.

［156］刘建华，丁重扬.马克思主义经济学的贫困理论及其当代价值[J].政治经济学评论，2012，3（2）：129–139

［157］刘金全，毕振豫.普惠金融发展及其收入分配效应——基于经济增长与贫困减缓双重视角的研究[J].经济与管理研究，2019，40（4）：37–46.

［158］刘锦怡，刘纯阳.数字普惠金融的农村减贫效应：效果与机制[J].财经论丛，2020（1）：43–53.

［159］刘瑞明，李林，亢延锟，等.景点评选、政府公共服务供给与地区旅游经济发展[J].中国工业经济，2018（2）：118–136.

［160］刘尚希.基于国家治理的财政改革新思维[J].地方财政研究，2014（1）：4–5.

［161］刘尚希，傅志华，等.中国改革开放的财政逻辑（1978—2018）[M].

北京：人民出版社，2018.

［162］刘守英，熊雪锋.我国乡村振兴战略的实施与制度供给[J].政治经济学评论，2018，9（4）：80–96.

［163］刘艳华，郑平.信贷配给对农村地区贫困的门槛效应研究[J].财经论丛，2016（6）：47–57.

［164］刘晔，谢贞发.对公共财政逻辑起点的重新思考——市场失效的理论纷争与现实启示[J].厦门大学学报（哲学社会科学版），2008（1）：10–17.

［165］刘晔.由物到人：财政学逻辑起点转变与范式重构——论新时代中国特色社会主义财政理论创新[J].财政研究，2018（8）：40–49.

［166］刘玉光，杨新铭，王博.金融发展与中国城乡收入差距形成——基于分省面板数据的实证检验[J].南开经济研究，2013（5）：50–59.

［167］卢洪友，杜亦譞.中国财政再分配与减贫效应的数量测度[J].经济研究，2019，54（2）：4–20.

［168］卢洪友.西方现代财政制度：理论渊源、制度变迁及启示[J].公共财政研究，2015（1）：28–41.

［169］陆远权，刘姜.脱贫农户生计可持续性的扶贫政策效应研究[J].软科学，2020，34（2）：50–58.

［170］罗必良，洪炜杰，耿鹏鹏，等.赋权、强能、包容：在相对贫困治理中增进农民幸福感[J].管理世界，2021，37（10）：166–181.

［171］罗剑朝，曹瓅，罗博文.西部地区农村普惠金融发展困境、障碍与建议[J].农业经济问题，2019（8）：94–107.

［172］罗明忠，魏滨辉.返乡创业、产业升级与农民收入增长[J].中南财经政法大学学报，2023（1）：83–96.

［173］吕朝凤，朱丹丹.市场化改革如何影响长期经济增长？——基于市场潜力视角的分析[J].管理世界，2016（2）：32–44.

［174］吕承超，崔悦.乡村振兴发展：指标评价体系、地区差距与空间极化[J].农业经济问题，2021（5）：20–32.

［175］马洪范，张文庭.财政扶贫四十年的发展道路与历史经验[J].财政科学，2018（12）：49–56.

［176］马克思，恩格斯.共产党宣言[M].北京：人民出版社，2014.

［177］马克思.资本论：第1卷［M］.北京：人民出版社，2004.

［178］中共中央 马克思 恩格斯 列宁 斯大林 著作编译局.马克思恩格斯全集：第16卷［M］.北京：人民出版社，2007.

［179］中共中央 马克思 恩格斯 列宁 斯大林 著作编译局.马克思恩格斯全集：第18卷［M］.北京：人民出版社，1964.

［180］中共中央 马克思 恩格斯 列宁 斯大林 著作编译局.马克思恩格斯全集：第1卷［M］.北京：人民出版社，1995.

［181］中共中央 马克思 恩格斯 列宁 斯大林 著作编译局.马克思恩格斯全集：第2卷［M］.北京：人民出版社，2005.

［182］中共中央 马克思 恩格斯 列宁 斯大林 著作编译局.马克思恩格斯文集：第2卷［M］.北京：人民出版社，2009.

［183］中共中央 马克思 恩格斯 列宁 斯大林 著作编译局.马克思恩格斯文集：第3卷［M］.北京：人民出版社，2009.

［184］中共中央 马克思 恩格斯 列宁 斯大林 著作编译局.马克思恩格斯选集：第1卷［M］.北京：人民出版社，2012.

［185］中共中央 马克思 恩格斯 列宁 斯大林 著作编译局.马克思恩格斯选集：第2卷［M］.北京：人民出版社，1995.

［186］中共中央 马克思 恩格斯 列宁 斯大林 著作编译局.马克思恩格斯选集：第2卷［M］.北京：人民出版社，2012.

［187］中共中央 马克思 恩格斯 列宁 斯大林 著作编译局.马克思恩格斯选集：第3卷［M］.北京：人民出版社，1995.

［188］中共中央 马克思 恩格斯 列宁 斯大林 著作编译局.马克思恩格斯选集：第4卷［M］.北京：人民出版社，2012.

［189］马万里.中国式财政分权：一个扩展的分析框架［J］.当代财经，2015（3）：24-33.

［190］马志雄，王娟，丁士军，等.精准扶贫中建档立卡贫困户脱贫认同的影响因素分析［J］.农业技术经济，2018（12）：103-110.

［191］毛锦凰.乡村振兴评价指标体系构建方法的改进及其实证研究［J］.兰州大学学报（社会科学版），2021，49（3）：47-58.

［192］中共中央文献研究室.毛泽东文集：第1卷［M］.北京：人民出版社，

1993.

［193］中共中央文献研究室.毛泽东文集：第6卷［M］.北京：人民出版社，1999.

［194］中共中央文献研究室.毛泽东文集：第7卷［M］.北京：人民出版社，1999.

［195］毛泽东.毛泽东选集：第1卷［M］.北京：人民出版社，1991.

［196］毛泽东.毛泽东选集：第3卷［M］.北京：人民出版社，1991.

［197］毛泽东.毛泽东著作选读：下册［M］.北京：人民出版社，1986.

［198］宁静，殷浩栋，汪三贵，等.易地扶贫搬迁减少了贫困脆弱性吗？——基于8省16县易地扶贫搬迁准实验研究的PSM-DID分析［J］.中国人口·资源与环境，2018，28（11）：20-28.

［199］裴劲松，矫萌.劳动供给与农村家庭多维相对贫困减贫［J］.中国人口科学，2021（3）：69-81.

［200］彭继权，吴海涛，秦小迪.土地流转对农户贫困脆弱性的影响研究［J］.中国土地科学，2019，33（4）：67-75.

［201］恰亚诺夫.农民经济组织［M］.北京：中央编译出版社，1996.

［202］钱海章，陶云清，曹松威，等.中国数字金融发展与经济增长的理论与实证［J］.数量经济技术经济研究，2020，37（6）：26-46.

［203］乔海曙，陈力.金融发展与城乡收入差距“倒U型”关系再检验——基于中国县域截面数据的实证分析［J］.中国农村经济，2009（7）：68-76.

［204］阮文彪.小农户和现代农业发展有机衔接——经验证据、突出矛盾与路径选择［J］.中国农村观察，2019（1）：15-32.

［205］申云，李京蓉，杨晶.乡村振兴背景下农业供应链金融信贷减贫机制研究——基于社员农户脱贫能力的视角［J］.西南大学学报（社会科学版），2019，45（2）：50-60.

［206］中共中央文献研究室.十八大以来重要文献选编：上［M］.北京：中央文献出版社，2014.

［207］中共中央党史和文献研究院.十八大以来重要文献选编：下［M］.北京：中央文献出版社，2018.

［208］中共中央文献研究室.十八大以来重要文献选编：中［M］.北京：中

央文献出版社，2016.

［209］中共中央文献研究室.十六大以来重要文献选编：中[M].北京：中央文献出版社，2006.

［210］石丹淅，王轶.乡村振兴视域下农民工返乡创业质量影响因素及其政策促进[J].求是学刊，2021，48（1）：90-101.

［211］舒尔茨.改造传统农业[M].梁小民，译.北京：商务印书馆，1987.

［212］宋晓玲.数字普惠金融缩小城乡收入差距的实证检验[J].财经科学，2017（6）：14-25.

［213］苏岚岚，彭艳玲.数字乡村建设视域下农民实践参与度评估及驱动因素研究[J].华中农业大学学报（社会科学版），2021（5）：168-179.

［214］孙伯驰，段志民.非农就业对农村家庭贫困脆弱性的影响[J].现代财经（天津财经大学学报），2019，39（9）：97-113.

［215］孙伯驰，段志民.农村低保制度的减贫效果——基于贫困脆弱性视角的实证分析[J].财政研究，2020（2）：113-128.

［216］孙晗霖，刘新智，张鹏瑶.贫困地区精准脱贫户生计可持续及其动态风险研究[J].中国人口·资源与环境，2019，29（2）：145-155.

［217］孙继国，韩开颜，胡金焱.数字金融是否减缓了相对贫困？——基于CHFS数据的实证研究[J].财经论丛，2020（12）：50-60.

［218］孙久文，李星.攻坚深度贫困与2020年后扶贫战略研究[J].中州学刊，2019（9）：67-73.

［219］孙玥，黄涛，王艳慧，等.乡村振兴重点帮扶县农村基本公共服务的多维减贫效应[J].经济地理，2022，42（6）：144-155.

［220］谭燕芝，彭千芮.金融能力、金融决策与贫困[J].经济理论与经济管理，2019（2）：62-77.

［221］檀学文，李成贵.贫困的经济脆弱性与减贫战略述评[J].中国农村观察，2010（5）：85-96.

［222］汤龙，陈享光，赵妍妍.返乡创业能提高农村居民收入吗？——基于返乡创业试点政策的考察[J/OL].农业技术经济，1-18[2024-02-23].http://doi.org/10.13246/j.cnki.jae.20230118.003.

［223］唐文浩.从反贫困转向反脆弱性：江苏省扶贫开发的实践逻辑[J].学

海，2022（2）：156–163.

［224］田超伟.马克思贫困理论及对新时代我国反贫困事业的实践价值[J].东南学术，2018（3）：84–91.

［225］田红宇，王媛名.数字技术、信贷可获得性与农户多维贫困[J].华南农业大学学报（社会科学版），2021，20（4）：33–43

［226］田霖.我国金融排斥的城乡二元性研究[J].中国工业经济，2011（2）：36–45.

［227］万广华，刘飞，章元.资产视角下的贫困脆弱性分解：基于中国农户面板数据的经验分析[J].中国农村经济，2014（4）：4–19.

［228］万广华，章元.我们能够在多大程度上准确预测贫困脆弱性?[J].数量经济技术经济研究，2009，26（6）：138–148.

［229］汪丁丁.财政理论：西方与中国[J].财经问题研究，2009（1）：68–73.

［230］汪三贵，曾小溪.从区域扶贫开发到精准扶贫——改革开放40年中国扶贫政策的演进及脱贫攻坚的难点和对策[J].农业经济问题，2018（8）：40–50.

［231］汪三贵，胡骏.从生存到发展：新中国七十年反贫困的实践[J].农业经济问题，2020（2）：4–14.

［232］汪三贵，刘明月.从绝对贫困到相对贫困：理论关系、战略转变与政策重点[J].华南师范大学学报（社会科学版），2020（6）：18–29.

［233］汪三贵，刘湘琳，史识洁，等.人力资本和社会资本对返乡农民工创业的影响[J].农业技术经济，2010（12）：4–10.

［234］汪三贵.中国40年大规模减贫：推动力量与制度基础[J].中国人民大学学报，2018，32（6）：1–11.

［235］汪亚楠，谭卓鸿，郑乐凯.数字普惠金融对社会保障的影响研究[J].数量经济技术经济研究，2020，37（7）：92–112.

［236］王爱萍，胡海峰，张昭.金融发展对收入贫困的影响及作用机制再检验——基于中介效应模型的实证研究[J].农业技术经济，2020（3）：70–83.

［237］王佳宁.乡村振兴视野的梁家河发展取向[J].改革，2017（11）：16–18.

[238] 王笳旭，冯波，王淑娟.人口老龄化加剧了城乡收入不平等吗——基于中国省际面板数据的经验分析[J].当代经济科学，2017，39（4）：69-78.

[239] 王建洪，李伶俐，夏诗涵，等.制度性合作机制下脱贫户生计可持续性评价与脱贫政策效应研究[J].西南大学学报（社会科学版），2020，46（5）：68-76.

[240] 王婧，胡国晖.中国普惠金融的发展评价及影响因素分析[J].金融论坛，2013，18（6）：31-36.

[241] 王娟，吴海涛，丁士军.山区农户生计转型及其影响因素研究：以滇西南为例[J].中南财经政法大学学报，2014（5）：133-140.

[242] 王乐君，寇广增，王斯烈.构建新型农业经营主体与小农户利益联结机制[J].中国农业大学学报（社会科学版），2019，36（2）：89-97.

[243] 王立胜，陈健，张彩云.深刻把握乡村振兴战略——政治经济学视角的解读[J].经济与管理评论，2018，34（4）：40-56.

[244] 王立胜.重视社会主义生产目的：新中国70年的理论探索[J].马克思主义研究，2019（8）：26-35.

[245] 王奇，牛耕，赵国昌.电子商务发展与乡村振兴：中国经验[J].世界经济，2021，44（12）：55-75

[246] 王强.中国道路：基于“结合论”视角的新解析[J].经济社会体制比较，2014（5）：20-32.

[247] 王少平，欧阳志刚.我国城乡收入差距的度量及其对经济增长的效应[J].经济研究，2007，42（10）：44-55.

[248] 王胜，余娜，付锐.数字乡村建设：作用机理、现实挑战与实施策略[J].改革，2021（4）：45-59.

[249] 王小林，冯贺霞.2020年后中国多维相对贫困标准：国际经验与政策取向[J].中国农村经济，2020（3）：2-21.

[250] 王小林.贫困标准及全球贫困状况[J].经济研究参考，2012，55：41-50.

[251] 王小林.新中国成立70年减贫经验及其对2020年后缓解相对贫困的价值[J].劳动经济研究，2019，7（6）：3-10.

[252] 王小鲁，樊纲，胡李鹏.中国分省份市场化指数报告（2018）[M].

北京：社会科学文献出版社，2019.

［253］王修华，陈琳，傅扬.金融多样性、创业选择与农户贫困脆弱性[J].农业技术经济，2020（9）：63-78.

［254］王艺明.构建以马克思主义为基础的新时代中国特色社会主义财政理论[J].财政研究，2018（11）：28-32.

［255］王轶，刘蕾.农民工返乡创业何以促进农民农村共同富裕[J].中国农村经济，2022（9）：44-62.

［256］王轶，熊文.返乡创业：实施乡村振兴战略的重要抓手[J].中国高校社会科学，2018（6）：37-45.

［257］王云华."双生"循环系统下的生态农业与乡村振兴路径探析——基于生态与经济的视角[J].吉首大学学报（社会科学版），2019，40（2）：150-160.

［258］魏滨辉，罗明忠，夏海龙，等.返乡创业能促进农村家庭消费增长吗?[J].南方经济，2023（10）：145-160.

［259］魏后凯，刘长全.中国农村改革的基本脉络、经验与展望[J].中国农村经济，2019（2）：2-18.

［260］文宏，林彬."多任务竞逐"：中国地方政府间竞争激励的整体性解释[J].社会科学文摘，2020（2）：61-63.

［261］吴本健，葛宇航，马九杰.精准扶贫时期财政扶贫与金融扶贫的绩效比较——基于扶贫对象贫困程度差异和多维贫困的视角[J].中国农村经济，2019（7）：21-36.

［262］吴丰华，韩文龙.改革开放四十年的城乡关系：历史脉络、阶段特征和未来展望[J].学术月刊，2018，50（4）：58-68.

［263］吴国宝，等.中国减贫与发展：1978—2018[M].北京：社会科学文献出版社，2018.

［264］吴振磊，张可欣.改革开放40年中国特色扶贫道路的演进、特征与展望[J].西北大学学报（哲学社会科学版），2018，48（5）：101-111.

［265］武汉大学国家发展战略智库课题组.乡村振兴背景下返乡入乡"创业潮"探究——基于湖北省的调查[J].中国人口科学，2022（4）：115-125.

［266］习近平.把乡村振兴战略作为新时代"三农"工作总抓手[J].社会主

义论坛，2019（7）：4–6.

［267］习近平.摆脱贫困[M].福建：福建人民出版社，2014.

［268］习近平.关于《中共中央关于党的百年奋斗重大成就和历史经验的决议》的说明［N］.人民日报.2021–11–17（2）.

［269］习近平.论坚持全面深化改革[M].北京：中央文献出版社，2018.

［270］习近平.在庆祝中国共产党成立100周年大会上的讲话[N].人民日报.2021–07–02（2）.

［271］习近平.在庆祝中国共产党成立95周年大会上的讲话[J].党的文献，2016（4）：3–10.

［272］习近平.在全国脱贫攻坚总结表彰大会上的讲话[N].人民日报.2021–02–26（2）.

［273］习近平.在深度贫困地区脱贫攻坚座谈会上的讲话[M].北京：人民出版社，2017.

［274］习近平.做焦裕禄式的县委书记[M].北京：中央文献出版社，2015.

［275］中共中央党史和文献研究院.习近平扶贫论述摘编[M].北京：中央文献出版社，2018.

［276］中共中央党史和文献研究院，中央“不忘初心、牢记使命”主题教育领导小组办公室.习近平关于“三农”工作论述摘编[M].北京：中央文献出版社，2019.

［277］中共中央文献研究室.习近平关于全面深化改革论述摘编[M]，北京：中央文献出版社，2014.

［278］中央农村工作领导小组办公室.习近平总书记“三农”思想在浙江的形成与实践［N］.人民日报，2018–01–21（1）.

［279］鲜祖德，王萍萍，吴伟.中国农村贫困标准与贫困监测[J].统计研究，2016，33（9）：3–12.

［280］项继权，鲁帅.中国农村改革与马克思主义“三农”理论的中国化[J].社会主义研究，2019（3）：27–34.

［281］谢晨，张坤，王佳男，等.退耕还林动态减贫：收入贫困和多维贫困的共同分析[J].中国农村经济，2021（5）：18–37.

［282］谢韶光.农民工返乡创业对农村现代化的影响探析[J].经济纵横，

2011（3）：83-86.

［283］谢绚丽，沈艳，张皓星，等.数字金融能促进创业吗？——来自中国的证据[J].经济学（季刊），2018，17（4）：1557-1580.

［284］谢玉梅，丁凤霞.基于贫困脆弱性视角下的就业扶贫影响效应研究[J].上海财经大学学报，2019，21（3）：18-32.

［285］邢成举，李小云.精英俘获与财政扶贫项目目标偏离的研究[J].中国行政管理，2013（9）：109-113.

［286］徐超，李林木.城乡低保是否有助于未来减贫——基于贫困脆弱性的实证分析[J].财贸经济，2017，38（5）：5-19.

［287］徐凤增，袭威，徐月华.乡村走向共同富裕过程中的治理机制及其作用——一项双案例研究[J].管理世界，2021，37（12）：134-151.

［288］徐戈，陆迁，姜雅莉.社会资本、收入多样化与农户贫困脆弱性[J].中国人口·资源与环境，2019，29（2）：123-133.

［289］徐雪，王永瑜.中国乡村振兴水平测度、区域差异分解及动态演进[J].数量经济技术经济研究，2022，39（5）：64-83.

［290］许汉泽.新中国成立70年来反贫困的历史、经验与启示[J].中国农业大学学报（社会科学版），2019，36（5）：45-52.

［291］许庆，刘进，杨青.农村民间借贷的减贫效应研究——基于健康冲击视角的分析[J].中国人口科学，2016（3）：34-42.

［292］杨婵，贺小刚，李征宇.家庭结构与农民创业——基于中国千村调查的数据分析[J].中国工业经济，2017（12）：170-188.

［293］杨磊，王俞霏.多元赋权：农村集体资产股权划分的逻辑与制度功能[J].北京社会科学，2020（4）：105-116.

［294］杨磊，徐双敏.中坚农民支撑的乡村振兴：缘起、功能与路径选择[J].改革，2018（10）：60-70.

［295］杨伦，刘某承，闵庆文，等.农户生计策略转型及对环境的影响研究综述[J].生态学报，2019，39（21）：8172-8182.

［296］杨楠，马绰欣.我国金融发展对城乡收入差距影响的动态倒U演化及下降点预测[J].金融研究，2014（11）：175-190.

［297］杨谦，孔维明.习近平乡村振兴战略研究[J].马克思主义理论学科研

究，2018，4（4）：83-95.

［298］杨艳琳，付晨玉.中国农村普惠金融发展对农村劳动年龄人口多维贫困的改善效应分析[J].中国农村经济，2019（3）：19-35.

［299］姚洋.作为制度创新过程的经济改革[M].上海：上海人民出版社，2008.

［300］叶敬忠，豆书龙，张明皓.小农户和现代农业发展：如何有机衔接？[J].中国农村经济，2018（11）：64-79.

［301］叶兴庆.新时代中国乡村振兴战略论纲[J].改革，2018（1）：65-73.

［302］叶志强，陈习定，张顺明.金融发展能减少城乡收入差距吗？——来自中国的证据[J].金融研究，2011（2）：42-56.

［303］殷浩栋，霍鹏，汪三贵.农业农村数字化转型：现实表征、影响机理与推进策略[J].改革，2020（12）：48-56.

［304］苑鹏，丁忠兵.小农户与现代农业发展的衔接模式：重庆梁平例证[J].改革，2018（6）：106-114.

［305］詹新宇，刘文彬.中国式财政分权与地方经济增长目标管理——来自省、市政府工作报告的经验证据[J].管理世界，2020，36（3）：23-39.

［306］张弛.中国特色农村新型集体经济的理论基础、新特征及发展策略[J].经济纵横，2020（12）：44-53.

［307］张海鹏.中国城乡关系演变70年：从分割到融合[J].中国农村经济，2019（3）：2-18.

［308］张怀英.农村创业助推乡村振兴的模式选择及其实现机制[J].吉首大学学报（社会科学版），2018，39（3）：92-98.

［309］张慧鹏.集体经济与精准扶贫：兼论塘约道路的启示[J].马克思主义研究，2017（6）：63-71.

［310］张慧鹏.现代农业分工体系与小农户的半无产化——马克思主义小农经济理论再认识[J].中国农业大学学报（社会科学版），2019，36（1）：16-24.

［311］张建波，马万里，迟诚.城乡收入差距的地方政府因素分析[J].山东大学学报（哲学社会科学版），2016（1）：14-22.

［312］张建民，窦垚，赵德森.返乡创业研究（2001—2021）：阶段划分、主题演进与未来展望[J].当代经济管理，2023，45（1）：39-48.

［313］张立平.延安时期中国共产党的减贫理念及当代启示[J].湖北社会科学，2019（9）：19–24.

［314］张楠，寇璇，刘蓉.财政工具的农村减贫效应与效率——基于三条相对贫困线的分析[J].中国农村经济，2021（1）：49–71.

［315］张鹏飞.财政政策、精准扶贫与农村脱贫[J].浙江社会科学，2019（4）：28–35.

［316］张挺，李闽榕，徐艳梅.乡村振兴评价指标体系构建与实证研究[J].管理世界，2018，34（8）：99–105.

［317］张伟宾.中国新时期农村减贫战略的调整[J].新疆农垦经济，2009（11）：9–12.

［318］张衔，杨莉，吴世艳.自生能力与巩固脱贫成果——后扶贫时代的思考[J].政治经济学评论，2022，13（1）：104–120.

［319］张晓山.实施乡村振兴战略的抓手[J].农村工作通讯，2017（24）：1.

［320］张璇玥，姚树洁.2010—2018年中国农村多维贫困：分布与特征[J].农业经济问题，2020（7）：80–93.

［321］张勋，万广华，张佳佳，等.数字经济、普惠金融与包容性增长[J].经济研究，2019，54（8）：71–86.

［322］张延群，万海远.我国城乡居民收入差距的决定因素和趋势预测[J].数量经济技术经济研究，2019，36（3）：59–75.

［323］张蕴萍，栾菁.数字经济赋能乡村振兴：理论机制、制约因素与推进路径[J].改革，2022（5）：79–89.

［324］张占斌.中国减贫的历史性成就及其世界影响[J].马克思主义研究，2020（12）：5–14.

［325］章晓懿，沈崴奕.医疗救助对低收入家庭贫困脆弱性的缓解作用研究[J].东岳论丛，2014，35（8）：10–16.

［326］章元，万广华，刘修岩，等.参与市场与农村贫困：一个微观分析的视角[J].世界经济，2009，32（9）：3–14.

［327］赵丙奇.中国数字普惠金融与城乡收入差距——基于面板门限模型的实证研究[J].社会科学辑刊，2020（1）：196–205.

［328］赵磊."三农问题"的市场经济理论解析[J].学术研究，2005（5）：

36-42.

［329］赵联飞.新时期开展农民工返乡创业促进城乡融合发展刍议[J].江淮论坛，2021（3）：141-146

［330］郑秀峰，朱一鸣.普惠金融、经济机会与减贫增收[J].世界经济文汇，2019（1）：101-120.

［331］中共中央关于坚持和完善中国特色社会主义制度 推进国家治理体系和治理能力现代化若干重大问题的决定[N].人民日报，2019-11-06（1）.

［332］中共中央 国务院关于实施乡村振兴战略的意见[N].人民日报，2018-02-05（1）.

［333］中共中央 国务院关于稳步推进农村集体产权制度改革的意见[N].人民日报，2016-12-30（1）.

［334］中华人民共和国国务院新闻办公室.人类减贫的中国实践[J].人民日报，2021-04-07（9）.

［335］周黎安.中国地方官员的晋升锦标赛模式研究[J].经济研究，2007（7）：36-50.

［336］周利，冯大威，易行健.数字普惠金融与城乡收入差距："数字红利"还是"数字鸿沟"[J].经济学家，2020（5）：99-108.

［337］周文，冯文韬.贫困问题的理论研究与减贫实践的中国贡献[J].财经问题研究，2019（2）：12-18.

［338］周文，冯文韬.习近平新时代中国特色社会主义经济思想的时代价值与经济学理论贡献[J].财经智库，2019，4（6）：37-56.

［339］周志山.从分离与对立到统筹与融合——马克思的城乡观及其现实意义[J].哲学研究，2007（10）：9-15.

［340］朱方明，李敬.中心市场偏离度、交易参与度与贫困程度[J].四川大学学报（哲学社会科学版），2020（1）：43-54.

［341］朱红根，康兰媛.农民工创业动机及对创业绩效影响的实证分析——基于江西省15个县市的438个返乡创业农民工样本[J].南京农业大学学报（社会科学版），2013，13（5）：59-66.

［342］朱红根.政策资源获取对农民工返乡创业绩效的影响——基于江西调查数据[J].财贸研究，2012，23（1）：18-26.

[343] 朱建江.习近平新时代中国特色社会主义乡村振兴思想研究[J].上海经济研究，2018（11）：5-14.

[344] 庄晋财，黄曼，程李梅.中国乡村创业理论构建与未来展望[J].外国经济与管理，2023，45（1）：121-136.

[345] 左停，刘燕丽，齐顾波，等.贫困农户的脆弱性与小额信贷的风险缓解作用[J].农村经济，2007（12）：52-56.

[346]ALKIRE S，FOSTER J. Counting and multidimensional poverty measurement[J]. Journal of public economics，2011，95(7-8)：476-487.

[347]BARRIENTOS A. Does vulnerability create poverty traps?[D]. Manchester：Univ. of Manchester，2007.

[348]BECK T，LEVINE R，LEVKOV A. Big bad banks? The winners and losers from bank deregulation in the United States[J]. The journal of finance.2010，65(5)：1637-1667.

[349]BURGESS R，PANDE R. Do rural banks matter? Evidence from the Indian social banking experiment[J].American economic review，2005，95(3)：780-795.

[350]CHAMBERS R，CONWAY C. Sustainable rural livelihoods：practical concepts for the 21st century[R]. Brighton：Institute of Development Studies，1992.

[351]CHAUDHURI S，JALAN J，SURYAHADI A.Assessing household vulnerability to poverty from cross-sectional data：a methodology and estimates from Indonesia[R]. New York：Department of Economics，Columbia University，2002.

[352]CHENERY H B，AHLUWALIA M S，BELL C，et al. Redistribution with growth[M]. Oxford，Eng.：Oxford University Press，1974.

[353]CLARKE G R G，XU L C，ZOU H F.Finance and income inequality：What do the data tell us?[J].Southern economic journal，2006，72(3)：578-596.

[354]DOLLAR D，KRAAY A. Growth is good for the poor[J]. Journal of economic growth，2001，7(3)：195-225.

[355]D N. ICTs in rural poverty alleviation[J].Economic and political weekly，2001，36(11)：917-920.

[356]Department for International Development. Sustainable livelihoods guidance sheets[R]. London：1999.

[357]DERCON S, KRISHNAN P. Vulnerability, seasonality and poverty in Ethiopia[J]. Journal of development studies, 2000, 36(6):25–53.

[358]DUSTIN C, YING W, HONG Y. The impact of past growth on poverty in Chinese provinces[J]. Journal of Asian economics, 2008, 19(4):348–357.

[359]FERREIRA F, CHEN S, DABALEN A, et al. A global count of the extreme poor in 2012: data issues, methodology and initial results[J]. Journal of economic inequality, 2016, 14(2):141–172.

[360]FOLMER H, DUTTA S, OUD H. Determinants of rural industrial entrepreneurship of farmers in west Bengal: a structural equations approach[J]. International regional science review, 2010, 33(4):367–396.

[361]GONG Z Q, KONG Q K, TAN J. Analysis on multidimensional poverty reduction of industrial structure upgrading based on provincial panel data and spatial durbin model[J]. International journal of sustainable development and planning, 2020, 15(8):1197–1204.

[362]GREENWOOD J, JOVANOVIC B. Financial development, growth, and the distribution of income[J]. Journal of political economy, 1990, 98(5):1076–1107.

[363]ISABEL G, HARTTGEN K. Estimating households vulnerability to idiosyncratic and covariate shocks: a novel method applied in Madagascar[J]. World development, 2009, 37(7):1222–1234.

[364]JALILIAN H, KIRKPATRICK C. Does Financial development contribute to poverty reduction? [J]. Journal of development studies, 2005, 41(4):636–656.

[365]JHA R, DANG T, TASHRIFOV Y. Economic vulnerability and poverty in Tajikistan[J]. Economic change & restructuring, 2010, 43(2):95–112.

[366]KRAAY D A. Growth is good for the poor[J]. Journal of economic growth, 2002, 7(3):195–225.

[367]LEONG C, PAN S L, NEWELL, et al. The emergence of self-organizing E-commerce ecosystems in remote villages of China: A tale of digital empowerment for rural development[J]. MIS quarterly, 2016, 40(2):475–484.

[368]LI C Y, JIAO Y, SUN T, et al. Alleviating multi-dimensional poverty through land transfer: Evidence from poverty-stricken villages in China[J]. China eco-

nomic review,2021,69(5):101670.

[369]LI P, LU Y, WANG J. Does flattening government improve economic performance? Evidence from China[J]. Journal of development economics, 2016, 123(6):18-37.

[370]LIGON E, SCHECHTER L. Measuring vulnerability[J]. Economic journal, 2003, 113(486):95-102.

[371]LIU A. Markets, inequality and poverty in Vietnam[J]. Asian economic journal, 2001, 15(2):217-235.

[372]MOLERO SIMARRO R. Inequality in China revisited. The effect of functional distribution of income on urban top incomes, the urban-rural gap and the Gini index, 1978—2015[J]. China economic review,2017,42: 107-117.

[373]MORDUCH J. Poverty and vulnerability[J]. American economic review, 1994, 84(2):221-225.

[374]NEE V. Organizational dynamics of market transition:hybrid forms,property rights and mixed economy in China[J]. Administrative science quarterly, 1992,37(1):1-27.

[375]QIAN Y, WEINGAST B R. Federalism as a commitment to preserving market incentives[J].Journal of economic perspectives, 1997, 11(4):83-92.

[376]ROSENBAUM P R,RUBIN D B. The central role of the propensity score in observational studies for causal effects[J]. Biometrika, 1983, 70(1): 41-55.

[377]ROSS L. Financial development and economic growth: views and agenda[J].Journal of economic literature, 1997,35(2): 688-726.

[378]SEN A K.Poverty: an ordinal approach to measurement[J]. Econometrica, 1976, 44(2):219-231

[379]TAKESHI A.The maximum likelihood and the nonlinear three-stage least squares estimator in the general nonlinear simultaneous equation model[J]. Econometrica,1977(45):955-968.

[380]TANG Z,HAN M. Key issues in promoting rural revitalisation in China[J]. Economic and political studies,2023,11(2):149-173.

[381]TOWNSEND R M,UEDA K.Financial deepening,inequality,and growth: a

model - based quantitative evaluation [J]. Review of economic studies, 2006, 73 (1): 251–293 .

[382]TSVEGEMED M, SHABIER A, SCHLECHT E, et al.Evolution of rural livelihood strategies in a remote Sino - Mongolian border area: a cross–country analysis [J]. Sustainability, 2018, 10(4): 1011.

[383]VON REICHERT C, CROMARTIE J B, ARTHUN R O. Impacts of return migration on rural U.S. communities[J]. Rural sociology, 2014, 79(2): 200–226.

[384]WANG X G. Research on the linkage mechanism between migrant workers returning home to start businesses and rural industry revitalization: based on the combination prediction and dynamic simulation model [J]. Computational intelligence and neuroscience, 2022, 1848822.

[385]WARD P S.Transient poverty, poverty dynamics, and vulnerability to poverty: an empirical analysis using a balanced panel from rural China[J]. World development, 2016, 78: 541–553.

[386]WELTER F, SMALLBONE D. Institutional perspectives on entrepreneurial behavior in challenging environments [J]. Journal of small business management, 2014, 42(2): 35–50.

[387]YANG L, LU H, WANG S G, et al.Mobile internet use and multidimensional poverty: evidence from a household survey in rural China [J]. Social indicators research, 2021(158): 1065–1086.

[388]ZHANG Z, MA C Y, WANG A P.A longitudinal study of multidimensional poverty in rural China from 2010 to 2018[J].Economics letters, 2021, 204(6): 109912.

后 记

城乡关系是人类社会发展最基本的关系形态，国家的现代化进程也是城乡关系不断调整和重塑的过程。中国从贫困治理到乡村振兴的发展实践，走出了一条具有鲜明中国特色的城乡融合发展之路，城乡关系发生了根本性变化，传统城乡二元结构开始松动，城乡发展差距显著缩小，城乡融合发展新格局逐渐形成。

本书以马克思主义政治经济学的贫困理论为基础，坚持“实现人的自由而全面的发展”为根本立场和价值取向，立足2020年全面消除困扰中华民族几千年的绝对贫困问题这一人类发展史上“最成功的脱贫故事”，梳理了中国减贫的历史方位和阶段性特征，不仅总结了脱贫攻坚的历史成就和实践经验，而且对做好巩固拓展脱贫攻坚成果同乡村振兴有效衔接各项工作、扎实推动乡村全面振兴具有重要的参考价值，对世界其他国家和地区正确认识和处理城乡关系、推动城乡融合发展提供了“中国经验”。

无论是治理贫困还是振兴乡村，都在致力于探索出一条城乡融合发展之路，这也是我和我的团队一直关注的问题，我们先后获批国家社会科学基金项目、教育部人文社会科学研究项目、甘肃省哲学社会科学规划项目等纵向课题6项，出版专著1部，在《中国人口科学》、《中国人口·资源与环境》、《农业经济问题》、*Environmental Science and Pollution Research* 等CSSCI、SSCI（SCI）期刊公开发表论文30余篇，相关成果荣获甘肃省哲学社会科学优秀成果奖、国家乡村振兴局学习习近平总书记乡村振兴系列重要讲话征文优秀成果奖等多项奖励。本书立足以致力于消除绝对贫困为主线的中国减贫实践、以巩固拓展脱贫攻坚成果为主线的相对贫困治理、以全面推进乡村振兴为核心的城乡融合发展这三个阶段，系统考察了城乡融合发展的中国理路，具有重要意义。

本书是国家社会科学基金年度项目“农村新型集体经济赋能脱贫户生计转型的机制、效果与政策研究”（22XJL011）、中央高校基本科研业务费专项资金项目“数字经济驱动相对贫困治理的机制与‘一带一路’互学互鉴研究”（2022jbkyjd010）的阶段性成果，受到兰州大学人文社会科学类高水平著作出版项目资助。本书是对前期研究成果的总结和提升，是在我的主持下团队共同完成的，其中包括西北师范大学经济学院青年教师张娜（兰州大学经济学院博士研究生毕业）、西安电子科技大学马克思主义学院青年教师李雪娇（西北大学经济管理学院博士研究生毕业），以及兰州大学经济学院硕士研究生谷美琳、李潇、蒋云亮及兰州大学经济学院本科生刘明霞。兰州大学经济学院硕士研究生李曼君、王凡、张钟丹参与了书稿的校对工作。全书由我最后统一定稿。本书撰写过程参考了国内外相关研究成果和文献资料，我们一并将其列入参考文献，如有遗漏，敬请谅解。

感谢所有参与本书撰写的各位老师、研究生和本科生，他们为本书的撰写查阅了大量文献资料，就初稿的撰写、修改做了许多繁杂而又细致的工作。感谢兰州大学经济学院、兰州大学社科处的各位领导和老师。感谢兰州大学出版社宋婷老师，正是她的严谨、负责，才让本书得以更好的面目问世。

由于笔者水平有限，本书不足之处在所难免，恳请各位同仁能够批评指正。

邓金钱

2024年2月26日